도르트신경

은혜의 신학 그리고 목회

도르트신경 400주년 기념 02

도르트신경
은혜의 신학 그리고 목회

초판 1쇄   2019년 12월 31일

발 행 인   정창균
편 저 자   이남규, 헤르만 셀더하위스, 안상혁, 김병훈, 이승진, 도지원
펴 낸 곳   합동신학대학원출판부
주   소   16517 수원시 영통구 광교중앙로 50 (원천동)
전   화   (031)217-0629
팩   스   (031)212-6204
홈페이지   www.hapdong.ac.kr
출판등록번호   제22-1-2호
인 쇄 처   예원프린팅 (031)902-6550
총   판   (주)기독교출판유통 (031)906-9191

ISBN   978-89-97244-73-7 (93230)
값은 뒷표지에 있습니다.

「이 도서의 국립중앙도서관 출판예정도서목록(CIP)은 서지정보유통지원시스템
홈페이지(http://seoji.nl.go.kr)와 국가자료종합목록시스템(http://www.nl.go.kr/
kolisnet)에서 이용하실 수 있습니다. (CIP제어번호 : CIP2019044535)」

도르트신경
400주년기념

02

도르트신경
은혜의 신학
그리고 목회

합신대학원출판부

사람은 오직 하나님의 절대 주권적 은혜로만 구원을 얻는다
는 것은 성경이 처음부터 말하는 진리이다. 죄인의 구원은 획득
하는 것이 아니라 주어지는 것이다. 행위는 은혜를 받은 자의
반응이지, 은혜를 얻기 위한 조건이 아니다. 그러나 타락한 인
간의 본성은 조건과 책임과 공로를 어느 틈새엔가 끼워 넣어
구원에 있어서 인간의 몫을 확보하고자 하는 욕구를 발산해 왔
다. 종교개혁자들은 구원은 오직 하나님의 은혜로만 주어진다
는 성경의 진리를 확고히 하였다. 그러나 100년이 못가서 알미
니우스의 가르침을 따르는 사람들을 중심으로 하나님의 절대
주권적 은혜에 대항하여 인간의 행위를 강조하며 개혁교회의
구원론에 문제를 제기하였다. 이 문제를 답하기 위하여 1618년
에 네덜란드 도르트에서 소집된 도르트회의는 1619년 5월 9일
까지 6개월 동안 총 154회에 걸쳐 논의를 거듭하여 마침내 인
간의 구원은 오직 하나님의 은혜로만 주어진다는 사실을 확고
히 하는 도르트신경을 발표하였다.

구원은 하나님의 절대 주권적 은혜로 말미암는다는 진리에

대항하여 인간의 행위가 조건이 된다는 주장들이 근래에 활발하게 일어나고 있다. 바울에 대한 새관점이라는 학문적 문제제기와, 값싼 구원을 조장하며 무책임한 인간을 양산한다는 실용적 이유 등으로 "오직 은혜로 말미암는 구원"이라는 진리에 대한 도전이 심각해지고 있다. 이 문제에 대하여 이미 400년 전에 확정된 도르트신경이 명확하게 답을 하고 있다. 그러나 다른 여러 교리문서들은 열심히 가르치는 한국교회가 도르트신경에는 별로 관심을 갖지 않고 있는 것이 사실이다. 그러다보니 교회에서 가르치지도 않는다. 그러나 이 시점에서 구원은 하나님의 절대 주권적 은혜로 받는 것이라고 믿는 개혁교회, 최소한 장로교회는 도르트신경을 힘을 다하여 가르쳐야 한다.

합동신학대학원대학교의 《도르트신경 400주년 프로젝트》는 이러한 상황을 반영하여 기획되었다. 여러 단체들이 400주년을 총회가 모인 1618년을 기점으로 하여 2018년에 400주년 기념행사들을 하였다. 그러나 우리 학교는 2019년을 400주년으로 하고 프로젝트 명칭도 도르트신경 400주년으로 하였다.

도르트총회의 모임이 아니라, 총회에서 발표한 도르트신경을 강조하려는 의도에서였다. 합신의 도르트신경 400주년 프로젝트는 일회적 기념행사가 아니다. 도르트신경에 대한 연구와 강연, 저술과 교회에서 도르트신경을 가르치는 운동을 지속적으로 펼쳐나가는 장기 프로젝트로 진행하고 있다. 우리 학교는 이 프로젝트를 이끌어갈 탁월한 실력을 갖춘 학자들을 교회사 분야와 교의학 분야에 모두 갖추고 있다. 그리고 이 일을 함께할 해외의 석학들과도 연계하고 있다.

합신의 《도르트신경 400주년 프로젝트》를 시작하는 초기 단계에서 공동디렉터로 해외리서치와 특별강좌 준비와 진행 등에 함께 수고해준 교회사학자 안상혁 교수님과 프로젝트의 책임 디렉터로 계속 수고와 헌신을 다해주시는 교의학자 이남규 교수님이 고맙고 자랑스럽다. 그리고 이 프로젝트의 진행에 필요한 기금을 기꺼이 지원해 주신 남포교회(최태준 담임목사)와 예수비전교회(도지원 담임목사), 그리고 CH 솔루션 대표 정채훈 장로님의 후원과 사랑에 깊은 감사를 드린다. 우리 학교의《도르트신경 400주년 프로젝트》가 한국교회가 성경이 가르치는 구원진리에 흔들림 없이 확고히 서서 신자로서 바른 생활을 해나가는데 크게 기여하게 되기를 기대할 뿐이다.

2019. 11.

총장 정창균

합동신학대학원대학교는 《도르트신경 400주년 프로젝트》
를 장기 프로젝트로 진행하고 있습니다. 이 책은 프로젝트의 일
환으로 2019년 4월 30일~5월 3일에 진행한 특별강좌를 책으
로 엮은 것입니다.

도르트신경은 도르트회의(1618-1619)의 가장 중요한 결과물
로서 개혁교회의 표준이며, 하나님의 은혜와 인간의 능력, 이
둘의 관계에 대한 개혁교회의 답입니다. 이 주제에 관한 논쟁은
17세기에 들어와서 비로소 시작된 것은 아닙니다. 초대교회에
이미 아우구스티누스와 펠라기우스 사이에 논쟁이 있었습니
다. 종교개혁 때는 루터와 에라스무스 사이에 논쟁이 있었습니
다. 루터는 인간의 자유의지는 무능력하고, 오직 하나님의 은혜
로 구원 얻는다고 주장하였습니다. 이에 반대하는 에라스무스
는 『자유의지론』에서, 인간의 자유의지가 어느 정도는 선을 택
할 능력이 있다고 주장하였습니다. 루터는 『노예의지론』에서,
죄의 노예인 인간의 의지는 죄짓는 것 외에는 아무것도 할 수
없기 때문에, 하나님의 은혜가 아니면 구원 얻을 길이 없다고
답했습니다. 그리고 루터는 이 책 마지막에, 에라스무스가 공격

한 내용이 종교개혁의 핵심문제였다고 밝힙니다. 종교개혁 후 100년 즈음, 같은 논쟁 때문에 네덜란드 교회는 소란스러웠습니다. 네덜란드 교회는 문제 해결을 위해서 총회를 열었고, 국내외 신학자들이 모인 이 회의는 성경이 가르치는 바를 따라 표준(*Canones*)을 작성했습니다. 『도르트신경』(*Canones synodi Dordrechtanae*)은 '오직 하나님의 은혜'라는 종교개혁 정신의 연장선에 있으며, 개혁교회는 '오직 은혜(*sola gratia*)'를 고백하기 위해 도르트신경을 표지로 삼았습니다.

합신은 400년 전에 세상에 나온 도르트신경을 기념하기 위해서 프로젝트를 시작하였습니다. 다양한 주제들을 다루는 강좌들을 개설하고, 저술들과 번역서들을 출판하는 등 한국교회에 도르트신경을 알리고 가르치기 위한 다양한 노력을 기울이고 있습니다. 2019년 4월 30일에서 5월 3일까지는 도르트신경 400주년 합신대강좌를 개최하였습니다. 이 강좌는 도르트신경의 역사, 신학, 목회로 주제를 분류하여 분야별로 5명의 학자가 7개의 주제 발표를 하였습니다. 이 책은 그때 행해진 강좌와 그 이전에 교수학술세미나에서 발표된 이승진 교수의 강좌를 합하여 책으로 엮은 것입니다.

셀더하위스 교수의 "도르트 총회의 역사와 신학"은 이미 출간된 『비텐베르크에서 도르트까지』에도 소개되었습니다. 그러나 이 글의 저자인 셀더하위스 교수는 책의 구성상, 그 글이 이 책에서 다시 한번 소개되기를 원했습니다. 김병훈, 안상혁, 이남규, 이승진 교수의 글은 「신학정론」에도 게재되었습니다. 그리고 도지원 목사의 연구는 『도르트신경, 오직 은혜로 구원을 말하다』라는 제목의 책으로 출간하여 한국교회가 도르트신경의 핵심 교리를 교회에서 교육하기 위한 학습교재로 사용할 수 있도록 하였습니다. 여기에 기고된 글은 그 책의 요약입니다.

《도르트신경 400주년 프로젝트》를 시작하게 해주시고 이후 적극적인 지지와 격려를 보내주신 정창균 총장님께 감사를 드립니다. 도르트신경 400주년 합신대강좌를 위해 함께 헌신하신 공동디렉터 안상혁 교수님께도 감사의 마음을 전합니다. 그리고 이 프로젝트 진행에 필요한 기금을 기꺼이 지원해주신 남포교회(최태준 담임목사)와 예수비전교회(도지원 담임목사), 그리고 CH 솔루션 대표 정채훈 장로님의 후원과 사랑에 깊은 감사를 드립니다. 진행된 행사에 마음을 모아주신 합신 교수님들께경의를 표하며, 행사에 적극적으로 참여하여 경청한 학생들과 성황을 이루어주신 성도들과 목회자들께도 감사를 드립니다. 여기 있는 글을 꼼꼼히 읽고 그 유익을 나누고 오타를 수정해 준 석사(Th.M)과정과 박사과정 학생들에게도 고마운 마음을 전합니다. 책의 겉과 속을 멋있고 읽기 편하게 만들어주신 김민정 북디자이너에게도 감사를 표합니다.

2019년 11월 8일
편집자 / 도르트 400주년 프로젝트 디렉터
이남규

역사   H I S T O R Y

도르트 총회의 역사와 신학   헤르만 셸더하위스
                                             _Herman J. Selderhuis

윌리엄 에임스와 도르트 회의   _안상혁

신학　　T H E O L O G Y

도르트신경의 신학　헤르만 셀더하위스
_Herman J. Selderhuis

도르트신경과 은혜의 신학 _이남규

목회   M I N I S T R Y

도르트신경의 목회적 적실성 헤르만 셀더하위스
_Herman J. Selderhuis

도르트신경의 목회적 성격과 교훈들 _김병훈

도르트신경과 교리 강설 _이승진

도르트신경을 어떻게 가르칠 것인가 _도지원

역사

H
I
S
T
O
R
Y

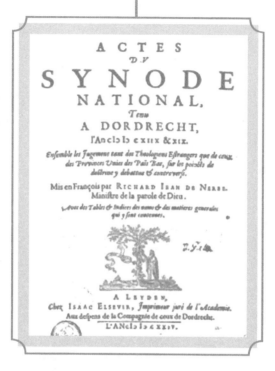

ACTES
DV
SYNODE
NATIONAL,
Tenu
A DORDRECHT,
l'An clɔ Ɔ c xɪɪx & xɪx.

Ensemble les Jugemens tant des Theologiens Estrangers que de ceux
des Provinces Vnies des Pais Bas, sur les poincts de
doctrine y debattus & controversy.

Mis en François par RICHARD IEAN DE NERBE.
Ministre de la parole de Dieu.

Avec des Tables & Indices des noms & des matieres generales
qui y sont contenues.

A LEYDEN,
Chez ISAAC ELSEVIR, Imprimeur juré de l'Academie.
Aux despens de la Compagnie de ceux de Dordrecht.
L'AN clɔ Ɔ c xxɪv.

도르트 총회의
역사와 신학

헤르만 셀더하위스 Herman J. Selderhuis

번역 안상혁

I. 도르트 총회의 중요성

도르트 총회와 총회의 결정이 국제적 칼빈주의 발전에 결정적인 영향을 끼친 것은 비단 그것이 최초의, 그리고 역사상 유일한 개혁파의 국제적 총회라는 사실 때문만은 아니다. 도르트신경을 수용하는 것은 곧 하나님의 주권과 인간의 자유선택에 관해 개혁파 안에서 수십 년간 진행된 논의에 종지부를 찍는 것을 의미했다. 이 핵심 주제에 관한 개혁파의 교리야말로 오직 성경을 따라 그 주제를 다루는 유일한 방식이라고 규정한 곳이 바로 도르트였다. 이것은 도르트가 오고 오는 세대에 그들의 신앙고백적 기초와 표준으로서 도르트신경을 수용하는 세계의 개혁교회들을 연합시키는 구심점이 되었음을 의미한다. 도르트신경의 신앙고백적 지위는 루터파의 일치신조(Book of Concord)와 유사하다. 이후 세기부터 개혁파가 된다는 것의 핵심에는 도르트신경에 대해 어떤 입장을 취하는지의 여부가 자리 잡았다. 이는 다음 사실에서 분명히 드러난다. 즉 [네덜란드에서는] 모든 새로운 목회자와 교수 그리고 장로나 집사들은 벨직 신앙고백서와 하이델베르크 요리문답, 그리고 도르트신경에 동의한다는 서명을 의무적으로 하도록 요구받았다.

도르트 총회와 총회에 관한 문헌들의 주된 관심사는 예정론 논쟁이다. 그러나 예정론뿐만 아니라 다른 주제들에 관한 결정 또한 매우 중요하고 영향력이 있었다. 예를 들어, 도르트는 교회정치와 관련해서도 중요하다. 소위 "도르트 교회법"(Dordtse kerkorde)의 수용과 더불어 교회와 국가의 책임이 명확하게 규정되었다. 이제 교회는 자유롭게 목사를 초빙하고 치리를 행사할 수 있게 되었다.

물론 다음의 사실도 언급되어야 할 것이다. 총회가 끝나고 전국과 지역 단위에서 정부는 [교회에 자율성을 주는] 총회의 결정을 쉽게 수용할 수 없었다. 그러나 도르트의 교회법은 이후 수세기 동안 네덜란드와 국제 개혁교회의 교회정치의 규범으로 남았다. 또한 오늘날까지 많은 교회들에서, 비록 사정에 따라 적응된 형태를 취하긴 하지만, 이 지위를 지키고 있다. 더욱 오래 지속된 중요한 결정으로는 정부에서 네덜란드 국역본으로 새번역성경(Statenvertaling)을 출판하기로 한 결정이다. 이 성경은 1637년에 출판되었다. 이 번역은 수세기 동안 개혁파의 영성을 형성했을 뿐만 아니라 네덜란드어의 발전에도 커다란 영향을 미쳤다.

II. 역사적 배경

도르트 총회와 "도르트신경"으로 알려진 교리적 문헌은 한편으로는 하나님의 주권과 인간의 책임에 관해 지난 50년간 지속된 국제적 논쟁으로부터 기원했다. 다른 한편으로는 네덜란드 안에서 점차 증대되는 정치적 신학적 긴장 속에서 비롯되었다고 할 수 있다. 국제적 논쟁은 자유의지에 관한 루터와 에라스무스 사이의 논쟁으로 거슬러 올라간다. 더 과거로는 아우구스티누스와 펠라기우스 사이의 싸움으로, 더욱 올라가면 성경 자체에서 기원한다. 특히 이스라엘의 선택을 논하는 로마서 9-11장의 논의이다. 개혁주의 전통으로는 칼빈의 견해가 결정적인 역할을 감당해 왔다. 그의 『기독교강요』에서 칼빈은 예정교리를 조직신학적으로 정리해서 제시한다. 주로 성경구절을 검토하는 방식을 사용한다. 그런데 칼빈의 설교와 주석에서는 예정교리가 거의 등장하지 않는다.

시간이 흐르면서 예정론에 관한 논쟁은 특히 다음의 문제에 의해 더욱 확대되었다. 곧 칼빈주의 혹은 개혁파의 선택론과 성만찬론이 1555년 아우구스부르크 종교화의가 보장하는 보호를 그들에게까지 적용하는 것을 실제로 불가능하게 만드는 것인가 아닌가에 관한 문제이다. 루터파는 바로 이 점에서 개혁파를 공격했다. 곧 개혁파가 하나님을 죄의 저자로 만들 뿐만 아니라 일종의 독재자로 만들었다는 것이다. 이와 대조적으로 1583-

1622년 사이의 하이델베르크 대학교 신학자들은 선택에 관한 개혁파의 시각이 루터가 그의 노예의지론(*De servo arbitrio*) 등에서 기술한 바나 1530년 아우구스부르크 신앙고백서의 입장으로부터 벗어난 것이 아니라고 주장했다. 그들의 관점에서 보면 이 주제에 대한 루터와 칼빈의 견해는 동일하다.

칼빈의 후계자인 데오도르 베자가 취한 입장에서도 그 핵심은 달라진 것이 전혀 없다. 물론 베자가 스콜라적인 방법을 활용한 것에 대해 의문을 제기할 수도 있다.[1] 그러나 베자의 학생인 야코부스 아르미니우스는 다음과 같이 생각했다. 베자도 칼빈도 모두 하나님의 공의는 물론 인간의 책임을 훼손시켰다고 말이다. 이러한 그의 관점은 예정에 관한 논쟁 안에서 일종의 촉진제 역할을 했다.

III. 고마루스와 아르미니우스

첫 번째로 출판된 도르트 총회 회의록의 서론은 16세기 말에 있었던 논쟁, 곧 카스파 쿨하스(Caspar Coolhaes), 헤르만 헤르베츠(Herman Herbertsz), 코르넬리스 위허르츠(Cornelis Wiggertsz)를 네덜란드에서 진행된 갈등의 출발점으로 기록한다. 그러나 예정을 둘러싼 갈등이 전국적 이슈로 폭발한 것은 17세기 초의 일이

---

1) 다음 논문을 보라. Donald Sinnema, "Beza's View of Predestination in Historical Perspective," in I. Backus, *Theodore de Beze* (Droz, 2007), 219-239.

다. 이것은 당대에 동시적으로 진행된 교회-정치적 논쟁의 정황 속에서 일어났는데, 다음의 사안들에 관한 논쟁이었다. 곧 교회 안의 일에 대한 정부의 역할과 교회의 신앙고백(벨직 신앙고백서와 하이델베르크 요리문답)이 행사하는 구속력에 관한 논쟁이다. 이 두 가지 논쟁 사이에는 분명한 연관관계가 존재한다. 왜냐하면 신앙고백서들의 내용과 구속력에 대해 비판적인 입장을 취한 자들이 또한 교회 사안에 대한 정부의 권력행사를 지지했기 때문이었다. 이러한 이유로 인해 이들은 "정치당원"으로 불렸고 이는 "교회당원"에 대립되는 개념이었다.

하나님의 선택에 대한 논쟁이 공공의 이슈로 떠오르게 된 것은 1604년 레이든 대학의 두 신학교수 프란시스쿠스 고마루스 (1563-1641)와 야코부스 아르미니우스(1559-1609) 사이에 벌어진 논쟁을 계기로 삼아 일어났다. 아르미니우스는 일찍이 암스테르담 목회 시절부터 설교 등을 통해 중생은 인간의 동의 없이 일어나지 않는다고 주장한 바 있다.[2] 1591년부터 이러한 아르미니우스의 입장은 그의 동료였던 페트루스 플란키우스 목사에 의해 도전을 받아 논쟁거리가 되었다. 아르미니우스는 1603년 레이든 대학 교수로 임용된 후 동료 교수 고마루스와의 치열한 논쟁에 휘말리게 되었다. 고마루스는 하나님께서 "앞으로 창조

---

2) 아르미니우스의 견해에 대해서는 다음을 참조하라. William den Boer, *God's Two-fold Love. The Theology of Jacob Arminius (1559-1609)*, (Göttingen, 2010); Th. Marius van Leeuwen, Keith D. Stanglin and Marijke Tolsma, eds., *Arminius, Arminianism, and Europe. Jacobus Arminius (1559/60-1609)*, (Leiden-Boston, 2009).

될" 인간을 선택하거나 유기하신다고 진술한 바 있었다. 아르미니우스에게 하나님의 선택 작정의 대상은 믿음을 가질 것을 하나님께서 예지한 자들이다. 반면에 고마루스에게 선택 작정의 대상은 앞으로 창조될 것이고, 타락할 것이고, 구원받을 대상으로서의 인간이었다. 아르미니우스는 고마루스가 그와 같이 진술함으로써 하나님을 죄의 저자로 만든다고 비판했다. 반면에 아르미니우스 자신은 하나님을 인간에 의존하도록 만든다는 비판을 받았다.

고마루스의 견해는 소위 "타락전 선택설"로 불릴 수 있다. 하나님의 선택의 대상은 아직 타락 이전의 인간이다. 즉 하나님은 타락 이전에 이미 어떤 이들을 선택하시고 다른 이들을 거절하셨다는 의미이다. 그런데 아르미니우스를 반대한 이들 가운데 다수는 역시 "타락후 선택설"의 입장을 취했다. 곧 하나님의 선택은 죄로 타락한 인간의 상태를 전제한다는 시각이다. 또한 고마루스 편에 섰던 사람들 가운데 많은 이들 역시 이 입장[타락후 선택설]을 지지했다. 결국 핵심 쟁점이 "타락전"이냐 아니면 "타락후" 선택설이냐가 아님을 의미한다. 그 대신, 하나님은 그가 선택하시고 선택한 자에게 믿음을 주시는 것인가? 아니면, 하나님은 앞으로 누가 그리스도를 믿을 것인가를 예지하시고 그들을 선택하시는 것인가의 문제가 쟁점이었던 것이다.

도르트신경은 타락후 선택설의 술어를 따라 기초되었다. 물론 신경은 타락전 선택설의 시각을 결코 배제하지 않았다. 예정론이라는 주제가 [우리의 삶과 폭넓게] 맺는 연관성으로 인해 이 논쟁은 비단 학문적이거나 정치적인 데 머무르지 않고 사회 전반에 더 폭넓게 스며들었다. 예를 들어 예정론은 신앙의 확신 문제, 그리고 영아 때 사망한 아이들의 운명과 직접 관련을 맺었다. 특히 영아 사망 사안은 당시 사람들의 삶과 직결되는 문제였다. 아르미니우스와 고마루스 각자가 가진 이견은 이 문제에 관한 각각의 함의를 가지고 있었다.

한편 다음의 사실을 기억하는 것 역시 중요하다. 즉 네덜란드가 아직 스페인을 상대로 전쟁을 치르고 있을 때, 넓게 확산된 논쟁이 네덜란드 안에서 분열을 조장하였다는 사실이다. 아르미니우스와 그의 추종자들은 교회와 국가의 관계성에 대한 그들의 확신에 따라 정부(의회)에 지속적으로 요청하길 전국적 총회를 개최하여 이 문제를 해결해 달라고 하였다. 1607년 헤이그에서 회합이 있었다. 각 지역 대회에서 파송된 대표들이 총회 개최를 위해 준비했다. 그러나 실제적인 이견 차이가 상당하다는 사실이 분명해졌을 때, 의회는—홀랜드 의회의 압력을 받고— 총회 개최를 거절하게 된다. 서로 대립하는 두 진영을 화합시키기 위한 교회와 국가 양측의 노력은—출판금지 혹은 다른 방식을 통해— 별다른 성과를 거두지 못하고 논쟁을 종결시키는 데 실패하고 말았다. 심지어 아르미니우스가 사망한 1609년 10월 19일 이후로도 논쟁은 지속되었다.

IV. 항론파

아르미니우스가 사망한 지 3개월이 지났을 때, 요하네스 위텐보가르트(1557-1644)가 이끄는 아르미니우스의 추종자 43명은 헤이그에 결집하였다. 이들은 주로 아르미니우스의 저작들로부터 인용하여 작성한 다섯 개의 조항을 출판했다. 이 문서는 "항의서"(Remonstrance)로 명명되었다. 또한 서로 대립하는 두 그룹, 즉 "항론파"와 "반항론파"라는 이름이 형성되는 배경을 제공했다. 항론파는 벨직 신앙고백서와 하이델베르크 요리문답의 수정을 요구했다. 왜냐하면 그들이 보기에 이들 문서는 항론서의 쟁점과 충돌하는 부분을 포함하고 있었기 때문이다. 아울러 중요한 이슈는 이들 문서에 대해 설교자, 장로, 집사들이 의무적으로 동의하도록 요구하는 문제였다. 이를 수정하기 위해 그들은 정부 주도하에 전국적 총회를 소집할 것을 요구했다. 정형화된 양식을 따라 1610년에 항론파는 반항론파의 견해를 최초로 보고했다. 그러나 지나치게 과장된 형식을 취했기 때문에 반항론파는 그것을 자신들의 견해라고 인정하지 않았다. 일례로, 유기에 관해 그 보고서는 반항론파가 믿음과 불신앙을 각각 선택과 유기의 열매라고 주장한다고 말했다. 그러나 실상 반항론파는 유기가 선택과 동일한 방식으로 일어난다고 진술한 바가 없다. 항론서는 항론파 자신의 입장을 다음 다섯 개의 논점으로 진술했다.

① 하나님은 믿을 자들을 예지하시고 이들을 선택하신다.

② 그리스도는 모든 이를 위해 돌아가셨다.

③ 믿음은 사람 자신으로부터가 아니라 그리스도로부터 기원한다.

④ 은혜에 대해 저항할 수 있다.

⑤ 믿음이 상실될 수 있는가의 여부를 결정하기 위해 추가적인 성경연구가 필요하다.

항론파의 다섯 개 조항은 이후 10년 동안 전개된 교리 논쟁의 핵심이 되었다. 종국적으로는 이 다섯 개 조항이 도르트신경의 구조를 결정했다. 따라서 도르트신경의 구조는 총회에 의한 것이 아니고 심지어 반항론파에 의해 고안된 것도 아니다. 그것은 항론서에 대한 응답으로서 항론파가 애초에 만들어낸 문헌에서 비롯되었다.

1610년 6월, 항론서는 홀란드와 웨스트 프리슬란트 의회에 제출되었다. 당시 이 지역은 요한 판 올덴바르네펠트 총리의 영향력 아래 있었다. 올덴바르네펠트는 이 항론서를 수용하기로 결정했다. 그것을 일종의 구속력 있는 문헌으로 삼아 분쟁을 종결지으려 한 것이었다. 그런데 오히려 이러한 결정이 일으킨 불안 요소로 인해 의회는 회합을 소집하기로 결정했다. 항론서를 주창하는 그룹과 반대하는 그룹으로부터 각각 6명의 대표를 소집하는 회의였다.

헤이그 회의(문서 회의)는 1611년 5월 11-20일 사이에 개최되었으나 의도대로 합의를 도출하지 못했다. 그러나 각 진영은 상대방의 입장을 이해하는 데서 진일보했으며, 이를 계기로 각각은 자신의 견해를 더욱 정확하게 작성하게 되었다. 회의 기간 중 반항론파는 "반항론서"를 제출하였다. 여기서 그들은 다섯 개의 논쟁점에 대한 자신들의 견해를 제시했을 뿐만 아니라 교의에 관한 결정권은 정부가 아닌 교회가 행사해야 한다고 주장했다. 어떻게든 논쟁을 잠재우기 위해 1611년 의회는 결의서를 발표했다. 의회는 목회자 후보생에게 "항의서" 조항 이상의 것을 질문하지 말 것을 요구했다. 이는 사실상 정치 지도부가 항론파의 입장을 편들어 준 것이기 때문에 이 결의안은 평화를 불러오기보다 더욱 큰 불안을 조장하게 되었다.

항론파를 이끈 신학자 요하네스 위텐보가르트가 독일 슈타인푸르트의 교수였던 콘라드 보르스티우스(1569-1622)를 아르미니우스의 후계자로서 레이든 대학 교수로 지목한 이후로 논쟁은 지속되었다. 1611년 5월 보르스티우스가 교수 사역을 시작한 이후에 그의 임명에 대한 항의로 고마루스는 교수직을 사임하고 미들버그의 목사가 되었다. 이후 1618년 그는 흐로닝엔 대학교의 교수가 될 터인데, 그 사이 1612년 영국 제임스 1세(1566-1625) 국왕이 보르스티우스 신학을 비판했다. 제임스는 자신을-실제로 많은 이들의 시각이기도 했다- 유럽 개신교의 지도자로 생각했다. 제임스는 보르스티우스의 책『하나님에 관하여』에 이의를 제기함으로 이 논의에 뛰어들었다. 그 결과 보르스티우스는 강제로 사임하게 되었고, 구다(Gouda)로 이주했다. 레이든 대학의 빈 자리는 요하네스 폴리안더가 고마루스의 자리를, 시몬 에피스코피우스는 보르스티우스 자리를 각각 계승함으로 채워졌다.

수십 년간 교회는 정부에게 전국적 총회를 소집해 줄 것을 끊임없이 요구했다. 그러나 이러한 요구는 별다른 성과가 없었다. 1571년 엠덴 총회에서 개혁교회는 2년마다 총회를 개최할 것을 결의한 바 있다.[3] 그러나 네덜란드의 정치 상황이 이 결정 실행을 불가능하게 만들었다. 스페인 통치자들이 모든 가능한 수단을 동원하여 개신교를 억압하는 조치를 취한 상황에서 그럴 수밖에 없었다. 1574년 도르트에서 (비록 전국적 총회가 아닌) 특정한 지역의-곧 남부 홀란드- 총회가 개최되었지만, 최초의 공식적인 네덜란드 전국 총회는 1578년 도르트에서 개최되었다. 이 (1578년 도르트) 총회에서 3년마다 전국 총회를 개최할 것이 결의되었다.[4] 이에 따라 1581년 전국 총회가 미들버그에서 개최되었다. 그런데 그 다음 전국 총회가 개최된 것은 5년 후 1586년 헤이그 총회였다. 헤이그 총회 이후 30년 이상이 지난

---

3) 이에 대한 네덜란드어 원문은 다음과 같다. *Acta Emden 1571, Art.9*: 'Voorder salmen alle twee jaren eens, een alghemeyne versamelinghe aller Nederlantsche Kercken houden.' F. L. Rutgers, ed., *Acta van de Nederlandse Synoden der Zestiende Eeuw*, 2nded. (Dordrecht: J.P.van den Tol,1980), 59.

4) *Acta Dordrecht 1578, Art. 45*: 'De generale ofte nationale Synodus sal ordinarelick alle dry iaren ghehouden worden, dogh alsoo datse in dien de noot sulckes eyscht eer mach te samen gheroepen worden.' Rutgers, *Acta*, 245.

후에야 또 다른 전국 총회가 개최되었고 이것이 바로 1618/19
년 도르트 총회였다.

1590년 이후로 교회들은 의회에게 총회 소집을 허락해 달라
고 빈번하게 청원해왔다. 마침내 1606년 총회 소집을 위한 위원
회가 결성되어 총회 개최와 총회의 안건을 준비하는 것이 허락
되었다. 홀란드와 질란드 의회는 벨직 신앙고백서와 하이델베
르크 요리문답, 교회법을 수정하는 것을 안건에 포함시킬 것을
요구했다. 총회의 안건으로서 이러한 의제들을 두고 교회와 의
회 사이에 합의가 도출될 수는 없었다. 결국 의회는 앞으로 전국
총회는 물론 특정 지역 총회도 더 이상 개최하지 않을 것이라고
결정했다.

이런 상황 속에서 반항론파는 여러 힘들을 규합하기 시작했
다. 그리고 1615년 이래 비밀총회를 개최하였다.[5] 의회는 전국
총회에 진정한 관심이 없었다. 왜냐하면 전국 총회에 의해 평화
가 회복된다고 기대할 수 없었기 때문이었다. 게다가 전국 총회
라는 개념은 개별 주들 안에서 그간 정성 들여 가꿔온 개별 주
들의 독립성 욕구와 충돌했다. 교회 안에서 투쟁하던 두 당파,
곧 항론파와 반항론파의 상황은 교회적·정치적인 입장이 점차
엉켜버린 사실로 인해 갈등이 더욱 증폭됨에 따라 뒤바뀌게 되
었다.

반항론파들은 여러 장소에서 자신들의 예배를 따로 드렸다.

---

5) A. Th. Van Deursen, *Bavianen en Slijkgeuzen: Kerk en Kerkvolk ten Tijde van Mau-
rits en Oldenbarnevelt* (Assen: Van Gorcum, 1974), 265.

정치적 다수가 항론파인 지역에서 그들의 이러한 행동은 제재를 받게 되었다. 한편 전국적 단위에서는 올덴바르네펠트 정권에 대한 의구심이 증폭되었다. 그 정권이 스페인에 대한 반란을 충분히 지지하지 않는 것으로 보였기 때문이다. 많은 이들의 눈에는 올덴바르네펠트가 일종의 잠재적인 반역자로 비춰어졌다. 그의 대표적인 정적(政敵)은—비록 오랜 기간 정치적 연정을 맺은 사이이긴 했지만— 바로 오렌지의 윌리엄의 아들 마우리츠 공(Prince Maurice)이었다. 항론파가 스페인에 대해 충분히 저항하지 않는 한편, "반항론파"는 독립된 국가에서 독립된 교회의 지위를 얻는 것을 주요 목적으로 반란을 지지하는 것으로 인식되었다. 이러한 상황에서 마우리츠는 1617년 7월 23일, 헤이그의 반항론파 예배에 출석했다. 이로써 그는 항론파는 물론 결국 "정치당"을 반대하는 쪽을 선택했다는 사실을 분명히 했다.

마우리츠는 항론파와 주로 관계된 지역 폭동 사태에 군대를 파견하는 것을 거부했다. 하지만 올덴바르네펠트는 도시들이 소요 사태를 진압하기 위해 군대를 고용할 수 있도록 허락했다("가혹한 결의"). 그리고 암스테르담과 도르트 도시 등에서 청원한 전국 총회 소집을 거부했다. 마우리츠와 그의 당의 시각에서 볼 때 이는 홀란드가 독자적으로 독립을 선언하는 것으로서, 일종의 혁명적 행위였다.

한편 의회는 다른 여러 도시들이 행사한 압력 속에서 마침내 4대 3이란 근소한 표 차이로 전국 총회를 개최하기로 결정했다.

이후 1618년 11월 13일에 도르트 총회가 개최되었고, 1619년 5월까지 지속되었다.[6] 같은 기간, 마우리츠는 많은 지역에서 항론파 관료들을 반항론파로 교체하였다. 이러한 정책의 배경에는 마우리츠의 두려움이 작용하고 있었다. 만일 국가가 교회의 분쟁에 끼어들어 해결책을 강제한다면 결국 내전이 일어날 것이라고 두려워했다. 마침내 1619년 5월 13일, 올덴바르네펠트는 반역죄로 교수형에 처해졌다.

V. 총회 소집령, 개최 장소, 총회 참석자

의회에 의해 소집된 총회의 주된 목적은 교회 안에서 일어난 논쟁과 갈등을 제거하는 것이었다. 따라서 총회는 대립하는 두 진영 가운데 한 쪽을 파문시키는 것을 목표로 삼는 것이 아니라 교회 안의 평화 달성을 목표로 삼았다. 이는 또한 외국 대표들에게 그들의 교회와 통치자들이 부여한 사명이기도 했다. 여기서 말하는 평화란 칼빈주의자들 사이에서 "신앙고백적 일치"를 유지하는 것을 의미했다. 이러한 일치가 항론파의 신앙고백서 개정 요구로 인해 위기에 직면한 것으로 보였다. 한편 도르트 총회

---

6) 총회의 진행과정에 대한 개략적인 고찰에 대해서는 다음을 보라. Nicolas Fornerod, "Introduction," *Registres de la Compagnie des Pasteurs de Genève*, Tome XIV et dernier, Le synode de Dordrecht, (Genève, 2012), VII-CIII, 또한 다음을 보라. Donald Sinnema, "The Issue of Reprobation at the Synod of Dort (1618-1619) in Light of the History of this Doctrine" (Ph.D. diss., University of St. Michael's College, Toronto, 1985), chs. IV and V.

는 마우리츠의 정치적 승리를 신학적으로, 교회적으로 인정한 것이었다고 말할 수 있다. 물론 이 목적이 공식적인 문헌 자료에 규정되어 있지는 않았다.

1618년 6월 25일, 의회는 각 지역 대회와 다음의 수신인들에게 초청장을 발송했다. 영국 제임스 1세,[7] 프랑스 개혁교회, 팔츠의 선제후, 헤세 백작, 스위스의 개혁파 주(州)들이다. 이들에게 약 3-4명의 신학자를 대표로 파견해 줄 것을 요구했다. 초청장에는 항론파의 5개 조항이 첨부되었다. 각 지역 대회는 총회에서 논의할 안건(헌의안 gravamina)을 제안하도록 요청받았다. 각 대회는 6명의 총대를 파송하도록 되어 있었는데 여섯 명의 총대에는 3-4명의 목회자를 포함하도록 했다. 이후에 의회는 다음 지역에 추가로 초청장을 발송했다. 브레멘 교회, 동(東)프리시아, 나사우-베터라우, 브란덴부르크, 제네바 등이다.

외국 대표를 초청한 이유는 쟁점이 된 주제의 중요성과 그것이 정치와 국제적 개혁주의에 미치는 결과의 중요성 때문만은 아니었다. 이와 유사한 논의가 당시 곧 16세기 말과 17세기 초에 캠브리지(1590년대)와 베른(1588년)뿐 아니라 하이델베르크와 팔츠 지역에서도 중요하게 진행되고 있었기 때문이었다. 의회는 다음과 같이 선언했다. '오직 하나님의 말씀이 결정적 표준이며, 각 대표는 하나님의 영광과 교회 안의 평화만을 위해 애쓸 것을 서약해야 한다.' 의회는 또한 각 지역이 두 명의 개혁파 인

---

7) Milton, A., *The British Delegation and the Synod of Dort (1618-19)*, Church of England Record Society, Volume 13, (Woodbridge: Boydell Press, 2005), 30-31.

사를 정부 대표로 파송하여 총회를 조직하는 측면을 특별히 감독할 것을 요청했다.[8]

총회 장소는 도르트, 위트레흐트, 헤이그 가운데 한 곳을 정하도록 되어 있었다. 1617년 11월 20일, 도르트 도시가 결정되었다. 도르트는 개혁파의 도시로서 안전한 장소였다. 또한 이미 1574년과 1578년 두 번에 걸쳐 전국 총회가 개최되었던 장소이기도 했다. 회의 장소는 도시 중앙에 있는 클로베니스돌렌 건물이었다. 지역 경비대가 소집되어 훈련받는 장소였는데 경비대의 총기류('클로버스')를 보관하는 창고가 있었다. 총회의 모든 비용은 의회가 부담하게 되었다.

이 총회는 네덜란드의 "도르트 전국 총회"로 불렸지만 사실 국제적인 성격을 띠는 전국 총회였다. 개혁교회가 있는 해외의 8개 지역으로부터 온 26명의 외국대표들이 출석했다. 대영제국, 팔츠, 헤세, 스위스 주들, 나사우-베테라우, 제네바, 브레멘과 엠덴 등이다. 프랑스 대표는 루이 13세의 금령으로 인해 불참했고, 브란덴부르크 대표는 루터파의 반대로 참석하지 못했다. 9개의 지역 대회와 왈룬 교회가 파송한 35명 목회자와 18명 장로들이 총대로 참석했다. 모든 지역 대회가 다 6명의 대표를 보낼 수 있던 것은 아니었다.[9] 한편 네덜란드 대학들은 각 대학

---

8) 정부에서 파견한 대표에 관한 보다 자세한 정보에 대해서는 요한나 로우레빈크 (Johanna Roelevink)가 편집한 정부 대표들의 『의사록』(Handelingen)의 서문을 보라.

9) 모든 참석자들의 전기를 포함하는 완벽한 명단에 대해서는 프레드 판 리에부르크 (Fred van Lieburg)의 서론을 보라.

에서 한 명의 신학교수를 파송했다.[10] 그들은 교회의 대표로 간주되어 독립된 총대로서 투표권을 행사할 수 있었다.[11] 이들 신학 교수들은 다음과 같다. 레이든 대학의 요하네스 폴리안더, 프라네커 대학에서 온 시브란두스 루베르투스, 흐로닝엔 대학에서 온 프란시스쿠스 고마루스, 하르더베이크에서 온 안토니우스 타이시우스, 그리고 미들버그에서 온 안토니우스 왈레우스 등이다. 홀랜드 의회(States of Holland)는 시몬 에피스코피우스를 대표로 지명했으나 그는 참석을 거부했다. 이후 그는 다른 항론파와 더불어 총회에 소환되었다. 의회는 18명의 대표를 파견했고 그들의 서기는 다니엘 하인시우스였다. 종합하면, 교회 측으로부터 총 19명의 그룹 대표가 총회에 참석했다. 하나의 교수진 대표, 10명의 네덜란드 교회 대표단—이들은 각각의 지역 대회와 왈룬 교회를 대표했다— 그리고 8명의 해외 대표단으로 구성되었다. 좌석 배치는 파우웰스 베잇츠(Pouwels Weyts)의 유명한 그림이 보여주는데, 외국 대표와 네덜란드 대표들의 좌석은 정치적인 지위에 따라 배치되었다. 평소 의회 안에서 지켜지던 순서를 따른 것이었다.

---

10) 이들이 참석할 수 있는 근거는 1578년 도르트 교회법 제52조항에 근거한다. 그 원문은 다음과 같다. 'Soo de Classe ofte Synode in de plaetse daer de vniuersiteyt is te samen koemt, sullen de Professores der Theologie mede by koemen der welcker een wt der name der anderer stemme hebben sal.' Rutgers, Acta, 247.

11) H.H.Kuyper, Post-Acta, 104.

VI. 회의 절차

총회가 소집된 시간은 주로 매일 오전 9시, 오후에는 주로 4시나 6시였다. 주중 월요일부터 금요일까지 이 시간에 모였고 가끔씩 토요일에도 회집되었다.[12] 초기에는 회의들이 대중에게 개방되었다. 여자와 젊은이들을 포함하여 일반 방청객이 많이 참여했다. 민감한 사안을 다룰 때에는 회의가 대표들만으로 구성된 비공개 회의로 진행되었다. 특히 항론파가 축출된 이후에는 많은 회의들이 비공개로 진행되었다. 중심회기 후(Post-Acta) 회기[13]는 모두 비공개로 진행되었다. 전체회의 사이에 각 대표들은 각각 별도 회의로 모여 다음날 논의될 주제들에 대한 판단서(iudicium)를 작성했다.

판단서는 대부분-특히 중요한 주제들에 대해서- 서면으로 작성하여 제출되었으나 종종 구두로 보고되기도 했다. 19개 대표그룹이 참여하고 있었기 때문에 이것은 곧 본회의에서 각 대표단이 작성한 동일한 수효 곧 19개의 판단서가 제출되어 읽혀지고 토론되었음을 의미한다. 발표순서는 좌석배치 순서와 마찬가지로 서열에 따라 정해졌다. 이는 곧 영국 대표가 늘 첫 번째 순서를 맡았음을 의미했다. 외국 대표들을 위해서 라틴어가 말과 글의 공용어가 되었다. 회의임원[진행관]들은 판단서들을 수집해서 하나의 판단서로 작성하여 총회에 제출하고 표결에

---

12) 보다 상세한 회의 진행에 대해서는 다음을 보라. Kaajan, *Pro-Acta*, 42-56,

13) 외국 대표가 떠난 이후, 1619년 5월에 계속하여 개최된 회기들이 존재한다.

부쳤다. 물론 몇몇 경우는 표결 없이 채택되기도 했다. 그룹 내에서 만장일치에 이르면 표결은 개인이 아닌 대표 그룹 단위로 이루어졌다.

때로는 특별사안을 위해 특별위원회가 임명되기도 했다. 일례로 도르트신경 초안 작성을 위한 특별위원회, 캄펜의 항론파 목회자 4명을 치리하는 문제를 다루기 위한 특별위원회, 의회(정부)에 보고를 담당하는 위원회 등이 있었다. 도르트신경 초안 작성 특위가 소집되는 3주 동안 (1619년 3월-4월) 공적인 회의가 없이 특위가 신조 초안 작성 임무를 끝내기까지 기다렸다. 이 기간에 특별위원회는 도르트신경의 초안을 작성했고, 그 후에 각 대표들이 소집되었다. 각 대표 그룹은 특별위원회에서 작성한 초안을 토대로 수정 제안서를 작성하여 제출했다. 제출된 수정안을 반영하여 특위는 다시 수정안을 작성했다. 특위가 전체회의 때 제출할 최종안이 마련되기까지 이 수정 과정은 수차례 반복되었다. 전체회의용 수정안을 위해 본회의가 소집되어 몇 차례 수정을 더한 후에 신경의 최종안을 승인하였다.

VII. 시기별로 본 총회

총회가 개회되고 나서 폐회할 때까지 네 시기로 구분할 수 있다.

1. 중심회기 전 회기(Pro-Acta Sessions): 1618년 11월 13일 ~ 12월 5일

총회 개회 하루 전, 도르트의 목사 리디우스(Lydius)와 뒤 푸르(Du Pours)가 각각 네덜란드 교회와 프랑스 교회에서 다가오는 달들과 주들을 예비하려고 영적 준비의 예배를 드렸다. 총회의 공식 개회는 1618년 11월 13일 화요일 오전 클로베니에르스 돌렌에서 리디우스 목사의 설교와 기도로 시작되었다. 곧이어 의회 대표로 참석한 마르티누스 그레고리(Martinus Gregorii)의 연설이 이어졌다.

11월 14일 수요일, 회의 둘째 날, 각 대표단은 신임장을 제출했다. 이후 총회 회의 임원들(진행관들)이 선출되고 임명되었다. 리우바르덴의 목사 요하네스 보거만(Johannes Bogerman)이 의장이 되었다. 부의장으로는 암스테르담의 목사 야코부스 롤란두스(Jacobus Rolandus), 미들버그의 목사 헤르마누스 파우켈리우스(Hermannus Faukelius)가 선출되었다. 주트펜의 목사 세바스찬 담만(Sebastiaan Damman)과 페스투스 옴미우스(Festus Hommius)에게 서기의 임무가 주어졌다.

보거만 의장은 항론파의 5개조를 직접 다루는 것으로 시작했다. 그는 항론파 그룹 지도자들을 불러서 이 다섯 개 조항을 그들과 직접 논의할 것을 제안했다. 얼마간의 논쟁이 있은 후에 헤이그 회의(1611)의 대표자 6인과 양 지역을 대표하는 두 명의 대표를 총회로 부르기로 했다. 그러나 항론파가-사실상 이들은 초청이 아니라 소환된 것이다- 도착한 것은 3주 후였다. 그동안 다른 주제들이 먼저 다루어졌다. 이 가운데 중요한 주제로 대두된 것은 새로운 네덜란드어 성경번역의 필요성이었다. 이를 위해 번역위원회와 교정위원회가 임명되었다. 또한 외경의 지위에 대한 문제도 다루었다.

11월 19일부터 27일까지 일곱 차례의 회의가 진행되었고, 결과물로 네덜란드 국역본(Statenvertaling) 성경이 만들어졌다. 그것이 출판되어 알려진 것은 1637년이었다. 하이델베르크 요리문답을 설교하는 예배에 관해서 총회가 결의하여 매주일 오후에 실시하기로 했다. 매년 하이델베르크 요리문답 전체를 가르치기로 결정한 것이다. 교리교육 일반에 관한 결정도 있었다. 교리교육은 각 가정에서 부모에 의해, 학교에서는 교사에 의해, 교회에서는 목사와 장로에 의해 실시되어야 한다고 결의되었다. 교리교육 사안과 더불어 네덜란드 동인도 식민지에서 노예 어린이에게 베푸는 세례, 목회자 훈련, 그리고 서적 검열 등과 같은 주제들도 다루어졌다. 세례와 관련해서 어린이 노예들에게는 충분한 성경교육이 선행된 이후에 세례를 베풀어야 한다고 결의되었다. 검열에 관해서 총회는 국민들 사이에 논쟁과 다툼을 불러일으킬 수 있는 서적에 대한 검열은 정부가 담당해야 할 일이라고 결정했다. 이러한 주제들에 관한 논의들은 "(항론파가 도착하기 이전인) 중심회기 이전 총회의 회의록(Pro-Acta)"에 모두 기록되어 있다.

2. 항론파와의 논쟁 회기: 1618년 12월 6일 ~ 1619년 1월 14일

1618년 12월 6일 목요일 오전, 제22번째 회의 때 소환된 열세 명의 항론파 인물들이 도착했다. 이 후로 총회에서는 항론파 문제가 주된 의제로 본격적으로 다루어졌다. 에피스코피우스가 항론파의 지도자 역할을 했다. 12월 7일 그는 연설을 했다. 연설 중 그는 총회에 모인 네덜란드 신학자들과 정부 대표들, 그리고 마우리츠 공을 강하게 비판했다. 권리와 지위에서 항론파에게 공평한 회의가 되게 할 것과 자신들을 다른 총대들과 동일하게 대우해 줄 것을 요구했다. 그러나 그들에게 공지된 것은 항론파는 총회 앞에서 자신들의 견해를 진술하기 위해 소환된 것이라는 사실뿐이었다.

1618년 12월 10일, 위트레흐트로부터 온 두 명의 항론파 대표가 합류하였다. 다음 날 항론파는 현[도르트] 총회를 당시 교회의 사안을 결정짓는 판단자로 인정하지 않겠다고 선언했다. 이런 상황에서 논의를 정상적으로 진행하는 것은 어려웠다. 특히 총회 앞에서 스스로를 변호해야 했던 항론파의 태도는 실제적인 주제토론을 사실상 불가능하게 만들었다. 항론파는 쟁점이 되는 의제들을 다루기 위해 애초에 정해진 순서를 바꾸어 유기론을 먼저 집중적으로 논의할 것을 제안하였다. 여기에는 나름의 의도가 있었다. 그들은 이 문제에 관해 총대들 사이에 이견이 있음을 잘 알고 있었다. 항론파는 특히 해외 대표들이 자신들의 입장을 지지해줄 것을 희망했다. 그리고 '타락전 선택설'의 입지를 "타락후 선택설"로부터 분리시켜 고립시키고자 의도했다. 그러나 그들은 이 두 가지 목표를 모두 성취하지 못했다. 아울러 그들은 총회를 비판하길 진정한 의미에서 토론은 애초부터 불가능하다고 했다. 항론파에 대한 의구심이 처음부터 전제되어 있는 상황 때문에 그렇다는 주장이다. 또한 총회는 토론을 위한 모임일 뿐 법적 결정권이 없음을 항론파는 지속적으로 주장했다.

이러한 어려움들로 인해 결국 의회는 다음과 같이 선언했다. 즉 항론파가 협조하지 않을 경우 항론파에 대한 검토는 오로지 그들의 저작물들을 통해서만 이루어질 것이다. 1619년 1월 14일, 마침내 보거만 의장은 감정에 호소하는 연설을 행한 후에 항론파를 향해 "여러분은 해산되었으니 지금 퇴장해 주시기 바랍니다"라고 말하며 총회로부터 항론파를 퇴출시켰다. 그들을 내쫓는 보거만 의장의 감정적인 억양을 모든 이들이 좋아한 것은 아니었다. 그러나 적어도 항론파는 퇴출되어야 한다는 사실에는 일반적인 동의가 있었다.

3. 항론파에 대한 응답서 작성 회기: 1618년 1월 15일~1619년 5월 9일

항론파를 쫓아낸 이후에 항론파 문제에 대한 공식적인 응답을 마련하기 위한 새로운 절차가 진행되었다. 열아홉 대표단은 항론파의 저작물들로부터 추출한 그들의 5개 조항의 하나하나에 대한 판단서를 작성하여 제출해야 했다. 공적으로 회의가 진행되는 동안 쟁점이 되는 주제들에 대한 네덜란드와 국외의 많은 신학자들의 공식연설들이 진행되었다.

어떤 토론들은 비공개 회의로 진행되었다. 예를 들어 고마루스, 루베르투스, 스쿨테투스를 한 편으로 하고, 다른 편으로 영국과 브레멘의 대표로 구성된 두 진영이 모여 논쟁을 벌였다. 또 다른 비공개 회의는 1619년 3월 7일부터 21일 사이에 이루어졌다. 각 대표단이 작성한 [항론파의] 5개 조항에 대한 판단서를 크게 낭독하는 순서가 진행될 때였다.

이후 아홉 명의 도르트신경 초안 특별위원회가 구성되었다.[14] 이 위원들이 작업하는 동안(1619. 3.25 ~ 4.16) 아무런 공적 회의도 개최되지 않았다. 신경은 일정한 구조를 따라 작성되었는데, 그것의 전체 구조는 1610년의 항론서 구조에 의해 결정된 것이었다. 각 장은 제일 먼저 개혁파의 교리적 진술을 제시하는 것으로 시작된다. 그 후에 항론파의 가르침에 대한 거절이 기술되었다. 1619년 4월 16일부터 18일 기간에 의회는 한두 개의 사항을 예외로 하고 도르트신경의 최종안을 승인했다. 4월 23일 각 장에 대한 총회의 모든 회원들의 서명을 받았다.

같은 기간에 총회는 세 개의 치리건을 다루었다. 캄펜의 4명

---

14) 세 명의 회의 진행자들(moderamen)에 덧붙여진 회원들은 다음과 같다. 스쿨테투스(Scultetus), 디오다티(Diodati), 폴리안더(Polyander), 왈레우스(Waleaus), 트리그란드(Trigland), 카예탄(Carleton). 초안 작성 과정에 대해서는 다음을 보라. Goudriaan and Van Lieburg, *Revisiting the Synod of Dordt*, 291-311.

의 목회자들이 항론파적 견해 때문에 공직에서 퇴출된 것과 관련된 건, 두 번째로 요하네스 마코비우스(d.1644) 치리건, 셋째로 콘라드 보르스티우스와 관련된 문제를 처리했다. 요하네스 마코비우스는 폴란드 출신으로 프라네커 대학에서 가르쳤던 교수였다. 총회에 접수된 그에 대한 불만으로는 너무나 스콜라적인 방법론으로 가르친다는 것, 극단적 형태의 '타락전 선택설'을 주장하는 것, 그리고 단정치 못한 교수의 품행 등이 있었다. 이러한 문제들로 인해 그는 동료 교수였던 루베르투스와 심각한 갈등관계에 빠졌다.

마코비우스 건에 대해 총회는 엄중한 책망이면 충분하다고 결의했다. 또한 그의 동료하고 화해할 것을 명했는데, 결국 화해를 위하여 수일에 걸친 대화가 이루어졌다. 보르스티우스의 건과 관련하여서는 총회의 대표들 사이에 일반적인 일치가 있었다. 즉 그의 교리가 항론파의 견해일 뿐만 아니라 섭리와 칭의에 대한 교리에서 그는 개혁파의 신앙고백들에 위배되는 내용을 가르쳤다는 사실에 의견을 같이했다. 결국 정치 당국은 총회의 결의를 확증한 후에 보르스티우스를 교수직에서 해임했다. 이후 그는 네덜란드를 떠나 독일로 가서 여생을 보냈다.

4월 말 총회는 벨직 신앙고백서의 교리를 검토한 후 이를 만장일치로 승인했다. 5월 1일, 하이델베르크 요리문답에 대해서도 동일한 과정을 통해 승인했다.

1619년 5월 6일, 모든 대표단과 외국 신학자들, 정부 대표단 그리고 많은 네덜란드와 외국 내빈들이 본회의로 소집되었다. 회의는 도르트의 대교회당(Grote Kerk)에서 개최되었다. 보거만 의장의 개회기도 후, 두 명의 서기가 도르트신경을 작성된 그대로 큰 소리로 낭독했다. 의장의 연설과 기도로 회의는 폐회했다.[15] 국제회의로서 총회가 공식적으로 폐회한 것은 1619년 5월 9일 목요일, 제154번째 회의에서였다. 정부 대표로 그레고리가 의회를 대표하여 감사 연설을 한 후에 해외대표들은 본국으로 돌아갔다. 물론 헤어지기 전에 풍성한 식탁이 마련되었고 해외대표들에게는 금메달이 선사되었다. 한편 네덜란드 대표들은 나중에 은메달을 수여받았다.

4. 중심회기 후 회기(Post-Acta Sessions): 1619년 5월 13~29일

1619년 5월 13일 오후, 총회가 속개되었다.[16] 이제 외국 대표단은 없었다. 그들은 오로지 항론파 문제를 다루기 위해 초청된 것이었다. 이 문제는 전체 개혁교회에 중요한 사안으로 비쳐졌기 때문이었다. 다른 교회 사안들은 국내 문제로 간주되었다. 을 기초하는 작업이 완수된 이후에도 총회는 다른 많은 의제들을 처리하는 일에 몰두해야 했다. 교회법과 예전 등에 관한 사안들에 대해 결의를 했다. 이제 회의는 네덜란드어로 진행되었고 더 이상 대중에게 공개되지 않는 비공개 회의로 전환되었다.

---

15) *Acta,* sess. 154.

16) 5월 13일 아침, 요한 판 올덴바르네펠트는 헤이그에서 참수되었다.

[결의된 사항들은 다음과 같다.]

먼저 1586년 헤이그 회의의 교회법을 수정하여 승인했다. 이와 관련한 수많은 헌의들이 총회에 제출되었기 때문이다. 이에 관한 논의들의 최종적 결과로 제정된 것이 바로 도르트 교회법(Church Order of Dordt)이다. 이것은 이후 수세기 동안 권위 있는 문헌으로 남게 될 것이다. 총회는 이어 도르트신경의 네덜란드어 번역본을 공식 승인했다. 아울러 벨직 신앙고백서의 네덜란드 및 프랑스어 번역본을 승인했다. 기타 여러 다양한 사안들이 검토되었다. 여기에는 주일성수, 직분 동의서약서, 예식서 등이 포함되었다.

1619년 5월 29일 수요일, 총 180번째 회의를 끝으로 도르트 총회는 폐회했다. 클로베니에르스돌렌에서 짧은 기도를 드린 후에 모든 총회 회원들은 대교회당으로 옮겨 예배를 드렸다. 지역교회의 리디우스 목사가 이사야 12장 1-3절 말씀으로 설교를 했다. 보거만 의장과 정부 대표 뫼스 판 홀리의 감사연설이 있었다. 보거만 의장의 폐회기도 후 모든 참석자들은 서로 형제애를 나누는 악수를 교환한 후 헤어졌다. 이렇게 해서 총 육 개월 반 동안 진행되었던 총회는 완전히 폐회하였다. 1619년 7월 2일, 총회의 회의록이 의회에 의해 승인되었다. 1619년 7월 3일, 총회에 소환되었던 항론파들에게 모든 교회 활동을 그만둘 것을 약속하라는 명령이 취해졌다. 한 명을 제외한 모든 항론파는 이 명령을 거부했다. 그 결과 거부자들은 '선동가들'(perturbateurs)로 규정되어 금지령이 내려졌다. 결국 약 200명의 항론파가 공직에서 축출되었다.

VIII. 도르트신경의 내용과 지위

한때, 개혁파 정통주의가 칼빈의 개혁주의 신학으로부터의 쇠퇴라고 생각하는 학자들이 있었다. 이러한 생각을 전제로 이들은 종종 도르트 총회를 이에 대한 예시로 간주했다. 즉 더 스콜라주의적이거나 엄격한 칼빈주의의- 혹은 둘 다- 표현이라고 생각했던 것이다. 그러나 최근의 학자들은 이러한 테제가 더 이상 지지될 수 없음을 보여주었다. 도르트신경은 개혁파 신학 전반에 걸친 검토가 아니라 하나의 매우 특정한 관련 이슈들, 곧 예정론과 이와 관련된 쟁점들을 깊이 있게 정교화한 것일 뿐이다. 이것은 도르트신경의 텍스트(판단서)를 보면 매우 확실해진다. 아울러 최근의 연구들은 쟁점이 되었던 사안들을 규정하는 도르트신경의 공식적 표현들은 오히려 매우 신중하고 온건하였다는 사실에 동의한다.[17]

한편 과거에 이루어진 연구 가운데 다음과 같이 주장하는 테제가 있었다. 곧 도르트 회의가 개최되기 이전 개혁파 전통 안에

---

17) Milton, *British Delegation*, xliii; W. R. Godfrey, "Tensions within International Calvinism: The Debate on the Atonement at the Synod of Dort, 1618-1619," (Ph.D. diss., Stanford University, 1974), 268; Sinnema, "Issue of Reprobation," 448-450.

는 두 개의 서로 다른 전통이 있는데, 하나는 불링거로 추적되는 언약신학의 전통이다. 다른 하나는 칼빈과 베자와 좀 더 일치하는 것으로서 하나님의 절대 주권을 내세워서 결과적으로 예정을 강조하는 전통이다. 이러한 [두 전통] 이론이 잘못이라는 것은 다음의 사실에서 입증된다. 총회 기간 중 불링거에게 호소하는 항론파를 거절한 것은 다름 아닌 스위스 대표들이었다는 사실이다. 또한 [반항론파 입장을 지지했던] 스위스 대표 역시 불링거에게 호소했다. 결국 개혁파 내에 두 전통을 세우려는 시도는 지지받을 수 없었다는 것이 드러났다. 도르트 총회가 진정한 개혁파 전통(곧 언약신학)을 버렸다는 테제 역시 무너졌다.

도르트신경은 총회 안에서 일치가 이루어졌음을 증언한다. 사실 이것은 매우 놀랄 만한 사실이다. 총회 안에 모인 수많은 신학자들은 서로 다른 견해들을 가지고 있었음에도 그들의 신학적 견해와 공헌을 토대로 이러한 일치를 이루어낸 것이다. 판단서의 내용은 다섯 개의 장들을 간단히 요약하는 방식으로 가장 쉽게 파악될 수 있다. 종종 두문자어 TULIP이 다섯 개 장들을 요약하는 데 사용되어 왔다.[18] 그런데 이 단어는 오로지 항론파의 다섯 개 조항에 대한 응답일 뿐이다. 또한 도르트신경의 순서를 변경해서 잘못 제시한다는 사실, 그리고 도르트신경이 매우 신중하게 표현한 내용을 왜곡하는 약점을 가지고 있음을 기

---

18) 약어 TULIP은 다음의 내용을 표현한다. 전적인 부패(Total depravity), 무조건적 선택(Unconditional election), 제한 속죄(Limited Atonement), 불가항력적 은혜(Irresistible grace), 성도의 견인(Perseverance of the Saints) 등이다. 상기한 내용은 칼빈주의의 다섯 개 조항으로도 알려져 있다.

억해야 한다.

도르트신경의 실제 순서에서 제일 첫 장은 하나님의 예정을 다룬다. 그리고 선택과 유기를 좀 더 정확한 표현으로 다루고 있다. [첫 장의] 주된 생각은 다음과 같이 서술될 수 있다. 모든 인간은 죄를 범하였고 영원한 사망을 받아 마땅하다. 하나님은 그의 아들을 보내 주셨다. 그리고 이후 복음 설교자들을 파송하셨다. 모든 사람들이 복음에 대해 믿음으로 반응하지 않는 이유는 하나님께서 모든 이에게 믿음을 주시지 않고 그가 선택한 자들에게만 믿음을 주시기로 결정하셨기 때문이다. 이것은 나머지 사람들은 그들의 상실된 상태 가운데 남겨져 있음을, 곧 유기되었음을 함의한다. 이러한 선택은 무조건적이고, 주권적이며 불변적이다.

두 번째 장의 주제는 그리스도의 죽음과 택자에 대한 구속이다. 하나님의 공의는 만족을 요구했고 그리스도는 모든 택자들을 위한 만족을 이루셨다. 이는 곧 [보편이 아닌] 제한적 특정 속죄를 의미한다. 그리스도께서 이루신 만족의 메시지는 반드시 설교되어야 한다. 이것에 대해 믿음으로 반응하지 않는 것은 그 사람의 죄책이다. 반면 믿음으로 반응하는 것은 하나님의 선물이다.

제3장과 제4장은 합쳐졌다. 이 장은 인간의 전적인 부패와 하나님께로 돌이키는 회심, 곧 오로지 유효하고 불가항력적인 은혜가 원인이 되어 일어나는 회심을 다루고 있다. 여기서는 왜

어떤 이들은 그리스도께로 나아오는 것을 거절하고 다른 이들에게는 그러한 회심이 일어나는지에 대한 이유가 설명되어 있다. 죄로 말미암아 인간은 그리스도를 [스스로] 믿을 수도 없고 믿으려고 의지하지도 않는다. 따라서 믿음이란 우리의 공로와 무관하게 받는 하나님의 은혜의 선물이다. 결국 중생은 하나님의 사역이다. 그럼에도 모든 인간은 복음에 반응해야 할 책임이 있다. 인간은 그저 가만히 있는 나무나 돌덩어리 같은 존재가 아니다. 이는 신자들 또한 반드시 은혜의 수단을 사용해야 한다는 사실을 의미한다.

마지막 장의 주제는 성도의 견인이다. 신자는 여전히 죄인으로 남아 있고 믿음을 끝까지 보존할 능력이 없다. 그러나 신자들은 결코 믿음에서 떨어져 나갈 수 없다. 왜냐하면 중생은 하나님, 그리스도, 그리고 성령의 사역이기 때문이다. 그러나 신자들은 여전히 하나님께서 은혜의 수단으로 주신 것들, 예를 들어 말씀과 성례를 사용하여 이러한 견인을 확신해야만 한다.

각 장의 끝에 항론파의 입장이 기술되어 있고 이에 대한 매우 세밀한 논박이 첨가되어 있다. 이 도르트신경은 네덜란드 내 개혁교회들에 대한 공적인 구속력을 갖는다고 선언되었다. 또한 공직자들은 도르트신경에 대한 동의를 구두와 서명으로 표현하도록 요구되었다. 도르트신경은 벨직 신앙고백서와 하이델베르크 요리문답과 더불어 "하나 됨을 위한 세 개의 고백서 서식"으로 알려지게 되었다. "하나 됨의 고백서 서식"이라는 어구는 루터파의 "일치신조"(1580)와 관련되어 있다. 이 시기 개혁파의 정황 속에서 [고백서] "서식(forms)"(네덜란드어로는 *formulieren*)이라는 단어는 보통의 경우 교회의 예전 서식뿐만 아니라 교회의 신앙고백에도 적용되었다. "일치"(네덜란드어로 *eenicheyt*)라는 단어는 고백서들이 가지고 있는 하나로 연합시키는 성격을 가리킨다. 교회의 일치는 이제 이 문서들에 확립된 가르침을 고수해야 하는 공동의 의무로 표현되었다.

IX. 도르트신경의 기록역사

총회는 총회의 역사와 총회 소집에 이르기까지 진행된 모든 것들을 기록에 남기기로 결정했다. 그 결정의 주된 결과물은 페스투스 옴미우스[회의록 서기]에 의해 작성되고 출판된 회의록의 역사적 서문이다. 페스투스는 "반항론파"의 관점에서 기록했다. 이 때문에 1620년 항론파는 그들 버전의 회의록과 총회의 역사를 출판했다.[19] 양측의 관점으로부터 작성된 다른 출판물들은 이후에야 뒤따라 나올 수 있다. 그러나 양측의 관점을 더욱 균형 있게 제시하고, 역사를 전체적으로 조망하는 연구물은 아직까지 저술되지 않았다.

---

19) *Acta en Scripta Synodalia Dordracena Ministrorum Remonstrantium in Foederato Belgio*, (Harderwijk, 1620).

Karl Barth. Die Theologie der reformierten Bekenntnisschriften (1923). In Karl Barth, Gesamtausgabe, II. Akademische Werke 1923, (Zürich, 1998), 321-349.

W. A. den Boer. Duplex Amor Dei. Contextuele karakteristiek van de theologie van Jacobus Arminius (1559-1609). Apeldoorn, 2008.

Aza Goudriaan and Fred van Lieburg, eds. Revisiting the Synod of Dordt (1618-1619). Leiden: Brill, 2011.

Hendrik Kaajan. De Pro-Acta der Dordtsche Synode in 1618. Rotterdam: T. de Vries, 1914.

H. H. Kuyper. Post-Acta of Nahandelingen van de Nationale Synode van Dordrecht in 1618 en 1619 Gehouden. Amsterdam: Hoveker and Wormser, 1899.

Donald W. Sinnema. "The Issue of Reprobation at the Synod of Dort (1618-1619) in Light of the History of this Doctrine." Ph.D. diss., University of St. Michael's College, Toronto, 1985.

W. van 't Spijker, et al. De Synode van Dordrecht in 1618 en 1619, Houten, 1987.

역사

HISTORY

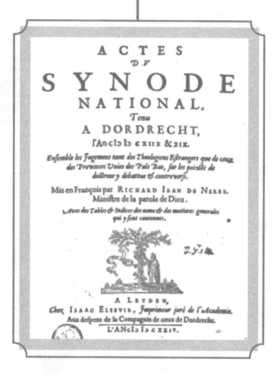

윌리엄 에임스와
도르트 회의

안상혁

I. 서론

이 논문은 1618-19년 네덜란드에서 개최된 도르트 회의의 일면을 『신학의 정수』(Medulla theologiae, Franeker, 1623; The Marrow of Sacred Divinity, London, 1639)의 저자로 널리 알려진 영국출신의 개혁파 신학자 윌리엄 에임스(William Ames, 1576-1633)의 경험과 신학을 통해 고찰한다. 에임스는 도르트 회의의 의장직을 맡았던 요하네스 보허만 (Johannes Bogerman, 1576-1637)의 고문 겸 비서의 자격으로 도르트 회의에 참석했다. 에임스는 도르트 회의가 개최되기 훨씬 이전부터 항론파의 견해를 비판하였고, 개혁파 입장에서 아르미니우스주의를 반박하는 내용을 책으로 출판하며 명성을 얻었다. 이 때문에 에임스는 영국에서 네덜란드로 건너간 외국인이었음에도 의장에게 신학적 쟁점에 대해 조언하는 역할을 제안 받을 수 있었다. 도르트 회의는 항론파의 문제만 다룬 것이 아니었다. 도르트 회의가 다루었던 여러 사안들 가운데 프라네커 대학의 요하네스 마코비우스(Johannes Maccovius,

1588-1644) 교수에 대한 고소 건도 포함되었다. 에임스는 이 문제에도 깊이 관여하였다. 한편 도르트 회의가 끝난 후, 네덜란드의 레이든 대학은 학문적 능력을 인정받은 에임스를 교수로 초빙하는 일을 추진하였다. 그러나 에임스의 비국교도 신앙을 문제 삼은 영국의 외교적 압력으로 인해 이 일은 무산되었다. 이후 마우리츠 공의 도움을 받아 에임스는 프라네커 대학의 교수로 취임하였다.

이처럼 에임스는 도르트 회의가 개최된 기간뿐만 아니라 그 이전과 이후로도 도르트 회의와 관련된 사안이나 인물들과 긴밀한 관련을 맺었다. 그럼에도 도르트 회의와 에임스의 관련성을 탐구한 연구물들은 그리 많지 않다. 에임스의 생애를 소개하면서 도르트 회의를 함께 고찰한 가장 이른 시기의 출판물은 1658년 마티아스 네테누스(Matthias Nethenus, 1618-1686)가 에임스의 라틴어 전집 서문으로 작성한 『도입 서문』(*Prefacio Introductoria*)이다. 네테누스는 특히 마코비우스 건과 관련하여 에임스가 마코비우스를 옹호한 내용을 사료와 함께 제시하였다. 19세기 저작으로는 휘호 피셰르(Hugo Visscher)가 1894년에 네덜란드어로 출판한 『윌리엄 에임스: 그의 삶과 저작』(*Guilielmus Amesius: Zijn Leven En Werken*)이 있다. 삼부로 구성되어 있으며, 각각 에임스의 생애, 신학, 그리고 영향력을 기술하였다. 제1부에서 피셰르는 에임스가 도르트 회의에 참여하기까지의 역사적 정황과 도르트 회의에서의 역할, 그리고 도르트 회의 이후 프라네커 대학의 교수로 부임하기까지의 내용을 기록하였다. 제2부에서 피셔르는 신학자로서의 에임스를 소개한다. 특히 조직신학자 에임스가 선택 교리 및 그리스도의 속죄에 관한 항론파의 잘못된 견해를 반박하는 내용을 간략하게 요약한다. 20세기 이후에 출판된 에임스 연구물 가운데 도르트 회의와 에임스의 관련성을 조명한 저작으로는 키스 L. 스프룽거 (Keith L. Sprunger)의 『박식한 학자 윌리엄 에임스: 영국과 미국 청교주의의 네덜란드 배경』(*The Learned Doctor William Ames: Dutch Backgrounds of English and American Puritanism*, 1972)과 2013년에 출판된 얀 판 플리엣(Jan van Vliet)의 『개혁파 조직신학의 발흥: 윌리엄 에임스의 지적 유산』(*The Rise of Reformed System: The Intellectual Heritage of William Ames*)이 있다. 스프룽거와 플리엣은 각자의 저서 안에서 한 장을 따로 구분하여 에임스와 도르트 회의의 관련성을 다루었다. 스프룽거는 주로 도르트 회의의 무대 배후에서 에임스가 어떤 역할을 했는가에 초점을 두었고, 플리엣은 주로 마코비우스 사건과 네덜란드 제2종교개혁(*Nadere Reformatie*)과의 연속성 문제에 국한하여 제한적으로 논의하였다.[1]

---

1) 에임스의 전기를 가장 이른 시기에 기록한 네테누스는 위트레흐트 대학의 신학 교수로서 히스베르투스 푸치우스(Gisbertus Voetius)가 남긴 글과 휴 굿이어(Hugh Goodyear) 목사로부터 전달받은 자료들을 기초로 에임스의 생애와 신학적 이슈를 정리하였다. 그의 저서는 특히 에임스와 도르트 회의의 관련성을 추적하는데 귀중한 정보를 제공하는 자료이다. 또 하나의 17세기 문헌으로 영국의 비국교도 목회자 존 퀵(John Quick)이 편집한 세 권 분량의 『영국 성인 열전』(*Icones Sacrae Anglicanae*) 가운데 에임스의 생애를 소개한 부분이 있다. 본서의 영문 부제는 "몇몇 저명한 영국 신학자들, 복음 사역자들, 교회의 목회자들, 그리고 우리와 외국 대학들의 신학교수들의 삶과 죽음"(*The Lives and Deaths of severalls Eminent*

오늘날까지 에임스와 도르트 회의의 관련성을 탐구한 연구가 비교적 미미하게 이루어진 까닭은 무엇일까? 무엇보다 도르트 회의에서 에임스가 활동한 내용을 기록한 공적인 문헌자료가 거의 남아 있지 않기 때문이다. 마코비우스 건을 제외하면, 에임스의 역할은 대부분 비공식적으로 이루어진 회의에 참석하거나, 비공개적인 자리에서 보허만 의장을 조력하고, 도르트 회의에 참석한 영국 대표들과 회의장 밖에서 접촉하는 일 등을 중

English Divines, Ministers of the Gospel, Pastors of Churches, and professors of Divinity in our own and foreign Universitys)이다. 1691년경에 작성되었으며, 퀵은 네테누스의 글에서 누락된 부분, 특히 영국에서 활동한 에임스의 생애에 대한 정보를 제공하였다. 20세기에는 다음의 네 가지 중요한 저작이 출판되었다. 1940년 칼 로이터(Karl Reuter)는 독일어로 저술한 『윌리엄 에임스: 개혁파 경건주의 각성운동을 이끈 신학자』(Wilhelm Amesius: der führende Theologe des erwachenden reformierten Pietismus)를 출판하였다. 제목에서 명시되어 있듯이 경건주의 신학자로서의 에임스의 면모를 부각시켰다. 1965년 더글러스 호튼(Douglas Horton)은 앞서 소개한 네테누스, 피셔, 그리고 로이터의 저작들을 영어로 번역하여 단권으로 출판하였다. 서지사항은 다음과 같다. Matthew Nethenus, Hugo Visscher and Karl Reuter, William Ames, translated by Douglas Horton (Cambridge: Harvard Divinity School Library, 1965). [본고는 호튼이 번역하고 편집한 저작을 사용하였다] 1968년에는 존 유스든(John D. Eusden)이 에임스의 『신학의 정수』(The Marrow of Theology)를 번역한 저서의 "서문"에서 에임스의 생애와 신학의 주요한 특징들을 소개하였다. 1972년에는 키스 L. 스프룽거 (Keith L. Sprunger)가 앞서 소개한 『박식한 학자 윌리엄 에임스: 영국과 미국 청교주의의 네덜란드 배경』을 출판하였는데 서지 사항은 다음과 같다. Keith L. Sprunger, The Learned Doctor William Ames: Dutch Backgrounds of English and American Puritanism (Urbana: University of Illinois Press, 1972). 스프룽거는 청교도 신학자로서의 에임스의 모습을 부각시켰다. 특히 제3장에서 도르트 회의와의 관련성을 소개한다(52-70쪽). 2013년에 출판된 얀 판 플리엣(Jan van Vliet)의 서지사항은 다음과 같다. Jan van Vliet, The Rise of Reformed System: The Intellectual Heritage of William Ames (UK, Milton Keynes: Paternoster, 2013). 도르트 회의를 다룬 장은 제8장이다(162-184쪽). 이 저작은 2002년에 발표한 그의 박사논문에 기초한 것이다. Jan van Vliet, "William Ames: Marrow of the Theology and Piety of the Reformed Tradition," Ph.D. dissertation (Westminster Theological Seminary, 2002).

심으로 이루어졌다. 따라서 에임스와 도르트 회의 및 도르트신경 사이의 영향관계는 간접적인 방식으로 추론될 수밖에 없는 한계가 있다.

필자는 다음 장에서 에임스의 생애를 도르트 회의를 전후한 시기로 구분하여 살펴볼 것이다. 우선 지금까지 남아 있는 사료와 연구물을 통해 에임스와 도르트 회의의 관계를 요약적으로 정리하여 제시한다. 한편 도르트신경과 에임스의 관계는 『신학의 정수』를 통해 살펴보고자 한다. 주지하다시피, 『신학의 정수』는 도르트 회의가 끝난 이후부터 에임스가 프라네커 대학의 교수로 임용되는 1622년 5월 이전까지의 기간에 저술되었는데, 주로 레이든 대학의 학생들에게 신학을 가르치기 위한 조직신학 교재의 성격으로 집필되었다. 시기적으로 볼 때 도르트신경의 주요 쟁점들이 『신학의 정수』에 충분히 반영되었으리라 독자들은 기대할 수 있다. 필자는 항론파와의 논쟁에서 부각되었던 몇몇 주제들 가운데 특히 예정론이 『신학의 정수』에서 어떤 방식으로 다루어졌는지를 간략하게 고찰해 볼 것이다.

도르트 회의와 도르트신경을 에임스의 경험과 『신학의 정수』를 통해 조명하는 것은 몇 가지 측면에서 의미 있다. 첫째, 도르트 회의가 다룬 사안의 국제적인 성격을 드러낸다. 둘째, 에임스의 경험을 통해 우리는 당시의 국가(혹은 정치)와 종교(혹은 교회)가 얼마나 긴밀하게 연결되었는지를 알 수 있다. 셋째, 에임스의 『신학의 정수』를 통해 우리는 도르트신경의 주요 신학적 쟁점을 좀 더 쉽게 파악할 수 있다. 넷째, 마코비우스 사건과 관련한 에임스의 활동을 통해 우리는 이 문제에 대한 도르트 회의의 결정과 마코비우스와 관련된 주요 이슈들—스콜라주의 방법론과 타락전 선택설—을 보다 정확하게 파악할 수 있다. 마지막으로 에임스를 통해 우리는 네덜란드 개혁교회의 전통과 에임스가 대변했던 영국 청교도 운동의 교차점을 흥미롭게 관찰할 수 있다.

II. 시기별 고찰: 에임스와 도르트 회의

1. 도르트 회의 이전 시기의 윌리엄 에임스, 1576-1618

(1) 영국에서의 활동, 1576-1610

에임스는 1576년 영국 서퍽 카운티의 입스위치에서 출생했다. 에임스의 부모는 영국 국교회의 온전하지 못한 종교개혁을 비판했던 청교도 신앙을 수용했던 것으로 보인다. 아쉽게도 에임스의 부모는 에임스가 아직 어렸을 때 모두 세상을 떠났다. 이후 에임스는 외삼촌 로버트 스넬링(Robert Snelling)의 가정에서 성장했는데 스넬링은 독실한 청교도 신자였다. 외삼촌의 후원 아래 에임스는 캠브리지 대학의 임마누엘 칼리지에 입학했다

(c.1594). 재학시절 에임스는 윌리엄 퍼킨스(William Perkins, 1558-1602)의 영향을 받으며 그의 설교를 통해 회심을 경험하였다.[2] 1598년에 학사학위를 받았고, 1601년에는 문학 석사 학위를 취득했으며 크라이스트 칼리지의 선임 연구원이 되었다. 이와 동시에 목사 안수를 받았다.[3]

1610년까지 캠브리지에 머무는 동안 에임스는 청교도 신앙을 고수했고 이 때문에 적지 않은 어려움을 감수해야만 했다. 1604년 햄프턴 궁전 회의 이후 제임스 1세는 대학에서 영국 국교회 체제를 비판하는 활동을 강력하게 제제할 것을 천명하였다. 청교도 운동에 가담하는 학자들은 학위를 빼앗기거나 보직에서 해고당하고 설교의 기회를 박탈당하였다. 1609년 크라이스트 칼라지의 학장직이 공석이 되었을 때, 제임스 1세는 에임스의 기대를 깨고 청교주의를 반대했던 벨런타인 케리(Valentine Cary, c.1570-1626)를 학장으로 임명했다. 에임스는 국교회의 성일 예식에 참여하거나 중백의(surplice) 착용 등을 강요하는 케리에

---

2) Sprunger, *The Learned Doctor William Ames*, 11-12. 스프룽거에 따르면, 캠브리지에서 에임스가 퍼킨스와 함께 머물렀던 기간은 일 년 정도였다. 퍼킨스는 1595년경까지 크라이스트 칼리지에 남았다가, 근방의 세인트 앤드루스 교회로 옮겨 1602년까지 사역하였다. 퍼킨스는 설교사역과 저술활동을 통해 지속적으로 캠브리지 학생들에게 큰 영향을 미쳤다. 플리엣은 에임스가 회심한 해를 1601년으로 명시한다. Vliet, *The Rise of Reformed System*, 6.

3) 각주 1번에서 소개한 저작들 이외에 에임스의 생애와 주요 작품을 간략하게 소개한 책들로는 다음을 참고하라. 조엘 비키 & 랜들 페더슨,『청교도를 만나다』(원제: *Meet the Puritans*), 이상웅 & 이한상 옮김 (서울: 부흥과개혁사, 2010), 281-302; 조엘 비키,『개혁주의 청교도 영성』(원제: *Puritan Reformed Spirituality*), 김귀탁 옮김 (서울: 부흥과개혁사, 2009), 219-246;김홍만,『청교도 열전』(서울: 솔로몬, 2009),186-190; 이은선,『청교도 입문』(시흥: 도서출판 지민, 2014), 71-103.

게 강하게 저항하였다. 네테누스에 따르면 에임스가 박해를 받은 주요한 이유는 그가 인위적인 국교회의 예배를 반대하고 사도적이고 단순한 예배를 옹호했기 때문이었다.[4] 1609년 12월 21일 성토마스 기념일에 에임스는 대학 안에 만연되어 있는 비도덕적인 삶을 규탄하는 내용으로 설교했다. 에임스는 특히 카드와 주사위로 도박하는 관습을 정죄했는데, 이는 청교도 사이에서는 호응을 받았지만 일반 학생들 사이에는 적지 않은 동요를 일으켰다. 당시 크리스마스 절기에는 일반적으로 카드와 주사위 놀이가 용인되고 있었기 때문이었다.[5] 케리는 이 설교를 문제 삼아 에임스를 압박하며 그가 이미 취득한 학위를 정지하는 조치를 단행하였다. 이미 이 주 전, 1월 8일에 니콜라스 러쉬 (Nicholas Rushe)는 국교도 성직자를 비판하는 설교를 했다는 이유로 연구원 자격을 박탈당하고 학교에서 추방을 당한 시점이었다. 에임스는 자신도 러쉬와 같이 쫓겨날 것을 충분히 예측할 수 있었다. 이에 에임스는 공적인 제재 조치가 내려지기 전에 자신이 먼저 캠브리지를 떠나기로 결정했다. 캠브리지를 떠난 후 에임스는 잠시 콜체스터 도시의 설교자로 사역했지만 이내 런던의 주교 조지 애봇(George Abbot)으로부터 설교권에 대한 제재를 받았다. 에임스가 청교도 신앙을 고집하는 한, 더 이상 영국

---

4) Nethenus, *Introductory Preface*, 3.

5) 에임스는 카드와 주사위 도박이 사탄적인 것이라고 정죄했고, 하나님의 말씀이나 성례에 대해 죄를 범하는 것이나 다름없다고 비판했다. 케리는 이를 문제 삼아 에임스를 비국교도의 극단주의자로 몰아 세웠다. Sprunger, *The Learned Doctor William Ames*, 22-24.

내에서 사역지를 찾는 것은 어려워 보였다. 결국 에임스는 영국을 떠나 네덜란드로 망명했다.[6]

피셰르에 따르면, 에임스가 영국을 떠날 수밖에 없게 된 직접적 계기는 당시 유명한 청교도 저작자 윌리엄 브래드쇼(William Bradshaw, 1571-1618)의 대표작 『영국 청교주의』(*English Puritanism*, 1604)와의 관련성 때문이다. 에임스는 청교도 예배와 신학을 훌륭하게 변증한 브래드쇼의 『영국 청교주의』를 읽고 큰 감명을 받았다. 에임스는 이 저작을 라틴어로 번역하고 서문을 덧붙여서 영국의 종교개혁을 국제적으로 알리고자 시도했다. 이를 계기로 원저작자와 번역자 모두 당국으로부터 추적을 당하고 박해를 받게 되었다. 에임스는 한 청교도 상인의 도움을 받아 가까스로 영국을 탈출할 수 있게 되었다. 후일 캔터베리 대주교는 말하기를 만일 에임스가 이 때 체포되었더라면 그를 일벌백계했을 것이라고 기록했다.[7]

---

6) 스프룽거와 플리엣 모두 에임스가 자발적으로 캠브리지를 떠났다는 사실을 강조한다. 이 덕분에 에임스는 크라이스트 칼리지 연구원의 자격이 공적으로는 박탈되지 않았을 가능성을 언급한다. Sprunger, *The Learned Doctor William Ames*, 24; Vliet, *The Rise of Reformed System*, 8-9.

7) 에임스가 영국을 탈출한 정황에 대해서는 다음을 보라. Visscher, *William Ames*, 34-35. 캔터베리 대주교는 1611년 3월 12일에 작성한 서한에서 다음과 같이 기록한다. "만일 그가 (에임스) 이곳에 우리와 함께 있었더라면... 그는 본보기가 될 만한 처벌을 받았을 것이다." 피셰르의 저서 35쪽에서 재인용함.

(2) 네덜란드에서의 초기 사역, 1610-1618

1) 네덜란드 개혁 교회의 정황[8]

1610년 네덜란드에 첫발을 내딛은 에임스는 이후 23년 동안 네덜란드 안에서 개혁 신학을 가르치다가 1633년에 로테르담에서 사망한다. 에임스가 종교적인 박해를 피해 찾아온 네덜란드는 정치적으로나 종교적으로 안정되지 못한 상황이었다. 1517년 루터의 종교개혁이 시작된 이래 네덜란드는 루터파, 재세례파, 그리고 칼빈의 종교개혁으로부터 순차적으로 영향을 받았다.[9] 조엘 비키(Joel R. Beeke)에 따르면 이들 가운데 가장 큰 영향력을 미친 것은 칼빈의 개혁파 종교개혁이었다. 특히 17세기 초에 개최된 도르트 회의를 계기로 화란 개혁주의는 꽃을 피웠고, 곧이어 18세기 중엽까지 지속된 화란 제2종교개혁(*Nadere*

---

8) 네덜란드 교회사에 대한 최근 저서로는 헤르만 셀더하위스가 편집한 『화란 교회사 핸드북』(*Handbook of Dutch Church History*)을 보라, Herman J. Selderhuis, *Handbook of Dutch Church History* (Göttingen & Bristol: Vandenhoeck & Ruprecht, 2015). 특히 16-17세기의 역사를 기술한 157-357쪽을 보라. 청교도의 관점에서 16-17세기 네덜란드의 교회역사를 고찰한 저서로는 스프룽거의 『화란 퓨리타니즘』(*Dutch Puritanism*)의 제2부를 참고하라. Keith L. Sprunger, *Dutch Puritanism: A History of English and Scottish Churches of the Netherlands in the Sixteenth and Seventeenth Centuries* (Leiden: Brill, 1982), 43-394.

9) 비키는 화란 종교개혁의 시기를 다음과 같이 네시기로 구분한다. 제1기 루터파 시기 1517-26, 제2기 성례주의자 시기 1526-31, 제3기 재세례파 운동기 1531-45, 제4기 칼빈의 개혁주의 침투기(남부는 1545년경, 북부는 1560년경 이후). Joel R. Beeke, "The Dutch Second Reformation," *Calvin Theological Journal*, 28(1993): 298.

Reformatie)[10]에서 절정을 맞이했다고 비키는 주장한다.

이러한 시각에서 보았을 때, 에임스가 네덜란드에 도착한 시기는 네덜란드 개혁교회의 역사에 있어서 특별한 시기였다.[11] 절정기를 향해 나아가는 네덜란드 개혁교회가 내부의 도전으로 말미암아 분열하는 위기에 직면했기 때문이었다. 이 위기는 에임스가 도착하기 일 년 전에 사망한 야코부스 아르미니우스(Jacobus Arminius, 1560-1609)와 그의 추종자들에 의해 촉발되었다. 아르미니우스는 제네바 아카데미에서 테오도루스 베자(Theodorus Beza, 1519-1605)와 램버트 다노(Lambert Daneau, c.1535-c.1590) 등과 같은 개혁파 신학자들 아래에서 신학 훈련을 받았다. 1587년에 아르미니우스는 암스테르담에 있는 교회의 목회자로 청빙을 받고 이듬해에 안수를 받았다. 이 시기에 아르미니우스는 이미 베자의 예정론과는 다른 견해를 피력하기 시작했다. 일례로 로마서 9장에 등장하는 이삭과 이스마엘, 그리

---

10) 화란 제2종교개혁의 시기는 대략 1600-1750년이다. 이 용어를 최초로 사용한 사람은 장 드 타펭(Jean de Taffin, 1529~1602)이다. 비키는 화란어 "나데레(Nadere)"를 "좀 더 나아가는"(further)이라는 의미로 해석하는 것의 문제점을 지적한다. 소위 첫번째 종교개혁의 불완전함을 암시하기 때문이다. 오히려 "나데레"의 본래 뜻은 종교개혁의 진리를 일상생활과 신자의 마음과 경험세계에 "적용"한다는 의미가 있다. 판 데르 린더(S. van der Linde)가 옳게 지적한 바대로 화란 제2종교개혁은 반교의주의로 규정될 수 없다. 오히려 바른 교리를 신자의 전인적 삶에 접목시키는 것이 쟁점이었다. Ibid, 300-301, 312. 앞의 개념 정의 이외에도 주의해야할 용어로 비키가 정리한 번역어들은 다음과 같다: "지속된 종교개혁"(Continuing Reformation), "화란 엄밀주의"(Dutch Precisionism), "화란 청교주의"(Dutch Puritanism), "화란 경건주의"(Dutch Pietism).

11) 도르트 회의에 이르기까지의 역사적이며 신학적인 정황을 간략하게 정리한 대표작으로는 다음으로 참고하라. Thomas Scott, *The Articles of Synod of Dort* (Philadelphia: Presbyterian Board of Publication, 1856).

고 야곱과 에서는 각각 믿음으로 말미암아 의롭다함을 받기 원하는 집단과 율법의 행위로 말미암아 의롭다함을 받고자 원하는 집단을 대표하는 것뿐이며, 따라서 개인의 선택과 유기에 관한 예정 교리와는 결코 무관하다고 설교했다.[12]

1603년 레이든 대학의 신학 교수가 된 이후 아르미니우스는 예정교리를 둘러싼 본격적인 신학 논쟁에 휩싸이게 되었다. 1604년 10월 31일 레이든 대학의 동료 교수인 프란시스쿠스 고마루스(Franciscus Gomarus, 1563-1641)는 예정론에 관련한 32개의 테제를 발표했다. 고마루스의 소위 타락전 선택설(supralapsarian-ism)의 견해에 따르면, 하나님의 예정 작정의 대상은 "창조될 가능적 존재로서의 인간"(homo creabilis)이다. 또한 가능태를 현실태로 바꾸는 것은 하나님의 자유로운 의지에 기초하는 것이지, 하나님의 의지에 선행하거나 하나님의 의지 밖에 존재하는 그 어떠한 미래의 우연적 요소들에 기초하는 것이 아니다. 이에 대해 아르미니우스는 아직 가능태로 존재하는 인간은 예정의 대상이 될 수 없다고 비판하며, 하나님의 선택 작정의 대상은 *믿음을 가질 자들로서 하나님께서 예지한 자들*이고, 유기 작정의 대상은 불신앙의 인물들로서 하나님께서 예지한 자들이라고 주장했다. 요컨대 하나님의 예정 작정은 소위 "예지된 믿음"과 "예지된 불신앙"에 근거한다는 것이 아르미니우스의 핵심 주장이었

---

12) Selderhuis ed., *Handbook of Dutch Church History*, 298-303. 아르미니우스의 신학에 관한 심도 있는 논의에 대해서는 다음 저작을 보라. Richard A. Muller, *God, Creation, and Providence in the Thought of Jacob Arminius* (Grand Rapids: Baker, 1991).

다.[13]

또한 하나님의 은혜와 사람의 자유선택의 관계에 대해서도 아르미니우스는 고마루스와 의견을 달리했다. 사람이 거듭나는 것은 비록 성령과 하나님의 은혜로 말미암은 것이지만 사람의 동의 없이는 일어나지 않는다고 아르미니우스는 강조했다. 사람이 실제로 믿음을 갖는 것은 "유효한 은혜"(efficient grace)로 말미암는다고 아르미니우스는 인정했다. 그러나 유효한 은혜가 성립되기 위해서는 반드시 인간 편의 긍정적인 동의와 은혜 안에 머물기로 하는 인간 의지의 선택이 요구된다고 아르미니우스는 강조했다. 아르미니우스의 가르침은 돌같이 굳은 마음을 살과 같이 부드러운 마음으로 바꾸고 인간의 의지를 변화시키는 것이야말로 유효적 은혜의 특징이라고 이해하는 개혁파의 전통적 입장과 다른 것이었다. 요컨대 아르미니우스에게 있어 은혜란―비록 그것이 유효적이라 주장해도 여전히―그 자체로는 불가항력적인 것이 아니며, 개혁파의 입장에서 보았을 때는,

---

13) J. V. Fesko, "Lapsarian Diversity at the Synod of Dort," in Michael A.G. Haykin and Mark Jones eds, *Drawn into Controversie: Reformed Theological Diversity and Debates within Seventeenth-Century British Puritanism* (Göttingen & Oakville: Vandenhoeck & Ruprecht, 2011), 99-123; 헤르만 셀더하위스,『비텐베르크에서 도르트까지』, 김병훈 외 4명 옮김 (수원: 합신대학원출판부, 2018), 215-19; 김병훈, "도르트 신경의 예정론에 대한 한 이해,"「장로교회와 신학」4(2007): 205-280. 레이든 대학 안에서 진행된 고마루스와 아르미니우스의 예정론 논쟁의 쟁점을 약술한 것에 대해서는 다음을 참조하라. Selderhuis ed., *Handbook of Dutch Church History*, 300-302. 개혁파 예정 교리에 대한 아르미니우스의 상세한 비판에 대해서는 그의 저작들 가운데 다음을 보라. Arminius, *Declaration of Sentiments*, 211-251. [247-248 쪽을 보라] in *The Works of James Arminius*, trans. by James Nichols, vol.1 (Auburn and Bufalo: Derby, Miller and Orton, 1853).

결코 유효적이라 불릴 수 없는 종류의 은혜였다.[14]

1609년 10월 19일 아르미니우스가 사망했다. 이듬해 1월, 아르미니우스를 따르는 마흔 세 명의 추종자들이 헤이그에 모여 "항의서"를 작성하였다. "항의서"는 『소감의 선언』(Declaration of Sentiments, 1608)과 같은 아르미니우스의 저작들로부터 인용하여 간추린 다섯 개의 조항으로 구성되었는데, 그 핵심적인 내용은 다음과 같이 요약될 수 있다.[15]

1. 하나님은 믿을 자들을 예지하시고 이들을 선택 하신다.
2. 그리스도는 모든 사람과 각 개별자를 위해 돌아가셨다.
3. 믿음은 사람 자신으로부터가 아니라 그리스도로부터 기원한다.
4. 은혜는 가항력적이다.
5. 믿음이 상실될 수 있는가의 여부를 결정하기 위해 추가적인 성경연구가 필요하다.

상기한 "항의서"를 작성한 이들은 소위 "항론파"(Remonstrants)로 일컬어졌다. 이들은 한 걸음 더 나아가 정부로 하여금 전국적 총회를 소집하여 아르미니우스의 가르침을 따라 벨직신앙고백서와 하이델베르크 요리문답 등을 수정하도록 조치할

---

14) Arminius, *Declaration of Sentiments*, 253-254; Alrick G. Headley, *The Nature of the Will in the Writings of Calvin and Arminius: A Comparative Study* (Eugen: Wipf & Stock, 2017), 61-62.

15) 셸더하위스, 『비텐베르크에서 도르트까지』, 220.

것을 주장하였다. 항론파의 요구는 아르미니우스가 생전에 원하고 추진하던 것과 연속성을 가지고 있었다.[16] 이제 갈등과 분열은 제한된 지역의 신학교와 교회의 울타리를 넘어 전국적으로 확대되는 방향으로 더욱 진척되기 시작했다.

2) 네덜란드의 정치-종교적 정황[17]

항론파에 의해 작성된 항론서가 홀란트 정부에 제출되고, 에임스가 네덜란드에 도착한 해인 1610년경의 정치적인 정황은 어떤 모습이었을까? 16세기 스페인의 지배 아래 있었던 네덜란드는 1568년부터 1648년에 이르기까지 약 80년 동안 지속된 독립을 위한 전쟁을 시작하였다. 개신교 세력이었던 북부의 일

---

16) 아르미니우스는 종교적인 논쟁과 갈등에 대해 정부가 직접 개입할 것을 주장했다. 홀란트 주정부는 아르미니우스와 그의 동료 위텐보하르트(Johannes Wtenbogaert, 1557-1644)의 요구를 수용하여 아르미니우스와 고마루스로 하여금 공적으로 각각의 의견을 피력할 기회를 제공하기도 했다. 아르미니우스가 사망하기 전 1609년 8월에도 두 교수는 헤이그 주정부에서 마련한 공적인 자리에 출석하기로 예정되어 있었다. 한편 이들이 벨직 신앙고백서와 하이델베르크 요리문답의 개정을 요구한 것은 구체적으로 특정한 몇 가지 항목들에 대한 것이라기보다는 원론적인 성격에 좀 더 가까웠다. 곧 자신들이 피력한 다섯 가지 조항들과 자신들이 해석한 성경의 원리에 비추어 신앙고백서와 요리문답을 검증할 것을 요구한 것이다. Selderhuis ed., *Handbook of Dutch Church History*, 303-305.

17) 도르트 회의에 이르기까지 네덜란드의 정치-종교적 역사를 약술한 한글 자료들—번역서 포함—로는 다음을 참고하라. 셀더하위스, 『비텐베르크에서 도르트까지』, 211-47; 정요석, 『전적 부패, 전적 은혜: 도르트신경의 역사적 배경과 해설』(수원: 영음사, 2019), 19-46. 논문 자료로는 다음을 참고하라. 안인섭, "도르트 총회 (1618-1619) 직전 시대의 네덜란드 교회와 국가 관계의 배경 연구,"「한국개혁신학」57(2018): 279-312; 김요섭, "도르트 신조의 역사적 배경과 개혁주의적 교회론 연구,"「개혁논총」30(2014): 359-395; 이호우, "도르트신조(the Canons of Dort)의 역사적-신학적 이해,"「일립논총」9(2003): 109-131.

곱 주들은 1579년 위트레흐트 동맹을 맺고 1581년 헤이그에서 독립을 선언하였다.[18] 남쪽은 로마 가톨릭의 세력이 우세하였는데, 스페인은 남쪽의 세력을 규합하여—아라 연맹(League of Arras. 1579)—독립 운동과 북부의 위트레흐트 동맹을 압박하였다. 1587년 네덜란드 의회는 오라네 공작 빌렘 1세의 아들이었던 마우리츠(Maurits van Nassau)를 독립군의 총사령관으로 임명하였다. 1588년 마우리츠는 영국군을 도와 아르마다 해전에서 무적함대를 격파하는데 크게 공헌한다. 이후 스페인의 군사력이 약화된 1590년대에 마우리츠는 네덜란드의 수많은 도시들을 점령하였다. 한편 남부 지역에서는 1601년 니우포르트 전쟁에서의 승리를 제외하고는 주목할 만한 성과를 거두지 못했다. 그러던 중 네덜란드는 1607년 지브롤터 해전에서 스페인 함대를 무력화 시킨 후, 1609년 4월 9일에는 스페인과 더불어 12년간의 휴전협정을 체결하였다.

네덜란드 독립전쟁의 영웅이었던 마우리츠는 도르트 회의가 소집되고 도르트신경이 탄생하는 데 있어 중요한 배경을 마련했다. 그 계기는 그의 정적이었던 정치인 요한 판 올덴바르네벨트(Johan van Oldenbarnevelt, 1547-1619)와의 대립을 통해 마련되었다. 스페인과의 잠정적인 평화협정이 체결된 것은 올덴바르

---

18) 일곱 개의 북부 지역은 다음과 같다. 홀란트(Holland), 젤란트(Zeeland), 흐로닝언(Groningen), 프리슬란트(Friesland), 위트레흐트(Utrecht), 오버레이설(Overijssel), 헬데를란트(Gelderland) 등이다.

네벨트가 추구했던 정치적 승리였다.[19] 그러나 마우리츠의 입장에서 보았을 때, 올덴바르네벨트는 스페인에 대해 저항하는 독립 운동을 충분히 지지하지 않는 잠재적 반역자로 비춰졌다.[20] 평화 협정이 효력을 발휘하는 동안 두 사람은 각자의 세력을 키우며 권력다툼을 하였다.

양자 사이의 정치적인 대립은 신학적인 분열에 의해 더욱 악화되었다. 1610년 6월, 항론파가 작성한 항론서는 홀란트와 서프리슬란트 주정부에 제출되었는데 이 지역은 올덴바르네벨트의 영향력 아래에 있었다. 개혁신앙을 지지하는 소수의 사람들은 항론파를 배제시키고자 원했지만, 올덴바르네벨트가 이끄는 다수는 항론파를 수용하는 입장에서 반항론파와의 타협을 유도하였다. 이런 분위기 속에서 1611년 5월 헤이그 회의가 소집되었다. 여기서 반항론파는 페트루스 플란키우스(Petrus Plancius, 1552-1622)의 주도하에 항론파의 입장을 반박하는 "반항론서"(Counter-Remonstrance)를 제출하였다. 이들은 항론서의 잘못된 신학뿐만 아니라 교회와 신학에 관한 문제에 국가가 개입하여 결정하는 것을 반대하였다. 이와 대조적으로 항론파는 교회의 사안에 대한 국가의 결정권을 옹호했는데 이 때문에 이들은 "정치당"으로 불리기도 했다. 헤이그 회의는 결국 분열의 문제를 해결하는데 실패했고, 이후 항론파와 반항론파의 대립은 더

---

19) Selderhuis ed., *Handbook of Dutch Church History*, 304.

20) 셀더하위스, 『비텐베르크에서 도르트까지』, 224.

욱 극심해졌다.[21]

한편 1617년 7월 23일, 마우리츠가 헤이그에 있는 반항론파의 주일 예배에 참석함으로써 상황은 새로운 국면에 접어들었다. 이에 맞서 올덴바르네벨트의 홀란트 주정부는 1617년 8월에 "가혹한 결정"(Scherpe Resolutie)을 발표했다. 이는 각 도시로 하여금 독자적인 군대를 조직할 수 있도록 허락했는데, 이는 반대세력을 물리적으로 제압하기 위한 조치였다. 그러나 시각에 따라서는 이러한 조치가 네덜란드 공화국의 연합을 깨뜨리는 행위로 보일 수 있었다. 1618년 8월 29일 마우리츠는 올덴바르네벨트을 체포하였고 이듬해 5월 13일 헤이그에서 그를 반역죄로 처형했다. 이 사이에 마우리츠는 암스테르담과 도르트를 포함한 여러 도시들의 요구를 수용하여 전국 총회를 개최하여 항론파의 문제를 해결하기로 결정하였다. 이렇게 하여 1618년 11월 13일 도르트 회의가 개최되었다.[22]

---

21) 1611년 5월 11일부터 20일 사이에 열린 헤이그 회의는 항론파 여섯 명과 반항론파 여섯 명으로 구성된 회의였다. 비록 합의를 도출하는데 실패했지만, 상대편의 입장을 보다 정확하게 이해하는데 도움을 주었고, 후일 도르트신경을 작성하는데 영향을 미쳤다. 셀더하위스, 『비텐베르크에서 도르트까지』, 221-222.

22) Herbert H. Rowen, *The Prince of Orange: The Stadholders in the Dutch Republic* (Cambridge: Cambridge University Press, 1990), 47-55; Selderhuis ed., *Handbook of Dutch Church History*, 304-307; 셀더하위스, 『비텐베르크에서 도르트까지』, 219-226; 이 시기 올덴바르네벨트의 행적에 대한 자세한 연구서로는 다음을 참고하라. Jan den Tex, *Oldenbarnevelt*, vol. 2: 1606 1619, translated by R. B. Powell (Cambridge: At the University Press, 1973).

3) 윌리엄 에임스와 항론파

1610년 네덜란드에 도착한 에임스는 로테르담을 거쳐[23] 레이든에 잠시 정착했다. 이곳에서 에임스는 그와 함께 동행 했던 로버트 파커(Robert Parker, c.1564-1614)와 회중교회주의자 헨리 제이콥(Henry Jacob, 1563-1624), 그리고 필그림의 지도자 존 로빈슨(John Robinson, 1576-1625) 등과 만나 교제를 나누었다.[24] 1611년 에임스는 헤이그 주재 영국 군 사령관 호레이스 베레(Horace Vere, 1565-1635)의 초청을 받아 헤이그로 이동했다. 그곳에서 군목으로 사역했던 존 버지스(John Burgess, 1563-1635)를 만나 그의 사역을 이어 받았다. 버지스가 영국으로 돌아가기 전 (1612년 혹은 1613년), 에임스는 버지스의 딸과 결혼하였으나, 얼마 지나지

---

23) 피셰르는 브리태니커 백과사전의 자료를 인용하며 다음의 일화를 소개한다. 에임스는 로테르담에 도착하자마자 우연히 신학자들의 모임에 참석했다가 항론파 니콜라스 흐레빈코벤(Nicolaas Grevinckhoven, d.1632)과 논쟁한다. 빌립보서 2장 13절("너희 안에서 행하시는 이는 하나님이시니 자기의 기쁘신 뜻을 위하여 너희에게 소원을 두고 행하게 하시나니")의 말씀을 가지고 에임스는 흐레빈코벤을 논리적으로 논박하여 참석자들에게 깊은 인상을 남겼다고 한다. 한편 피셰르는 이 이야기의 역사성을 의심한다. Visscher, *William Ames*, 41.

24) 1607년 영국에서 로버트 파커는 세례 때 성호를 긋는 것을 비판하는 논문을 출판한 후에 뱅크로프트(Bancroft) 대주교로부터 핍박을 받았고 1610년 에임스와 함께 네덜란드로 피신하였다. 파커는 암스테르담에 있는 영국 회중으로부터 청빙을 받았으나, 영국 국왕의 외압을 두려워한 도시 당국자들의 반대로 정착하지 못하였다. 이후 두스뷔르흐(Doesburg)에 주둔하고 있던 영국 군대의 채플린으로 잠시 사역하다가 1614년에 사망하였다. 한편 파커와 제임스 등과 달리 로빈슨은 분리주의적 회중주의를 주장했고 뉴잉글랜드 필그림의 지도자가 되었다. 처음부터 에임스는 로빈슨의 분리주의를 거절하였다. 흥미롭게도 로빈슨은 에임스와의 논쟁을 계기로 다소 온건한 분리주의 입장을 수용하게 되었다고 피셰르는 주장한다. Visscher, *William Ames*, 35, 41-42; Sprunger, *The Learned Doctor William Ames*, 29-30.

않아 아내를 잃었다.[25] 에임스는 1611년부터 1619년 봄에 이르기까지 헤이그에 주둔하고 있는 영국 군대에서 군목으로 사역하였다.

헤이그는 도르트 회의와 매우 밀접한 관련성을 가지고 있었던 도시였다. 1586년 네덜란드 개혁 교회의 전국 총회가 헤이그에서 개최되었다. 헤이그 총회 다음에 개최된 전국 총회가 바로 도르트 회의였다. 또한 1611년 5월에는 앞서 소개한 항론파와 반항론파의 헤이그 회의가 개최되었다. 1617년 마우리츠가 참석한 반항론파의 예배당도 헤이그에 있었고, 1619년 올덴바르네벨트가 처형된 장소도 헤이그였다. 1611년부터 헤이그에서 군목으로 사역했던 에임스가 항론파를 둘러싼 신학 논쟁에 연류된 것은 자연스러운 일이었다. 도르트 회의가 개최되기까지 에임스는 항론파의 주장을 신학적으로 반박하는 세 권의 연구물을 출판하였다. 1613년 에임스는 항론파 신학자 니콜라스 흐레빈코벤(Nicolaas Grevinckhoven, d.1632)의 견해를 논박하는『보편 구속과 예지된 믿음에 근거한 선택에 관한 논문』(Dissertatio de Redemptione Generali & Electione ex Fide Praevisa)을 저술한 후, 흐레빈코벤과의 논쟁서 형식으로 편집하여 출판하였고,[26] 1615년에

---

25) 에임스는 짧은 결혼 생활로 인해 자녀를 얻지 못했다. 얼마 후 에임스는 유명한 문인이었던 자일즈 플레처(Giles Fletcher,1588-1623)의 딸, 조안 플레처(Joane Fletcher)와 재혼하였다. 조안은 1618년 도르트 회의가 개최되기 전 세 명의 자녀 (2남 1녀)를 출산했다. Sprunger, *The Learned Doctor William Ames*, 34.

26) 긴 서명은 다음과 같다. William Ames & Nicolaas Grevinchoven, *Dissertatio theologica de duabus questionibus hoc tempore controversis, quarum prima est de reconciliatione per mortem Christi impetrata omnibus ac singulis hominibus:*

는『니콜라스 흐레빈코벤에게 보내는 스콜라적이고 간략한 답변』(Rescriptio Scholastica et Brevis Ad Nic. Grevinchovii)을 출판하였다.[27] 이 저작들 안에서 에임스는 그리스도의 죽음과 보편 속죄론, 예지된 믿음, 그리고 중간지식(scientia media) 등과 같은 항론파의 핵심 개념이나 주장들을 논박하였다. 이를 계기로 에임스는 항론파와의 논쟁에 선두에 서서 그들의 신학적 입장을 정확히 이해하고 논박한 신학자로 알려지기 시작했다.[28] 도르트 회의가 개최되기 직전에는 1611년 헤이그 회의에 선언된 항론파의 신학적 주장을 비평하는 저서『헤이그 회의에 대한 결론』(Coronis ad collationem Hagiensem, 1618)을 출판하였다.[29] 도르트 회의에 참여한 영국 대표들은 에임스의 이 저서를 읽고 항론파의 신학과 무엇이 쟁점인지를 효과적으로 파악할 수 있었다.[30] 네

---

altera de electione ex fide praevisa [이 시기의 두 가지 논쟁적 질문들에 대한 신학 논문: 첫째, 과연 그리스도의 죽음으로 모든 사람과 각 개별자를 위한 화해가 성취되었는지에 관하여. 둘째, 예지된 믿음에 기초한 선택에 관하여] (Rotterdam: Matthias Sebastianus, 1615).

27) 다음을 보라. Guil. Amesii, Rescriptio Cholastic & brevis Ad Nic. Grevinchovii: Responsum illud proixum, quod oppsuit Dissertationi De Redemptione generali, & Electione ex fide praevisa (Leyden, 1617).

28) Nethenus, Introductory Preface, 6.

29) 긴 원서명은 다음과 같다. Guilielmo Amesio, Coronis ad collationem Hagiensem : qua argumenta pastorum Hollandiae adversus remonstrantium quinque articulos de divinâ praedestinatione, & capitibus ei adnexis, producta, ab horum exceptionibus vindicantur [헤이그 회의에 대한 결론: 하나님의 예정과 그것과 연계된 장들에 대한 항론파의 다섯 개 조항들을 반박하기 위해 홀란트 목사들이 개진한 논의들을 항론파의 반론에 대항하여 변증함] (Lugduni Batavorum: ex officina Elzeviriana, 1618).

30) Visscher, William Ames, 45-46.

테누스에 따르면, 항론파의 지도자 시몬 에피스코피우스(Simon Episcopius, 1583-1643)는 에임스의 『헤이그 회의에 대한 결론』을 읽은 후 에임스가 선동가라고 비판하였으나, 에임스와의 직접적인 논쟁을 회피하였다. 아마도 에임스의 논리를 반박하는 것이 어렵다는 사실을 인지했기 때문이었을 것이라고 네테누스는 결론을 내린다.[31]

2. 도르트 회의와 윌리엄 에임스, 1618-1619

1618년 11월 도르트 회의가 개최되기 전 에임스는 도르트 회의의 의장을 돕는 비서와 자문위원의 자격으로 회의에 참여할 것을 제안 받았다.[32] 제안을 수락하고 도르트 회의에 참석한

---

31) 에피스코피우스는 그의 강의에서 에임스는 선동가로서 영국에서 쫓겨났는데, 화란에 와서도 『헤이그 회의에 대한 결론』을 저술하여 물의를 일으켰다고 비판했다. 이를 전해들은 에임스는 에피스코피우스에게 그의 견해를 글로 저술할 것을 제안했으나, 에피스코피우스는 "나는 내 펜을 들어 에임스를 반박해야할 만큼 그가 충분히 가치 있다고 생각하지 않는다." 라고 말하며 논쟁을 회피했다. 이에 대해 네테누스는 에피스코피우스가 에임스의 논리를 감당할 수 없었기 때문에 의도적으로 논쟁을 회피했다고 평가한다. Nethenus, *Introductory Preface*, 5.

32) 네덜란드 정부는 매일 4 플로린의 보수를 지불할 것을 약속했다. 네테누스에 따르면 이 시기 헤이그 주둔군의 베레는 비국교도주의자인 에임스를 군목으로 삼은 것 때문에 본국으로부터 적지 않은 압박을 받고 있었다. 이러한 정황은 에임스로 하여금 도르트 회의에 참여를 결심하게 하는 중요한 요인으로 작용한 것으로 보인다. 네테누스는 베레가 에임스를 군목 직에서 해임하였다고 기록한 반면, 스프룽거는 도르트 회의가 지속되는 기간 동안 에임스는 군목 직을 그대로 유지했다고 기술한다. 회의 기간에 에임스가 도르트와 헤이그 사이를 반복적으로 여행한 것으로 보아, 또한 칼튼 경의 서신 기록에 기초해 볼 때, 적어도 회의 기간에는 군목 직을 유지하다가 1619년 봄에 해임된 것으로 보인다. Nethenus, *Introductory Preface*, 6-7; Sprunger, *The Learned Doctor William Ames*, 54, 63; Sir Dudley

에임스는 크게 세 분야에서 역할을 하였다. 첫째, 에임스는 도르트 회의 내부의 상황과 신학적 쟁점에 대해 헤이그 주재 영국 대사와 도르트 회의에 참석한 영국 대표들과 소통하였다. 둘째, 도르트 회의의 의장으로 선출된 요하네스 보허만을 곁에서 돕는 역할을 했다. 셋째, 도르트신경 이외에 도르트 회의가 처리했던 여러 사안들 가운데 특히 요하네스 마코비우스 사건에 직접 관련하였다.

(1) 존 헤일즈의 서신을 통해 본 윌리엄 에임스

서론에서 언급한 바대로 마코비우스 사건을 제외한 에임스의 활동은 공식적 문헌 자료로 남아 있지 않다. 그럼에도 피셰르와 스프룽거는 도르트 회의 안에서의 에임스의 영향력은 매우 컸다고 주장한다. 보허만 의장은 중요한 순간마다 에임스의 신학적 자문을 구했고, 에임스는 보허만 의장이 주관하는 비공식적인 사적인 회합들에도 참여하여 보허만의 의사결정을 도왔다고 한다.[33] 이를 뒷받침 하는 증거로서 피셰르와 스프룽거는 존 헤일즈(John Hales, 1584-1656)가 남긴 서신들을 중요한 사료로 제

Carleton to Secretary Nauton, March 19, 1618 [수태고지를 기념하여 3월 25일을 새해로 계산하는 중세의 관습을 따라 1618년으로 표기되었다. 오늘날 계산으로는 1619년으로 표기해야 한다] in Sir Dudley Carleton, *The Letters from and to Sir Dudley Carleton During His Embassy in Holland, from January 1615/16 to December 1620*, 3rd ed. (London, 1780), 352.

33) Visscher, *William Ames*, 45-47; Sprunger, *The Learned Doctor William Ames*, 54.

시한다. 헤일즈는 헤이그에 있는 궁정의 영국 대사로 부임해 있던 더들리 칼튼 경(Sir Dudley Carleton, 1573-1632)의 채플린이었다. 도르트 회의가 개최되자 칼튼 경은 헤일즈를 참관인의 자격으로 도르트 회의에 파견했다. 헤일즈는 도르트 회의가 개최된 날부터 이듬해 2월까지 회의를 참관하면서 칼튼 경에게 자주 서면으로 보고하였다. 헤일즈가 남긴 그의 서한들 안에서 에임스의 이름이 몇 차례 등장한다.[34] 헤일즈가 에임스를 최초로 언급한 것은 1618년 12월 7일에 작성한 서한이다. 해당 부분을 인용하면 다음과 같다.

> *1618년 12월 7일 도르트에서 존 헤일즈가 더들리 칼튼 경에게 상기한 내용이 에피스코피우스(Episcopius)의 연설 내용 가운데 일부입니다. 제 기억이 미치는 한, 또한 파편적으로 기록한 노트에 의존하여 요약해 보았습니다. 만일 제가 누락한 부분이 있거나, 혹 제 위치에 두지 못했거나 잘못 관련지은 내용이 있다면, 에임스 씨가 대사님께 가서 그 내용을 교정해 드릴 것입니다.*[35]

---

34) 도르트 회의의 참관한 헤일즈가 작성하여 헤이그에 근무한 칼튼 대사에게 보고한 서신들은, 1659년 헤일즈의 설교와 서한 그리고 도르트 회의 문헌 자료를 엮어서 출판된 다음 저작에 포함되어 있다. John Hales, *Mr. Hales Letters from the Synod of Dort to the Right Honorable Sr. Dudley Carlton, Lord Embassador*, 1-80 in Peter Gunning ed., *Golden Remains of the ever Memorable Mr. John Hales of Eton College* (London: Tim Garthwait, 1659).

35) John Hales to Sr. Dudley Carleton on Dec. 7, 1618. *Mr. Hales Letters*, 40. 강조 표시는 필자의 것이다.

이 서한으로부터 두 가지 흥미로운 내용을 유추해 볼 수 있다. 첫째는 헤일즈의 서한을 칼튼 대사에게 전달한 사람이 바로 에임스였다는 사실이다. 에임스는 도르트 회의 기간 중에도 군목 직을 수행하기 위해 주기적으로 헤이그를 방문했다. 이 때문에 그는 헤일즈의 서신을 칼튼 대사에게 전달하는 역할을 감당할 수 있었다. 둘째, 에임스는 단순히 서신을 배달하는 데 그치지 않고 칼튼 대사에게 도르트 회의의 신학적인 쟁점을 자세하게 설명했던 것으로 보인다.

이러한 내용은 이듬해 1월 4일, 에임스가 헤이그로 출발하기 직전에 헤일즈가 작성한 서한에서도 동일하게 확인된다. 여기서 헤일즈는 에임스를 가리켜 "메신저"라고 불렀다. 아울러 회의에서 중요한 의사결정을 내리기 전에 의장이 소집하는 소수의 유력인사들로 구성되는 비공식적인 회의가 있었고, 이 모임에 에임스가 참여했음을 헤일즈는 언급한다.

1619년 1월 4일 도르트에서 존 헤일즈가 더들리 칼튼 경에게

이 저녁에 비공식 회의가 있었습니다.[36] *정식 회의가 아니라 몇몇 중요하고 분별력이 있는 자들을 따로 소집하여 구성한 회의였습니다. 모임의 목적은 이후 진행될 논쟁들과 관련하여 회의가 취할 수 있는 가장 최선의 방식이 무엇인*

---

36) 헤일즈가 보고한 비공식 회의는 제47차 회기(25 Dec./4 Jan.)의 마지막 날인 1619년 1월 4일 금요일 저녁에 소집되었다. Anthony Milton ed., *The British Delegation and the Synod of Dort, 1618-1619* (Woodbridge: The Boydell Press, 2005), 173.

가에 관해 단지 조언을 듣기 위한 것이었습니다. 항론파가 회의에 항상 임석할 것과 [직접] 이들에게 질문하는 것이 합당하지만, [제기된 질문에 대해] 이들이 답변을 하든지 답변하지 않던 지의 여부와 상관없이 회의는 계속 진행되어야한다고 의견이 모아졌습니다. *그래서 [만일 항론파가 대답을 거부할 경우] 이들의 견해를 이들의 저작들로부터 수집해야한다고 결론을 내렸습니다.*

아마도 몇 가지 사항들에 대해서는 에임스 씨가 대사님께 좀 더 자세한 정황에 대한 설명과 더불어 더욱 많은 내용을 알려드릴 것입니다. 지금 그가 [에임스] 예기치 못하게 갑자기 길을 떠난다고 하여 급하게 글을 쓰느라 제가 처음 의도한바와 달리 대략적이고 짧은 글이 되었습니다. 그 사람과 같은 훌륭한 메신저를 놓치기는 싫은 까닭에 빚어진 일입니다. 이제 저는 더 이상 대사님을 번거롭게 하지 않고 대사님께서 에임스 씨로부터 더욱 많은 이야기를 들으실 수 있도록 하겠습니다.[37]

헤일즈가 언급한 비공식 회의는 1월 11일 저녁에도 소집되었다. 항론파를 다루는 방식과 관련하여 보허만 의장이 자신의 의견을 제안하고 영국 대표들을 포함하는 회의 참여자들과 함께 논의하였다. 회의 내용을 단지 추측할 수밖에 없는 데서 오는

---

37) John Hales to Sr. Dudley Carleton on Jan. 4, 1619. *Mr. Hales Letters*, 56-57. 강조 표시는 필자의 것이다.

은혜의 신학 그리고 목회

아쉬움을 표현한 후에 헤일즈는 서신 끝에 다음과 같은 내용을 추가로 기록하였다.

> *1619년 1월 11일 도르트에서 존 헤일즈가 더들리 칼튼 경에게 지난 밤 논의된 안건들에 관해 에임스 씨가 대사님께 훨씬 잘 설명해 드릴 수 있으리라 생각합니다. 그는 의장과 더불어 많은 시간을 보내왔기 때문에 그의 의중을 가장 잘 이해하고 있으리라 생각합니다.*[38]

이러한 헤일즈의 증언은 더들리 칼튼 대사가 도르트 회의의 내부 사정을 효과적으로 파악하기 위해 왜 에임스의 도움을 받고 있었는지에 대해 설명해 준다. 네테누스와 피셰르에 따르면 에임스는 칼튼 대사뿐만 아니라 도르트 회의에 참여한 영국 대표단과도 교류하였다. 특히 조지 칼튼 주교(George Carleton, 1559-1628)는 이미 여러 차례 에임스를 식사자리에 초대했고, 에임스가 『헤이그 회의에 대한 결론』을 저술한 것에 대한 감사를 표한 것으로 알려져 있다. 이를 통해 칼튼 주교는 당대의 논쟁점을 잘 이해하게 되었다고 말했다.[39]

그러나 칼튼 주교와 에임스의 우호적인 관계는 오래 지속되지 못하였다. 1618년 12월 17일경에 작성한 서신에서 헤일즈는 흥미로운 사실을 칼튼 대사에게 보고한다.

---

38) John Hales to Sr. Dudley Carleton on Jan. 11, 1619. *Mr. Hales Letters*, 58.

39) Nethenus, *Introductory Preface*, 7; Visscher, *William Ames*, 45-47.

1618년 12월 [7-17일] 도르트에서 존 헤일즈가 더들리 칼튼
경에게

주교께서는 에임스 씨에 대해 다소 불쾌한 마음을 갖고 있
습니다. 왜냐하면 에임스 씨는 흐레빈코벤(Grevinchovinus)
의 책을 주교의 손에 전달했습니다. 흐레빈코벤은 서문에
서 에임스의 저작으로부터 [에임스의 말을] 인용하였는데
그 중의 어떤 말들이 [영국국교회의] 감독들을 상당히 비
난하는 내용이었기 때문입니다.[40]

　여기서 헤일즈가 언급한 주교는 영국 대표단으로 도르트 회
의에 참여한 조지 칼튼 주교였다. 헤일즈의 증언대로 에임스는
조지 칼튼 주교에게 자신의 논적인 항론파 신학자 흐레빈코벤
과 논쟁한 내용을 편집하여 출판한『두 가지 질문에 대한 신학
논문』(*Dissertatio Theologica de Duabus Quaestionibus*)[41]을 전달했다.
흐레빈코벤은 이 책의 서문에서 에임스가 작성한 윌리엄 브래
드쇼의『영국 청교주의』의 서문의 일부를 인용하였다. 영국 국
교회의 감독제에 대한 에임스의 비판으로 인해 조지 칼튼 주교
는 에임스에 대한 비판적인 태도를 취하였다.
　같은 시기에 칼튼 대사는 영국 국교회를 비판하는 데이비드
칼더우드(David Calderwood, 1575-1650)의『스코틀랜드 교회정부
에 관한 약술』(*De Regimine Ecclesiae Scoticanae brevis Relatio*, 1618)이

---

40) John Hales to Sr. Dudley Carleton on Dec. 7-17, 1618. *Mr. Hales Letters*, 43.
41) 긴 원서명에 대해서는 각주 26번을 보라.

출판된 경로를 집요하게 추적하였다. 그러던 중 동일한 출판업자가 에임스의 저서 『니콜라스 흐레빈코벤에게 보내는 스콜라적이고 간략한 답변』을 출판한 사실을 확인하였다. 이후 양자 사이의 관계를 의심한 칼튼 대사 역시 에임스에 대해 적대적인 입장을 취했다. 칼튼 주교와 칼튼 대사는 모두 도르트 회의 이후 에임스의 진로에도 부정적인 영향력을 행사했다.[42]

(2) 요하네스 마코비우스 고소 건을 통해 본 윌리엄 에임스

에임스는 도르트 회의가 다루었던 사안들 가운데 마코비우스 고소건과 특별한 관련을 맺었다.[43] 특히 에임스가 마코비우스를 변호하기 위해 작성하여 제출한 문헌 자료는 도르트 회의가 마코비우스 건에 대한 최종적인 판결문을 작성하는 과정에

---

42) 출판업자들은 당시 레이든에 거주했던 윌리엄 부르스터(William Brewster, 1566-1644)와 토마스 부루어(Thomas Brewer)였다. 1617년에서 1619년까지 이들이 운영한 필그림 프레스(Pilgrim Press)를 통해 급진적인 청교도 서적이 영국과 네덜란드에 널리 보급되었다. 이후 부르스터는 메이플라워호를 타고 뉴잉글랜드로 떠났다. Sprunger, *Dutch Puritanism*, 141: Idem, *The Learned Doctor William Ames*, 65-67; Milton ed., *The British Delegation and the Synod of Dort*, 34. 구체적인 사례에 대해서는 본고에서 "3. 도르트 회의 이후 시기의 윌리엄 에임스, 1619-1633" 부분을 참조하라.

43) 마코비우스 고소 건은 1619년 4월과 5월, 도르트 회의의 마지막 회기들에서 다루어졌다. 빌렘 판 아셀트(Willem van Asselt, 1946-2014)에 따르면, 마코비우스 건은 네덜란드 교회의 내부 문제로 인식되었으며, 회의의 공적인 문서들에서도 자세하게 기록되지 않았다. 마코비우스 건에 대한 연구사와 개략적인 설명을 위해서는 다음을 참고하라. Willem van Asselt, "On the Maccovius Affair," 217-242, in Aza Goudriaan and Fred van Lieburg eds., *Revisiting the Synod of Dordt 1618-1619* (Leiden & Boston: Brill, 2011).

있어 중요하게 역할 했다.[44] 이 사건의 기원은 프라네커 대학의 신학 교수 지브란두스 루베르투스(Sibrandus Lubbertus, c.1555-1625)와 폴란드 출신의 젊은 교수 마코비우스 사이의 갈등에서 비롯되었다. 1614년에 마코비우스는 루베르투스의 지도 아래 신학 박사학위를 취득한 후, 프라네커 대학에서 강의를 시작했고 이듬해에 정식 교수가 되었다. 이후 루베르투스는 마코비우스의 경건하지 못한 생활태도와 스콜라주의적인 신학 방법론 그리고 타락전 선택설을 문제 삼기 시작했다.[45] 1617년 마코비우스가 영국 학생 토마스 파커(Thomas Parker)의 학위 취득을 위한 신학 논쟁을 주재한 것을 계기로 두 교수 사이의 갈등은 겉으로 크게 표출되었다.[46]

토마스 파커는 에임스가 네덜란드로 피신할 때 그와 동행했던 로버트 파커의 아들이었다. 토마스 파커는 레이든 대학에서 "죄인을 생명으로 이끄심에 관하여"(De Traductione Peccatoris ad Vitam)라는 제목 하에 56개의 테제를 작성하였다. 파커는 스콜라적인 구분과 방법론을 사용하여 테제를 구성하였다. 그런데 파커가 레이든 대학 교수들 가운데 이 논문을 지도해 줄 적임자

---

44) Vliet, *The Rise of Reformed System*, 166.

45) van Asselt, "On the Maccovius Affair," 222. 루베르투스는 타락후 선택설의 입장을 가르치고 있었다. 이후 그가 작성한 것으로 알려진 마코비우스를 고소하는 50개의 오류 목록에는, 마코비우스가 하나님의 예정 작정의 대상을 타락한 인류로 가르치지 않는다는 사실이 포함되었다. 한편 학생들 사이에 마코비우스의 인기가 높았던 것을 그의 선임자였던 루베르투스가 못마땅하게 생각했던 것도 두 사람 사이의 갈등을 악화시키는 요인이었다고 아셀트는 지적한다.

46) van Asselt, "On the Maccovius Affair," 222-223.

를 찾지 못하자 당시 레이든에서 설교 사역을 하던 신학자 페스투스 홈미우스(Festus Hommius, 1576-1642)는 프라네커 대학의 마코비우스를 지도 교수로 추천하였다. 마코비우스는 홈미우스와 에임스의 요청을 수락하여 파커의 논문 디펜스를 주재하는 교수가 되었다.[47]

루베르투스와 평소 마코비우스의 스콜라적 방법론에 대해 비판적이었던 자들은 파커의 테제들과 마코비우스의 다른 저작들 안에서 문제가 있다고 판단되는 테제들을 수집하여 총 50개의 오류 목록을 작성한 후에 마코비우스를 소키누스주의, 펠라기안주의, 루터주의, 교황주의, 그리고 이교주의 등의 죄목으로 프라네커 지역 노회에 고발하였다. 이에 마코비우스는 프리슬란트 지역 대회에 호소하였고(1618), 프리슬란트 대회는 이 건을 프리슬란트 주정부를 통해 도르트 총회에게로 넘겼다.[48]

1619년 4월 25일 제138차 회기 때 마코비우스 건이 공식 안건으로 논의되었다.[49] 보허만 의장은 6명으로 구성되는 특별 위

---

47) Sprunger, *The Learned Doctor William Ames*, 60; van Asselt, "On the Maccovius Affair," 223.

48) Nethenus, *Introductory Preface*, 7. 아셀트에 따르면 이 50개의 목록은 루베르투스에 의해 작성된 것으로 판단된다. 이 목록 안에는 마코비우스가 죄에 대한 신적허용을 거부했다는 조항(art.2: "*Tollit permissionem Dei*")과 예정의 대상이 타락한 인간이 아니라는 조항(art.12; "*Docet, obiectum predestinations non esse hominem lapsum*")이 포함되었다. van Asselt, "On the Maccovius Affair," 223-224.

49) 다음 날(4월 26일) 마코비우스는 자신이 정말로 소키누스주의, 펠라기안주의, 루터주의, 교황주의, 그리고 ,이교주의 등의 견해를 설파했는지, 또한 자신의 가르침이 진실로 보르시티우스와 아르미니우스의 견해보다 해로운 것인지의 여부를 판단해 줄 것을 요청했다. 이 가운데 어느 하나라도 사실이면 자신이 이단 사상을 확산시킨다는 고소에 책임을 질 것이지만, 그렇지 않다면, 허위사실을 유

원회를 조직하여 이 문제를 검토하도록 하였다. 특별위원회의 구성원은 외국대표들 가운데 세 명, 아브라함 스컬테투스(Abraham Scultetus, 1566-1624), 파울루스 슈타인(Paulus Steinus, 1585-1643), 요한네스 브라이팅거 (Johannes Breitinger, 1575-1645) 등과 국내 신학자들 혹은 목회자들 가운데 세 명, 고마루스, 안토니우스 타이시우스(Antonius Thysius, 1565-1640), 엘라르두스 판 메헨 (Eilhardus van Mehen, 1570-c.1639) 등이었다. 한편 사건의 전말을 잘 알고 있었던 에임스는 한편으로는 마코비우스가 부당하게 고소당했다는 사실을 알리고 다른 한편으로는 마코비우스와 파커의 테제들을 변호하기 위해 다음의 진정서를 작성하여 히스베르투스 푸치우스(Gisbertus Voetius, 1589-1676)를 통해 특별위원회에 전달하였다.[50]

파커의 테제를 판단함에 있어 고려되어야 할 사항들

제일 먼저 인정되어야만 할 사항은 이것이다. [테제들 안에 사용된] 단어나 어구 그리고 문체 등으로 인한 그 어떤 비난도 마코비우스 씨에게 돌려질 수 없다는 사실이다.

1. 왜냐하면 마코비우스 씨가 [이 테제들의] 저자가 아니

포하는 반대자들을 총회가 잠재워 줄 것을 요청하였다. Nethenus, *Introductory Preface,* 8.

50) 에임스는 본문에서 인용된 진정서의 내용을 푸치우스의 이름으로 총회 안에서 공적으로 의사표현 해 줄 것을 요청했고 실제로 1619년 4월 27일에 이루어졌다. Nethenus, *Introductory Preface,* 9.

라는 사실은 충분히 증거되었기 때문이다.

2. 그는 [마코비우스] 이 테제들에 대한 설명과 이유를 덧붙여 이를 테제의 한 부분으로 포함시키지 않는 한 그것을 제출하는 것을 인정하거나 허락하지 않았기 때문이다. 이런 식의 설명과 이유가 포함된 테제는 불공정하거나 선입견이 없는 독자들에게는 상당히 만족스러운 것이다.

3. 이 사안에 있어서 그는 [마코비우스] 이와 같은 문제들을 판단할 수 있는 실력을 갖춘 유능한 사람들의 인정과 조언 없이는 아무 것도 [독단적으로] 행하지 않았기 때문이다.

4. 이 신학논쟁 [논문 디펜스]이 마친 후 이년의 세월이 흐르는 동안 프라네커 대학에서는 그 누구도 이와 같은 글쓰기 방식을 따르지 않았기 때문이다. 곧 이 모범을 따라 새롭게 도입된 토론 방식은 존재하지 않았다. 따라서 총회의 권위를 동원하여 억지로 제어시켜야 할 미래의 그 어떤 새로운 방식의 토론은 존재하지 않기 때문이다.

5. 마지막으로 현재 (만일 비난받아야할 그 어떤 것이 존재한다면) 마코비우스 씨 이외에 자기에게 좀 더 큰 책임이 있음을 인지하고 모든 책임을 지겠다고 나선 사람, 곧 파커 씨가 있기 때문이다.[51]

---

51) Nethenus, *Introductory Preface*, 9-10.

상기한 내용에 이어 에임스는 소위 파커의 테제가 포함하고 있다는 모순적이며 이단적 요소들과 스콜라적 방법론에 대해 논의하고 결론적으로 파커의 입장을 옹호한다.

"철학적," "형이상학적," 혹은 "스콜라주의적"이라는 단어는 동일한 의미를 갖는 다양한 형용사들이다. 여기에는 그 누군가를 고소할 만한 심각한 근거가 존재하지 않는다. 그 이유는 다음과 같다.

1. 왜냐하면 비판자들은 신학 토론으로부터 명백하게 드러나는 모든 논리적이고 철학적 술어들을 제거하길 원하는지, 아니면 테제들 가운데 이러한 술어들이 사용된 테제들만을 제거하길 원하는지 설명하지 않았기 때문이다. 만일 전자라면 그들의 판단은 지혜롭지 못한 것이며, 후자에 해당한다면 그들의 판단은 공정하지 못한 것이다.
2. 왜냐하면 적어도 이 점에 있어서 우리는 잔키우스, 사딜, 유니우스 그리고 다른 학자들이 우리에게 남긴 논문들을 먼저 정죄하지 않고서는 현재 문제가 되는 젊은이를 비난할 수 없기 때문이다. 이 논문들은 이러한 신학적 주제들에 관해 [오늘날 우리가 상대하는] 유사한 궤변론자를 논박하는 데 있어 우리에게 큰 유익을

준다. 지브란두스 씨 자신도 보르시티우스와 더불어 논쟁할 때 수아레즈나 폰세카 그리고 그 누구든지 그가 생각할 때 해당 주제와 관련이 있다고 생각하는 저자들을 마음껏 인용하였다. 또한 그가 극찬한 에글리젬미우스(G. Eglisemmius)의 저서들은 그야말로 추상적인 형이상학과 스콜라주의적인 사유만으로 내용을 가득 채우고 있다. 최근에도 그는 이성의 존재로서의 신적 작정과 이와 유사한 주제들에 대한 공개 논쟁을 벌였다.

3. 왜냐하면 이러한 방식의 논쟁은 여러 대학들, 그 가운데서도 가장 수준 높은 대학들에서 수용되고 있기 때문이다. 특히 영국의 상황이 그렇다. 당연하게도 파커는 영국에서 수학하였다. 만일 이 회의에서 이러한 방법론이 정죄를 받는다면 이는 앞의 대학들에 대한 무례한 행위로 보일 수 있다.

4. 왜냐하면 전체 신학논쟁에서 [파커에 의해] 사용된 단어들 가운데 너무나 철학적이거나 형이상학적이기 때문에 실력이 입증된 신학자들마저도 도저히 인용할 수 없는 정도의 단어가 사용된 예는 거의 없기 때문이다. [비판자들로 하여금] 가장 문제가 될 만한 단어들을 구체적으로 지적해 보도록 하라. 그러면 앞의 사실이 증명될 것이다.

5. 왜냐하면 이 테제들에 사용된 단어들은 사실상 적절한 것이기 때문에 비판자들 가운데 그 누구라도 [파커가 사용한 것과] 동일한 길이의 간결하면서도 좀 더 명확한 다른 어휘들을 사용하여 동일한 의미를 제시하기는 어려울 것이기 때문이다.

만일 여기에 그 어떠한 범과 사실이 있다면 그것은 문법이나 수사학에 대한 것이지 신학적인 문제는 아니다. 그럼에도 이와 같은 [작은] 오류들에 대한 징계를 제정한다면 이는 이 고귀한 총회의 품격을 떨어뜨리는 것으로 보일 것이다. 게다가 더욱 중차대한 사안을 다루어야할 총회가 이러한 테제들에 신경 쓸 여력이 없을 것이다. 요약하자면, 토마스 파커—그는 경건하고, 학식이 있으며, 겸손한 청년으로서 많은 덕을 갖춘 사람이다. 또한 영국인이기 때문에 현재 영국에 거처가 있다. 그는 이 테제들 안에서 힘을 다하여 진리의 편에 서서 오류들과 싸웠고, 대적자들이 가진 무기를 활용하여 그들을 패배시킨 것 이외에 다른 일을 한 것이 아니다. 다만 그가 사용한 무기가 몇몇 사람들이 사용하는 것이 아닌 종류일 따름이다—는 그를 고소한 자들을 위해 마치 [로마 장교] 만리우스의 형벌[52]과 같은 불명예를

---

52) 기원전 4세기 로마 공화정 시기의 장군이자 정치인이었던 티투스 만리우스(Titus Manlius)를 가리킨다. 그는 자신의 명령을 어긴 아들을 처형하기까지 군법을 적용한 매우 엄격한 인물로 알려져 있다.

견뎌야 한다고 나는 생각하지 않는다.

윌리엄 에임스[53]

　푸치우스의 증언과 기록물을 바탕으로 토마스 파커의 사건
을 정리한 네테누스 역시 상기한 에임스의 견해를 지지한다. 네
테누스에 따르면 파커의 테제들은 신학적으로 건전할 뿐만 아
니라 스콜라적 방법론을 통해 항론파의 펠라기우스주의를 효과
적으로 반박한 장점을 포함하고 있던 논문이었다.[54] 도르트 회
의에 참가했던 적지 않은 신학자들 역시 에임스의 견해에 동의
했다. 영국 대표들 가운데 토마스 고드(Thomas Goad, 1576-1638),
왈터 발칸퀼(Walter Balcanqual, 1586-1645), 스위스 대표들 중 브라
이팅거와 볼프강 마이어(Wolfgang Mayer, 1577-1653), 한스 코흐
(Hans Koch, 1564-1643), 나사우 출신의 요한 알스테드(Johann Alst-
ed, 1588-1638), 브레멘 출신의 마티아스 마르니투스(Matthias Mar-
tinus, 1572-1630) 등은 마코비우스의 입장을 지지하는 태도를 보
였다. 네덜란드 신학자로는 고마루스, 홈미우스, 푸치우스, 타이
시우스, 그리고 발타자르 리디우스(Balthasar Lydius, 1577-1629) 등
이 마코비우스와 그의 스콜라적 방법론을 옹호하였다.[55]

---

53) Nethenus, *Introductory Preface*, 10-11.

54) Nethenus, *Introductory Preface*, 7.

55) van Asselt, "On the Maccovius Affair," 224. 아셀트의 각주 20번을 보라. 이들은
　　모두 4월 26일과 27일에 걸쳐 마코비우스 건에 대해 검토한 후에 자기의 의견을
　　피력한 자들이다. Nethenus, *Introductory Preface*, 9.

1619년 4월 30일 (제145회기) 에임스의 진정서와 상기한 학자들의 의견을 수렴하여 특별위원회는 마코비우스의 혐의를 벗겨주는 판결을 내렸다. 이후 도르트 회의의 폐회를 며칠 앞둔 5월 4일(제152회기), 총회는 최종 판결문을 발표하였는데 그 주요 내용은 다음 세 가지로 요약될 수 있다.[56] 첫째, 마코비우스를 이단, 소키누스주의, 펠라기우스주의, 이교주의 등으로 고소한 것에 대해서는 무혐의 처분한다. 둘째, 마코비우스는 청년들을 가르칠 때, 성경과 정통적인 대학에서 수용할 만한 방식과 표현을 사용하고 물의를 빚을 만한 표현들을 삼가야 한다.[57] 셋째, 마코비우스의 혐의를 주장한 자들은 더욱 확실한 증거자료 없이는 더 이상 그를 고소해서는 안 된다.[58] 요컨대, 마코비우스 건에 대한 회의의 최종 판결문은 에임스가 애초에 의도한 바를 모두 반영하였다고 결론내릴 수 있다.

---

56) Nethenus, *Introductory Preface*, 12; van Asselt, "On the Maccovius Affair," 225.

57) 연약한 자들이 문맥과 상관없이 들을 때 오해하지 않도록 신중하게 자제해야 할 표현의 실례는 다음과 같다. "하나님은 결코(*in nullo modo*) 모든 사람의 구원을 의지하지 않는다." "하나님은 죄를 의지하고 작정하신다." "하나님은 사람이 죄를 짓도록 정하셨다." "그리스도는 모든 사람의 구원을 의지하지 않으신다." *Ibid.* 아울러 "벨라르미누스와 수아레즈와 같은 자들보다는 선지자, 그리스도, 사도들과 더불어 이야기할 것"을 경고하였다. van Asselt, "On the Maccovius Affair," 225.

58) 판결문 초안에는 타락후 선택설 교리를 정죄해서는 안 된다는 항목이 있었으나 최종 판결문에서는 삭제되었다. 이를 근거로 학자들은 타락전 선택설 교리가 도르트 회의에서 결코 정죄되지 않았음을 강조한다. van Asselt, "On the Maccovius Affair," 226.

3. 도르트 회의 이후 시기의 윌리엄 에임스, 1619-1633

도르트 회의가 끝난 후 에임스는 네덜란드에 남아 신학교육에 헌신한다. 약 12년 간 프라네커 대학의 교수로 재직한 후에 1633년 11월 14일 로테르담에서 57세의 나이로 사망할 때까지 에임스는 청교도 신학을 고수하였다. 이로 인해 영국 국교회로부터 끊임없는 외압을 감수해야만 했다. 첫째, 1619년 이른 봄, 에임스는 그의 비국교회 신앙이 초래한 외압으로 인해 헤이그의 군목 직을 사임해야만 했다. 둘째, 도르트 회의를 마친 후에도 에임스의 비국교회 신앙에 대한 탄압은 지속되었다. 칼튼 대사가 남긴 서신에 의하면 1619년 3월경 군목으로서의 설교 직이 박탈된 에임스는 레이든으로 이주하여 레이든 대학의 교수로 초빙될 것을 준비했던 것으로 보인다.

1619년 3월 더들리 칼튼 경이 노튼 비서관에게
정규 설교가 에임스 씨는 호레이스 베레 경의 명령으로 정직당했습니다. 현재 그는 레이든으로 떠난 상태입니다. 그곳에서 그는 만일 에피스코피우스가 [교수직에서] 해임될 경우, [레이든 대학의] 교수로 청빙되기 위해 자리를 구하는 중입니다. 그는 학식에 있어서 명성을 얻었고, 최근의 [신학] 논쟁들을 통해 널리 알려진 상태입니다. 그럼에도 그는 현재 자신에게 부가된 [청교도 저작을 출판한 것과

관련한] 혐의를 스스로 벗겨내지 못하는 한, 자신의 길을 스스로 막고 있습니다. 제가 바라는 것은 그 대학의 [교수 채용의 역할을 담당하는] 새로운 이사들 가운데 하나로 하여금 폐하의 신민 가운데 그 누구라도 먼저 폐하의 기쁜 뜻을 확인하기 전에는 이와 같은 [대학의] 공직에 취임하는 것을 허락하지 않도록 조치하는 것입니다.[59]

칼튼 대사가 증언한 내용은 사실이었다. 1619년 7월 23일 레이든에서 모인 사우스 홀란트의 대회에서 레이든 대학의 신임 교수로 에임스를 초빙하려는 논의가 실제로 시도되었다. 그러나 칼튼 대사의 외압과 영국과의 관계 악화를 우려하는 염려로 인해 이듬 해 하우다 대회 때까지도 공식적인 청빙 절차는 이루어지지 못했다. 때마침 홈미우스가 도르트 회의록(*Acta Synodi Nationalis*)의 사본을 전달하기 위해 영국을 방문하게 되었다. 이를 기회로 삼아 홈미우스는 캔터베리 주교에게 에임스의 교수 임명을 허락하는 호의를 청탁했으나 거절당했다. 에임스는 영국 모교회에 불순종하는 반역자라는 이유에서였다. 결국 1621년 7월 13일, 로테르담에서 개최된 대회에서부터 에임스에 대한 추천 건은 더 이상 논의되지 않았다.[60]

비록 레이든 대학의 교수가 되려는 계획은 좌절되었지만, 에

---

59) Sir Dudley Carleton to Secretary Nauton, March 19, 1618 [1619] in *The Letters from and to Sir Dudley Carleton*, 352. 강조 표시는 필자의 것이다.

60) Visscher, *William Ames*, 53-54; Sprunger, *The Learned Doctor William Ames*, 67-70.

임스는 레이든에 거주하는 3년 동안 신학적으로 매우 생산적인 시기를 보냈다. 홈니우스의 주선으로 에임스는 사적으로 레이든 대학의 신학생들에게 신학 교육을 제공할 기회를 얻었다. 학생들에게 신학을 가르치기 위한 저서를 집필했는데 이 책이 바로 『신학의 정수』(Medulla Theologiae)이다.[61]

1622년 봄 에임스는 프리슬란트의 프라네커 대학의 신학 교수로 초빙을 받았다. 칼튼 대사의 반대를 무릅쓰고 프라네커 대학의 이사회는 에임스를 초빙하기로 결의하였다. 이번에는 에임스를 돕는 유력자들이 나타났다. 네덜란드에 주둔하는 영국 군대의 사령관이었던 에드워드 하우드(Edward Harwood, c.1586-1632)가 에임스를 적극 지지하였다. 또한 하우드는 마우리츠와의 개인적인 친분을 이용하여 그로 하여금 에임스를 위한 호의를 베풀도록 주선하였다. 이러한 도움에 힘입어 1622년 5월 7일 에임스는 프라네커 대학의 신학교수로 취임하였다.[62] 얼마 후 1626년에는 프라네커 대학의 학장이 되었다.

프라네커 대학에서 에임스는 학생들에게 신학과 경건의 영역에서 훌륭한 교사였지만, 동료이자 선임 교수인 마코비우스와 갈등하였다. 마코비우스는 신학과 윤리의 통합을 강조한 에임스의 청교도적 경건과 라무스주의를 조롱했고, 에임스는 마코비우스의 불경건한 삶을 이유로 그를 해임시켜야한다고까지

---

61) Visscher, *William Ames*, 54-55; Sprunger, *The Learned Doctor William Ames*, 68-69.

62) Visscher, *William Ames*, 55-56; Sprunger, *The Learned Doctor William Ames*, 70-73.

주장했다.[63] 한편 에임스는 설교자로서 은사를 갖추고 있었다. 네테네우스가 남긴 기록에 따르면 에임스는 하나님의 말씀을 매우 호소력 있게 회중에게 전달하는 방식으로 설교했다.[64] 1632년, 에임스는 로테르담에 있는 영국인 망명자 교회의 목회자가 되기로 결정하고 교수직을 사임하였다. 로테르담으로 이주한지 얼마 되지 않아 폭우로 집이 잠겼을 때, 감기에 걸린 것을 계기로 에임스는 병약해졌고, 1633년 11월 14일, 57세의 나이로 소천하였다.

III. 에임스와 도르트 회의: 『신학의 정수』에 나타난 예정론

1623년 프라네커에서 처음 출간된 『신학의 정수』는 1627년과 1629년에 각각 암스테르담과 런던에서도 출판되었고, 1639년에는 영어로 번역되어 런던에서 출간되었다. 에임스는 『신학의 정수』 제1권 25장에서 예정교리를 다룬다. 예정 교리는 총 41개의 테제들로 구성되어 있는데 이는 도르트신경의 예정 교리의

---

63) 1626년 프라네커 대학의 학장이 된 에임스는 마코비우스의 해임을 시도했다. 두 사람이 서로 대립했던 이유들 가운데 신학적인 쟁점으로는 중생론을 지적할 수 있다. 에임스는 중생 전에 사람을 회심으로 이끄는 "예비적 은혜"(preparatory grace)를 인정한 반면, 마코비우스는 성령에 의한 즉각적인 중생을 강조하였다. 플리엣에 따르면, 에임스와 마코비우스 사이의 갈등은 신학적이라기보다는 경건의 문제에 더욱 큰 이유가 있었을 것이라고 말한다. Vliet, *The Rise of Reformed System*, 167-171.

64) Nethenus, *Introductory Preface*, 17.

핵심 내용을 포함하고 있다. 아래 도표는 도르트신경 첫째 항목의 주제들이 『신학의 정수』의 어느 부분―특히 25장을 중심으로--과 직간접적으로 연결되어 있는지를 보여준다.[65]

도르트신경 첫째 항목 "하나님의 예정에 관하여": 요약 [66]	『신학의 정수』 제1권
1 아담 안의 모든 인류는 하나님 앞에서 죄로 인해 정죄 받아야 마땅하다.	11장 타락, 12장 죄의 결과, 13장 원죄 14장 자범죄, 15장 육신의 죽음, 16장 죽음의 완결, 17장 죄의 확산
2 하나님은 독생자를 보내셔서 그를 믿는 자마다 영생을 얻게 하였다.	18장 중보자 그리스도의 위격 19장 그리스도의 직분 20장 그리스도의 속죄 21장 그리스도의 낮아지심과 생애 22장 그리스도의 죽으심 23장 그리스도의 높아지심
3 하나님은 복음전도자들을 보내사 사람들을 회개와 그리스도에 대한 믿음으로 부르신다.	24장 그리스도의 적용 26장 부르심
4 하나님은 불신자에게는 진노를, 참 믿음으로 예수를 영접하는 자에게는 영생을 주신다.	

---

65) 도르트신경의 첫째 항목 내용은 필자의 요약이다. 제1절부터 제5절까지와 제12절부터 제18절까지는『신학의 정수』에서 해당 주제를 다룬 장을 표기하였고, 나머지 절들은『신학의 정수』제25장의 구체적인 항목들과 대조하였다. 강조표시는 필자의 것이다.

66) *Acta Synodi Nationalis in nomine Domini nostri Jesu Christi, auctoritate DD. Ordinum Generalium Foederati Belgii provinciarum, Dordrechti habitae Anno 1618 - et 1619* (Dordrecht:, 1620): 241-251.

5	불신앙의 원인은 사람 자신에게 있다. 반면 믿음과 구원은 하나님의 선물이다.	2 5 장 예 정	#41. Cf. 26.30 (하나님의 선물)
6	어떤 이는 믿음의 선물을 받고 다른 이는 받지 못한 것은 하나님의 작정에 기인한다. 이 작정에 따라 택자들의 마음을 믿음으로 기울게 하시고, 택함 받지 못한 자들은 그의 공의로운 심판 가운데서 자신들의 악함과 완악함 가운데 버려두신다. 이것이 선택과 유기에 관한 작정이다.		#1, #17, #22, #30, #32, #35, #39
7	선택은, 창세전에 하나님의 기쁘신 뜻을 따라, 타락한 인류 가운에 일정한 수의 사람들을 그들의 중보자이자 머리인 그리스도 안에서 택하신 것이다. 하나님은 이들을 효과적으로 부르시고, 참 믿음, 칭의, 성화를 주시며, 영광스러운 은혜의 찬송을 위해 그들을 영화롭게 하기로 작정하셨다.		#2, #3, #7, #12, **#18**, #20, #21, #23, #24, #27, #28, #29, Cf. 26장 소명, 27장 칭의, 28장 입양 29장 성화, 30장 영화 Cf. 타락전선택설? **#8,**
8	이 선택은 다양한 종류가 있는 것이 아니다. 신구약의 모든 구원받는 자들에 대한 **오직 하나의 동일한 선택**이 존재한다.		**#14, #17-24, #27** Cf. 7장 하나님의 작정과 경륜 #28, #42-#44 38장 그리스도 강림이전 은혜언약의 시행 39장 그리스도 강림이후 세계 종말까지 언약의 시행

9	**선택은 예지된 믿음(praevisa fide)**, 믿음의 순종, 거룩, 그리고 인간 안에 존재하는 그 어떤 선한 자질 등에 기초한 것이 아니다. 이것들은 선택의 선행조건으로서의 원인이나 조건이 아니다. 오히려 사람은 믿음과 믿음의 순종, 그리고 거룩함 등을 위해 선택된 것이다. 이것들은 선택의 열매와 결과로서 흘러나온다.	#9, #10, #11, #13, #15, Cf. 7장 하나님의 작정과 경륜 1). 하나님의 지식.#10, #15–#18 (**예지된 믿음**), #23-28,(**중간지식**), **#31** 2) 하나님의 의지 #38, #39, #40, #41, **#42–#44**(선행의지 & 후행의지)
10	하나님의 기쁘신 뜻만이 은혜로운 선택의 유일한 원인이다.	#8, #9, #12, #19, #25 Cf. 7장 하나님의 작정과 목적 #32, #33, #38–#47;
11	선택은 불변적이며 취소되지 않는다. 택자들은 버림받거나 그 수효가 감소될 수 없다.	#6, #7 Cf.30.#12(견인)
12	택자는 자신 안에 있는 선택의 열매들을 보고 **선택에 대한 확신**을 가질 수 있다.	3.#17,#21–#22; 27.#19(칭의의 믿음과 확신); 18.#24 (구원의 확신); 30.#12–#19
13	선택의 확신은 자녀로 하여금 나태와 방종에 빠지도록 하지 않고 오히려 하나님께 겸손, 감사, 사랑 그리고 찬양을 돌리도록 한다.	30.#20–#21
14	성경에 계시된 선택교리는 교회 안에서 하나님의 영광과 신자의 위로를 위해 선포되어야 한다.	
15	성경이 증언하는 유기 작정은 하나님을 죄의 조성자로 만들지 않고 의로운 심판자로 제시한다.	25.#32, #38, #40, #41

좌측 세로: 25장 예정

16	비록 확신에는 이르지 못했으나 은혜의 수단을 사용하는 사람들은 유기의 교리에 놀라거나 자신이 유기된 자라고 생각해서는 안 된다. 반면 그리스도와 무관하게 자신을 세상의 염려와 육적인 쾌락에 내어주며 하나님께 돌이키지 않는 자들에게 이것은 두려운 교리이다.	제2권 6.#25-#30(두려움과 낙담)
17	신자의 자녀를 은혜언약을 따라 거룩하다고 말씀하신 성경의 증언을 따라 부모들은 일찍 사망한 유아들의 선택과 구원을 의심할 이유가 없다.	32.#12-#13, 40.#12-#13(은혜언약과 유아세례)
18	선택과 유기에 나타난 하나님의 은혜와 공의에 대해 불평하지 말고 찬양해야 마땅하다.	

상기한 도표는 예정 교리에 관한 도르트신경과 에임스의 가르침이 그 세부 주제들에 있어 연속성을 갖는다는 사실을 보여준다. 한편 서로 공유하는 내용 안에 존재하는 강조점에서의 미묘한 차별성 역시 발견된다. 도르트신경의 예정 교리는 주요 쟁점에 해당하는 선택작정의 원인과 성격 그리고 소위 "예지된 믿음" 등에 관한 신학적 진술뿐만 아니라, 이러한 예정 교리를 교회와 개별 신자가 어떻게 적용하고 가르쳐야 할 것인가를 중점적으로 부각시킨다. 일례로 신자는 예정론을 선택에 대한 확신

과 위로 그리고 찬양의 교리로 적용해야 한다(#12-#18). 요컨대 도르트신경의 예정 교리가 신학적 진술에 머무르지 않고 목회적인 적용을 강조하였다면, 『신학의 정수』 제25장에서 에임스는 예정 교리의 주요 쟁점을 신학적으로 좀 더 명료하게 설명하는데 강조점을 두었다고 말할 수 있다. 후자와 관련하여 필자는 세 가지 주제, 곧 "예지된 믿음," "단일한 의지와 선택," 그리고 "타락전 선택설" 등을 선별하여 도르트신경의 항목과 좀 더 자세히 비교해보도록 하겠다.

1. 예지된 믿음 (praevisa fide)

[도르트신경 1.9] 선택은 예지된 믿음(praevisa fide), 믿음의 순종, 거룩, 그리고 인간 안에 존재하는 그 어떤 선한 자질 등에 기초한 것이 아니다. 이것들은 선택의 선행조건으로서의 원인이나 조건이 아니다. 오히려 사람은 믿음과 믿음의 순종, 그리고 거룩함 등을 위해 선택된 것이다.[67]

『신학의 정수』 1.25.9-10. 예정은 어떤 원인, 이유 혹은 외적인 조건에 의존하지 않는다. 예정은 예정하는 자의 의지로부터만 순수하게 유래한다... 작정의 차이는 사람에 좌우되는 것이 아니다. 오히려 사람 안에서 발견되는 차이는 작

---

67) *Acta Synodi Nationalis*, 242.

정에 따르는 것이다.[68]

『신학의 정수』 1.7.18. 이 한 가지 기초만으로도 공로와 예
지된 믿음(*fide praevisa*)에 관한 모든 오류들은 충분히 논박
될 수 있다.[69]

하나님의 선택 작정은 사람의 "예지된 믿음"에 기초한 것이
아니라는 선언은 항론파가 작성한 항론서의 첫 번째 조항—하
나님은 앞으로 예수를 믿고 믿음을 끝까지 지킬 자들을 선택하
고 믿지 않을 자들을 유기하기로 정하셨다는 진술[70]——을 반박
한 것이다. 에임스는 『신학의 정수』 제1권 25장에서 다섯 개의
테제들(#9. #10, #11, #13, #15)을 통해 이 문제를 다룬다. 흥미롭게
도 "예지된 믿음"(*fide praevisa*) 이라는 용어가 처음으로 그리고
명시적으로 등장하는 곳은 제25장 "예정에 대하여"가 아니라
제7장 "하나님의 작정과 경륜"이다.

에임스에 따르면 하나님의 지식이라는 주제는 사람의 지식
과 완전히 다른 방식으로 접근해야 한다. 예를 들어, 사람은 "분
석"(analysis)에 의해 지식에 도달한다. 사물이 먼저 존재하고 사
람은 그 자체로 존재하는 사물로부터(*ex rebus ipsis*) 감각을 통해

---

68) Guilielmum Amesium, *Medulla S. S. Theologiae* (Amsterdam: Guilielmum Inasso-
nium Caesium, 1629), I.25.9-10.

69) *Ibid*., I.7.18. 강조표시는 필자의 것이다.

70) 셀더하위스, 『비텐베르크에서 도르트까지』, 220. 항론서의 다섯 항목에 대해서는
본고의 "네덜란드 개혁교회의 정황" 부분을 참고하라.

수집한 정보를 분석하고, 이를 통해 관념(idea)을 형성한다 (I.7.15). 이런 의미에서 관념은 사람의 지성에 외부로부터 각인 (impressa)된다고 표현할 수 있다. 사람의 지성 안에서 표출되는 것들은 먼저 이런 방식으로 각인된 관념들이다(I.7.16).

한편 하나님의 지식은 사람의 분석적 지식과 판이하게 다르다. 하나님은 만물을 기원에 의해(per Genesim) 이해하시며, 사물에 대한 분석을 통해 지식을 형성하지 않으신다. 모든 사물은 그 자체로 존재하기 이전에 먼저 하나님의 지성 속에 존재하기 때문이다(I.7.15).[71] 이런 의미에서 관념은 하나님에게 각인된다고 말할 수 없다. 하나님 안에서는 오로지 표출되는 관념만이 있을 뿐이다. 왜냐하면 하나님께 관념은 외부로부터 연원하지 않기 때문이다(I.7.17). 이로부터 에임스는 다음의 결론을 도출한다.[72]

이 한 가지 기초만으로도 공로와 예지된 믿음(fide praevisa) 에 관한 모든 오류들은 충분히 논박될 수 있다. 왜냐하면 만일 하나님의 그 어떤 작정이 예견에 의존한 것이라면 이 는 곧 하나님의 관념이 다른 어떤 것으로부터 하나님께로

---

71) 이는 하나님의 지식에 관한 아우구스티누스의 가르침과 조화를 이룬다. "하나님 은 이[말씀]으로 지으신 만물을 그[말씀] 안에서 아신다. 따라서 비록 시간들은 지나가고 뒤를 잇지만, 하나님의 지식(scientia Dei)에 있어 흘러 지나가고 순서를 잇는 것은 존재하지 않는다. 창조된 사물이 하나님에 의해 알려진 것은 이것들이 지음 받았기 때문이 아니다. 도리어 하나님이 이것들을 변함없이 아시기 때문에, 이들이—비록 가변적지만--지음받은 것이다." Augustinus, De Trinitate, 6.10.11, in Jacques Paul Migne ed. Patrologiae cursus completus, series latina, t.42 (Paries, 1865), cols.819-1098.

72) Amesium, Medulla Theologiae , I.7.15,16,17,18.

도달한 것이라는 사실을 의미하는데, 이는 하나님의 본성에 결코 부합하지 않는 것이기 때문이다.[73]

같은 맥락에서 에임스는 항론파의 소위 "중간 지식"(scientia media)[74]의 개념을 그 근원에서부터 부정해 버린다. 중간지식은 만약 어떤 조건이 주어지면 이에 따라 어떤 사건이 벌어질 것이라는 사실에 대한 일종의 가정적 지식이다. 항론파는 하나님의 주권적인 예정 작정과 사람의 자유선택을 자신들의 시각에서 조화시키는 과정에서 "중간지식"의 개념을 하나님에게 적용하고자 시도했다. 이에 대해 에임스는 다음과 같이 비판한다.

중간지식(scientia media)에 의해 마치 하나님께서는, 그의 의지의 작정 이전에, 만일 이런저런 원인들이 주어지면 이런저런 사건이 일어날 것이라는 가설에 의한 지식을 갖는

---

73) *Ibid.*, I.7.18. 일부 영문 번역본에는 18절의 후반부가 누락된 채 출판되기도 했다.

74) 하나님께서 본유적으로 가지고 있는 절대적 지식을 "필연적 지식"(scientia necessaria) 혹은 "본성적 지식"(scientia naturalis)라고 부르고, 하나님께서 자신의 자유로운 의지로 창조하신 세계에 대해 가지신 지식을 "자유로운 지식"(scientia libera) 혹은 [자유] "의지적 지식"(scientia voluntaria)이라고 부른다. 전자가 모든 가능태에 관한 지식이라면 후자는 (하나님께서 만들어 내신) 현실태에 관한 지식이라고 이해할 수 있다. 소위 "중간지식"은 폰세카와 수아레즈와 같은 예수회 소속 신학자들에 의해 창안된 제3의 범주이다. 이들은 도덕적이고 이성적 피조물의 자유 의지를 극대화하는 방편으로서 하나님의 의지로부터 독립적으로 행사되는 피조물의 자유선택이 행사되는 공간을 하나님의 지식 안에 마련하였다. 17세기 아르미니우스주의지들은 그들의 신인협동론적 구원론을 만들어가는 과정에서 "중간지식"의 개념을 적극 활용하였다. Muller, *Dictionary of Latin and Greek Theological Terms*, 274-275 ["scientia Dei"].

다고 상상하는 이들이 있다. 이는 사건들이 하나님의 의지
로부터 독립하여 확실히 발생하도록 결정짓고, 또한 하나
님의 어떤 지식은 일차적으로 [외부의] 대상에 의존하도록
만든다. 이 때문에 나는 이런 지식이란 하나님의 최고의 완
전성과는 양립할 수 없다고 말한다.[75]

요컨대, 에임스에게 있어 "중간지식"은 사람이 경험하는 일
종의 분석적 지식과도 같은 것이다. 따라서 이것은 하나님의 지
식 혹은 본성에 결코 적용될 수 없는 지식이다.

2. 단일한 의지와 선택

[도르트신경 첫째교리: 오류 논박 제2조]
잘못된 가르침: 영생에 이르는 하나님의 선택에는 다양한
종류가 있다. 하나는 일반적이고 [특정한 대상을] 규정하
지 않는(*generalem & indefinitam*) 것이고, 다른 하나는 개별
적이고 특정한 것이다. 후자는 다시 두 가지로 구분된다.
하나는 미완의, 취소가능하고, 비결정적 (혹은 조건적)인 선
택이고 다른 하나는 완성되고, 취소불가능하고, 결정적 (혹
은 절대적) 선택이다.[76]

---

75) Amesium, *Medulla Theologiae* , I.7.28.

76) *Acta Synodi Nationalis,* 245.

[도르트신경 첫째교리: 오류 논박 제5조]

잘못된 가르침: 특정한 사람을 구원에 이르도록 하는 미완의 그리고 비결정적(*incompletam & non peremptoriam*) 선택은 이미 시작되었거나 얼마간 지속되는 예지된 믿음, 회심, 거룩과 경건 때문에 발생한다. 반면에 완전하고 결정적 선택은 예지된 견인, 곧 믿음, 회심, 거룩과 경건에 있어서 끝까지 인내함 때문에 발생한다.[77]

『신학의 정수』 1.25.19. 선택은 하나님 안에서 이루어진 단일하고 단순한(*unicus & simplex*) 의지의 행위이다.[78]

아르미니우스와 항론파는 하나님의 선택 작정을 다양하게 구분한다. 특정인을 구별하지 않고 모든 죄인들에게 적용되는 "일반적" 작정과 특정한 개인을 대상으로 하는 "특정한" 작정을 구분한다. 또한 이들은 특정인에 대한 선택을 시작된 믿음을 예지한 것에 기초한 "조건적" 선택과 완성된 믿음(견인의 믿음)을 예지한 것에 기초한 절대적 선택으로 양분한다. 한편 하나님의 의지에 대해서도 이들은 하나님 안에 두 종류의—혹은 두 단계의—의지, 곧 선행의지(*voluntas Dei antecedens*)와 후행의지(*voluntas Dei consequens*)를 가정적으로 설정한 후에 이 구분을 이용하여 하나님의 선택 작정을 설명한다. 선행의지에 의한 하나님의

---

77) *Acta Synodi Nationalis*, 246.

78) Amesium, *Medulla Theologiae*, I.25.19.

작정은 인간의 반응에 앞서 이루어지는 것이라면, 후행의지에 의한 작정은 개개인의 반응에 대한 예지를 근거로 한다. 결국 이러한 구분들은 하나님의 예정을 인간의 반응에 종속시키는 결과를 초래한다.[79]

에임스는 상기한 구분들을 비판하면서 하나님의 선택 작정은 "하나님 안에서 이루어진 단일하고 단순한 의지의 행위"(I.25.19)라고 주장한다. 이 진술을 뒷받침하는 좀 더 상세한 논의는 『신학의 정수』 제7장에서 발견된다. 하나님은 "참으로 그리고 단순하게"(*vere & simpliciter*) 만물을 "단 한 번의 행위로"(*unico actu*) "동시에 그리고 단번에"(*simul & semel*) 의지하신다. 따라서 하나님의 의지 안에 피조물에 의존하는 그 어떤 인과관계를 설정할 수 없다.[80] 이러한 사실로부터 에임스는 소위 "선행 의지"(*voluntaris antecedentis*)를 하나님 의지에 적용하려는 시도를 다음과 같이 부정한다.

> 따라서 비록 하나님은 피조물의 선행적 행위에 뒤따라 일어나는 수많은 것들을 의지하시지만, 그럼에도 하나님 안에 있는 의지 행위 자체는 마치 후행적인 것으로써 피조물의 행위에 고유하게 의존하는 것이 아니다. 소위 선행적 의지라는 이름 아래 학계에서 "벨리이타스(*velleitas*)"라고 명

---

79) 선택 작정에 대한 아르미니우스의 다양한 구분에 대해서는 다음을 참고하라. 김병훈, "도르트신경의 예정론에 대한 한 이해," 226-237.

80) Amesium, *Medulla Theologiae*, I.7.41.

명된 불완전한 의지를 하나님께 귀속시키는 것 또한 부당하다. 참으로 이는 [불완전한 의지] 전지하고, 전능하며 무한히 복되신 [하나님의] 본성과 부합하지 않는다.[81]

상기한 진술이 사실이라면 우리는 오로지 하나님만이 만물의 대소사와 우연적인 것과 필연적인 것 그리고 자유로운 모든 것을 결정하며,[82] 하나님만이 그분 자신의 의지에 대한 원인일 뿐, 피조물로부터 유래하는 외부의 원인이란 것은 존재하지 않는다고 말해야만 한다.[83] 요컨대 에임스의 『신학의 정수』가 가르치는 하나님의 "단일하고 단순한 의지"에 기초한 선택 교리는 하나님 안에 다양한 종류의 선택과 의지를 도입시키려는 항론파의 시도를 근원적으로 차단시킨다.

3. 타락전 선택설: 에임스와 마코비우스 그리고 도르트 회의

[도르트신경 1.7] 선택은 하나님의 불변하는 목적인데, 이에 따라 하나님은 창세전에, 순전한 은혜로, 그분 자신이 기뻐하시는 가장 자유로운 의지를 따라, 최초의 순전한 상태로부터, 자신의 잘못으로 말미암아, 타락하여 죄와 파멸에 떨어진 인류 전체 가운데 특정한 수의 사람들을 구원에

---

81) Amesium, *Medulla Theologiae*, I.7.42.

82) Amesium, *Medulla Theologiae*, I.7.45.

83) Amesium, *Medulla Theologiae*, I.7.40.

이르도록 그리스도 안에서 선택하셨다.[84]

『신학의 정수』 1.25.8. 예정은 그것의 목적이나 대상이 존재하는 것을 필연적으로 전제하지 않는다. 오히려 예정이 그 목적과 대상을 존재하게끔 만든다.[85]

주지하다시피 타락후 선택설이 가르치는 선택작정의 대상은 하나님의 생각 안에서 이미 "창조되었고 타락한 존재로서의 인간(homo creatus et lapsus)"이다. 상기한 도르트신경의 항목은 선택의 대상을 타락한 인류 가운데 일부 특정한 사람들로 규정한다. 이로 볼 때 도르트신경은 타락후 선택설의 입장을 반영한다고 말할 수 있다.

이와 대조적으로 타락전 선택설이 가르치는 선택작정의 대상은 "창조되고 타락할 가능적 존재로서의 인간(homo creabilis et labilis)"이다.[86] 앞서 아르미니우스는 단순히 "창조될 가능적 존

---

84) *Acta Synodi Nationalis*, 242. 강조표시는 필자의 것이다.

85) Amesium, *Medulla Theologiae* , I.25.8.

86) 물론 이것은 하나님 작정의 초시간적이고 논리적인 순서이다. 타락전 선택설의 경우, 하나님의 생각 안에서 개인에 대한 선택과 유기 작정이 창조 작정과 타락을 허락하는 작정에 논리적으로 우선한다. 이는 선택과 유기를 통해 하나님의 자비와 공의가 드러나며 이를 통해 하나님의 영광이 선포되는 것에 주된 강조점을 둔다는 것을 의미한다. 한편 타락후 선택설에서는 타락한 인류로부터 얼마를 구원해 내시기 위한 하나님의 선택—나머지를 내어버려 두시는 유기 작정에 비해—이 더욱 강조된다. 타락전 선택설이 보다 거시적이고 추상적인 관점에서 하나님의 영원성과 전능에 관한 교리를 중요하게 고려한다면, 타락후 선택설은 보다 구체적인 관점에서 인간의 타락과 은혜의 구원 교리를 우선적으로 고려한다고 말할 수 있다. Richard A. Muller, *Dictionary of Latin and Greek Theological*

재"로서의 인간은 하나님의 예정 작정의 대상이 될 수 없다고 주장하며 고마루스의 타락전 선택설을 비판하였다. 에임스가 "예정은 그것의 목적이나 대상이 존재하는 것을 필연적으로 전제하지 않는다."라고 주장한 것은 아르미니우스의 이러한 비판에 대한 응답이라고 볼 수 있다. 에임스는 "오히려 예정이 그 목적과 대상을 존재하게끔 만든다."라고 진술하는데 이것은 타락전 선택설의 강조점을 반영했다고 말할 수 있다.

주목할 것은 도르트 회의는 타락전 선택설을 비판하거나 정죄하지 않았다는 사실이다. 이는 마코비우스에 대한 판결에서 잘 드러났다. 애초에 프라네커 노회가 마코비우스를 고소하며 제출한 50개의 오류 항목에는 마코비우스의 타락전 선택설이 포함되어 있었다. 곧 마코비우스는 예정의 대상을 "타락한 인간"으로 규정하기를 거부한다는 것이 고소의 여러 이유들 가운데 하나였다.[87] 1619년 4월 30일(제145차 회기)에 발표된 특별위원회의 판결문은 이 부분에 대한 판단을 포함시켰다. 이제부터 마코비우스는 학생들에게 가르칠 때, "예정의 대상을 타락한 인류라고 가르치는 것은 자기에게는 오류인 것으로 보인다(videtur sibi)"라고 말하지 않도록 경고 받았다. 물론 이것은 마코비우스의 타락전 선택설을 정죄하는 내용이 아니었다. 오히려 마코비우스로 하여금 타락후 선택설을 정죄하지 않도록 경고한 것으

Terms (Grand Rapids: Baker, 2004). 292 ["supra lapsum"].

87) Art.12 "_Docet, obiectum predestinations non esse hominem lapsum_" (그는 예정의 대상이 타락한 인간이 아니라고 가르친다). van Asselt, "On the Maccovius Affair," 223-224.

로 해석되는 것이 보다 타당하다.[88]

흥미로운 것은 사흘이 지난 후 5월 4일 제152회기에 발표된 최종 판결문에서 타락후 선택설에 대한 내용은 아예 삭제되었다는 사실이다. 연구자들은 이러한 사실을 근거로 타락전 선택설은 도르트 회의에 의해 결코 정죄된 일이 없다고 결론 내린다.[89] 이처럼 도르트신경이 타락후 선택설의 입장을 채택했음에도 도르트 회의 안에서 타락전 선택설이 공적으로 비판을 받거나 배제되지 않은 까닭은 무엇일까? 필자가 보기에 적어도 다음 두 가지 사항을 고려할 수 있으리라 생각한다.

첫째, 항론파의 오류를 논박함에 있어 타락전 선택설이나 타락후 선택설은 논의의 쟁점이 아니었기 때문이다. 기억할 사실은 아르미니우스와 항론파가 타락전 선택설 교리를 반박했다고 해서 이들이 도르트신경의 타락후 선택설의 입장을 수용한 것이 아니라는 사실이다. 아르미니우스와 항론파는 타락전 선택설뿐만 아니라 도르트신경에 반영된 타락후 선택설의 입장도 거부하였다.[90] 곧 이들과의 논쟁에서 쟁점이 된 것은 과연 선택

---

88) van Asselt, "On the Maccovius Affair," 225.

89) 아셀트에 따르면 아브라함 카이퍼(Abraham Kuyper)와 클라스 다이크(Klaas Dijk)가 그렇게 주장했다. Abraham Kuyper Jr., *Johannes Maccovius* (Leiden: D.Doner, 1899), 95; Klaas Dijk, *De strijd over Infra- en Supralapsarisme in de Gereformeerde kerken van Nederland*(Kampen: Kok, 1912), 217, 219. 아울러 최종 판결문은 스콜라주의 언어를 지나치게 사용하는 것을 경고하는 어조 역시 기존의 판결문에 비해 더욱 완화하여 표현하였다. van Asselt, "On the Maccovius Affair," 225-226.

90) 이에 대해서는 다음을 참조하라. 김병훈, "도르트신경의 예정론에 대한 한 이해," 215-225.

작정의 대상이 "창조되고 타락할 가능적 존재로서의 인간"인가, 아니면 "창조되었고 타락한 존재로서의 인간"인가의 문제가 아니었다. 주된 쟁점은, 과연 예지된 믿음과 순종이 선택작정의 근거인지, 아니면 하나님의 선택이 믿음과 순종을 열매 맺게 하는 것인지의 문제를 규명하는 것이었다. 도르트신경을 작성한 신학자들은--타락전 혹은 타락후 선택설의 여부와 무관하게--모두 후자의 입장을 천명하였다.

둘째, 타락전 선택설이나 혹은 타락후 선택설의 입장을 지지한 신학자들의 가르침은 적지 않은 경우 어느 정도의 유연성을 가지고 있었다. 일례로 마코비우스는 하나님의 선택을 한편으로는 "영광으로의 선택," 혹은 "목적으로의 선택(electio ad finem)"과 다른 한편으로는, 그 목적에 이르는 "수단으로의 선택(electio ad media)," 혹은 "은혜로의 선택"으로 구분하였다. 후자의 경우 선택 작정의 대상은 당연히 "타락한 인간"을 전제한다는 사실을 마코비우스는 인정했다. 또한 그는 하나님의 예정이라는 주제를 다룰 때, 두 가지 지평--곧 인간의 우연적 상태와 하나님의 절대적 의지의 차원--을 고려해야 한다고 주장했다. 타락전 선택설과 타락후 선택설이 예정의 대상으로 고려하는 소위 (가능적 존재로서) "창조될 인간," "창조된 인간," "타락한 인간" 등은 모두 단지 인간의 우연적 상태에 관련한 것뿐이라고 마코비우스는 말한다. 이와 대조적으로 하나님의 행위로서의 예정 그 자체를 절대적인 의미에서 고려한다면 이것은 인간의 우연적

조건이 아닌 오로지 하나님의 의지에 의존하는 것으로 말해야 한다고 그는 주장한다.[91]

에임스의 타락전 선택설 역시 접근 방식과 관점에 있어 마코비우스의 견해와 유사한 유연성을 가지고 있다. 마코비우스처럼 에임스 역시 예정은 순전히 하나님의 의지로부터만 기원한다는 사실을 강조한다(I.25.9). 또한 선택 작정을 그 목적과 수단을 구분하여 설명하는 방식 역시 마코비우스와 유사하다. 예정에 대한 접근에 있어서도 에임스 역시 두 차원, 곧 하나님 편에서의 시각과 우리를 위한 사고방식을 구분하여 설명한다.

고유한 의미에서 하나님 안에는 오로지 단일한 의지 행위가 있을 뿐이다. 왜냐하면 모든 것은 하나님 안에서 동시적으로 존재하고, 그 어떤 것도 선후관계로 존재하지 않기 때문이다. 따라서 목적과 수단(*finem & media*)에 대한 작정도 오로지 하나일 뿐이다. 그러나 우리의 사고방식을 위해서는 하나님께서는, 의도의 순서에 있어, 수단에 앞서 목적을 의지하신다고 말한다... 비록 실행의 순서에서는 수단을 먼

---

91) van Asselt, "On the Maccovius Affair," 237-238. 마코비우스의 다섯 번째 테제는 다음과 같다. "*Haec electio [ad gratiam] pro objecto habet hominem lapsum*"(이 은혜로의 선택은 타락한 인간을 그 대상으로 삼는다). Johannes Maccovius, *De aeterna Dei electione* (Franeker, 1618): thesis #5. 흥미롭게도 마코비우스는 선택작정의 대상을 어떤 관점에서 바라보느냐에 따라 타락전 선택설의 입장과 타락후 선택설의 입장 모두 나름대로의 타당성을 갖는다고 말한 프란시스쿠스 유니우스(Franciscus Junius, 1545-1602)의 견해를 인용한다. van Asselt, "On the Maccovius Affair," 238.

저 의지하신 후에 이 수단으로 하여금 목적을 향하도록 만
드신다.[1.25.14][92]

선택은 하나님 안에서 이루어진 단일하고 단순한 의지의
행위이다. 그러나 그것을 인식하는 우리의 사고방식에서는
이것을 제유법(synecdoche)에 의해 다양한 행위들로 나타낸
다.[I.25.19][93]

요컨대 하나님의 선택 작정을 논리적 순서에 따라 여러 단계
로 구분하는 것은 단지 "우리의 사고방식"을 따라 논의하는 것
일 뿐이다. 에임스의 이러한 시각은, 예정을 크게 하나님의 지평
(for God)과 우리에게의 지평(for us)으로 구분하여 접근하는 마코
비우스의 시각과 일치하는 것이다. 결국 마코비우스나 에임스
에게 있어 타락전 선택설과 타락후 선택설의 구분은 어디까지
나 우리의 논리를 위한 것이지, 하나님의 지평에 귀속되는 절대
적인 구분이 아니다. 이런 맥락에서 볼 때, 에임스가 필요에 따
라 타락후 선택설의 장점을 수용하는 유연성을 발휘하는 것도
그리 낯설게 느껴지지 않는다. 일례로 에임스는 타락후 선택설
이 강조하는 "은혜의 영광"에 더욱 큰 무게를 두는 것에 동의한
다. 에임스에 따르면, 하나님의 선택작정은 적극적인 사랑으로
부터 기원하지만, 유기 작정에는 그러한 사랑이 거절된다는 의

---

92) Amesium, *Medulla Theologiae*, I.25.14. 강조 표시는 필자의 것이다.

93) Amesium, *Medulla Theologiae*, I.25.19. 강조 표시는 필자의 것이다.

미에서—곧 소극적 의미에서--차별화된다(I.25.35). 이처럼 유기의 구분은 선택에서 발견되는 적극적인 구분에 의존한다고 말할 수 있다. 이로부터 에임스는 다음의 결론을 도출한다. "유기의 먼 목적(*finis remotus*)은 선택에서 명백하게 드러나는 그의 은혜의 영광이다."[94]

IV. 결론

필자는 본고의 서론에서 에임스의 경험과 『신학의 정수』를 통해 도르트 회의와 도르트신경을 조명하는 것의 몇 가지 유익에 대해 언급하였다. 첫째, 도르트 회의가 다룬 사안의 국제적인 성격을 드러낸다. 이 회의가 다룬 신학적 주제는 네덜란드 교회의 범주를 뛰어넘어 공교회적으로 적용점을 갖는 보편적 주제들이었다. 에임스가 외국인의 신분으로 도르트 회의 의장의 신학 자문 위원으로 선택받은 것과 그의 『신학의 정수』가 도르트신경의 핵심 쟁점을 공유한 사실 등은 이러한 맥락에서 이해될 수 있다. 또한 에임스는 도르트 회의의 내부 사정을 헤이그 주재 영국 대

---

94) 강조 표시는 필자의 것이다. 원문은 다음과 같다. "*hinc reprobationis finis remotus est splendor illius gratae, quae in electione manifestatur.*" 에임스는 이 진술에 대한 근거 구절로 로마서 9장 22-23절을 제시한다. 그가 이 말씀을 다음과 같이 축약하여 인용한다. Rom.9.22,23 "*Pertulit vasa irae, ut notas faceret divitias gloriae suae erga vasa misericordiae*" 그가 [하나님께서] 진노의 그릇들을 오래 참으심은.. 이로써 긍휼의 그릇들에게 자신의 영광의 풍성함을 알리려 하셨을진대 [우리가 무슨 말을 하리오?] Amesium, *Medulla Theologiae* , I.25.36.

사에게 전달하고 주요 신학적 쟁점을 설명하는 역할을 감당했다. 이를 통해 우리는 도르트 회의에 대한 영국 관료의 관심이 매우 높았음을 확인할 수 있다. 이는 도르트 회의에 유력한 대표들을 파송한 영국 왕실의 관심도를 반영한 것이기도 했다.

둘째, 우리는 에임스의 경험을 통해 당시 국가와 교회가 얼마나 긴밀하게 연결되었는지를 알 수 있다. 에임스가 종교적인 박해를 피해 네덜란드로 건너간 것, 그곳에서 영국 주둔군과 맺은 관계, 도르트 회의가 진행되는 동안 영국 대표들과 접촉한 것, 그리고 회의가 끝난 후 레이든 대학과 프라네커 대학의 교수 후보로 고려되거나 채용되는 과정에서 경험한 외압 등에서 우리는 당시 네덜란드와 영국의 정치가 에임스를 둘러싼 교회와 신학교의 의사결정에 얼마나 큰 영향력을 행사했는지를 확인할 수 있다.[95] 이를 통해 도르트 회의가 소집되고 신경이 마련되는 과정 역시 당시 네덜란드의 고유한 정치 상황 속에서 특징적으로 형성되었을 것이라는 사실을 우리는 보다 잘 이해할 수 있다.

셋째, 우리는 에임스의 『신학의 정수』를 통해 도르트신경의 논점이 무엇인지 파악하는 데 도움을 받을 수 있다. 일례로 에임스는 하나님의 작정(제1권 7장)과 예정(제1권 25장)을 다룬 장들에서 항론파가 주장한 예정론의 핵심 개념들—예지된 믿음, 중간

---

95) 이는 에임스만이 경험한 것이 아니었다. 1612년 영국왕 제임스 1세는 콘라드 보르스티우스(Conrad Vorstius, 1569-1622)가 아르미니우스를 뒤이어 레이든 대학의 교수로 임용되는 것을 반대하여 이 일을 무산시킨 것으로 잘 알려져 있다. 이 사건에 대해서는 A. W. 해리슨의 다음 저서의 제9-10장을 참고하라. A. W. Harrison, *The Beginnings of Arminianism to the Synod of Dort* (London: University of London Press, 1926).

지식, 선행의지와 후행의지 등—을 효과적으로 논박한다. 에임스에 따르면, 만일 우리가 하나님의 지식과 의지에 관한 올바른 이해를 하고 있다면, 항론파의 예정교리가 가지고 있는 오류들을 어렵지 않게 분별해 낼 수 있다.

넷째, 마코비우스 고소 건과 관련한 에임스의 활동을 통해 우리는 이 사건의 역사적 배경과 마코비우스에 대한 도르트 회의의 판결이 어떤 의미를 갖는지에 대해 잘 파악할 수 있다. 주지하다시피 도르트 회의의 최종 판결문은 마코비우스가 즐겨 사용한 스콜라주의적 신학 방법론과 그가 옹호한 타락전 선택설에 대해 무혐의 처분을 내렸다. 이를 통해 우리는 해당 주제에 대한 도르트 회의의 온건한 태도를 확인할 수 있다.

마지막으로 에임스를 통해 우리는 네덜란드 개혁교회의 전통과 에임스가 대변했던 영국 청교도 운동의 교차점을 흥미롭게 관찰할 수 있다. 에임스의 비국교도적 청교도 신앙—특히 회중주의적인 교회론—은 영국 국교회와 큰 갈등을 빚었지만, 네덜란드의 개혁 교회 및 개혁주의 신학교들 안에서는 별다른 문제를 일으키지 않았다.[96] 또한 도르트 회의는 교회정부 형태를 중심 주제로 다루지 않았기 때문에 도르트신경은 에임스의 교회론과 충돌할만한 논쟁점을 제기하지 않았다. 그럼에도 도르트 회의에 대표들을 파견했던 영국 정부와 국교회의 지도자들

---

96) 물론 프라네커 대학 안에서 마코비우스는 에임스의 청교도적 경건을 조롱했고, 에임스는 그의 불경건한 행태를 지적하며 두 사람 사이에 갈등 관계가 얼마간 지속되었다. 그러나 이 갈등은 공적이라기보다는 사적인 성격이었다고 판단된다.

은 에임스의 비국교도 신앙을 끊임없이 문제 삼았다. 이 때문에 에임스는 도르트 회의에서의 역할로 인해 네덜란드 교회 안에서 명성을 얻은 이후로도 여전히 본국으로부터 부당한 압력을 감수해야만 했다. 에임스는 도르트 회의에 참석하기 이전과 마찬가지로 도르트 회의 이후 프라네커 대학에서 교수사역을 마치고 1633년 로테르담에서 사망하는 마지막 순간까지도 청교도 신앙인의 삶을 살았다.

에임스는 사망한 이후에도 『신학의 정수』를 통해 도르트신경의 개혁주의 구원론을 세계적으로 확산시키는데 공헌하였다. 주지하다시피 에임스는 당대에 항론파와의 논쟁점을 정확하게 파악했던 신학자들 가운데 한 사람으로 인정받은 사람이었다. 그가 저술한 『신학의 정수』가 네덜란드와 영국, 그리고 뉴잉글랜드의 개혁 교회와 신학교 안에서 널리 활용되면서 에임스는 도르트 회의 이후 시대의 교회로 하여금 도르트신경의 핵심 주제를 보다 잘 이해할 수 있도록 도움을 제공해 왔다.[97] 오늘날 도르트 회의와 도르트신경에 대한 높은 관심을 보이기 시작한 한국 교회와 신학계 역시 에임스의 삶과 신학으로부터 이와 동일한 도움과 유익을 얻을 수 있다는 것은 분명한 사실이다.

---

97) 1629년 에임스는 항론파가 자신들의 입장에서 기록한 도르트 총회의 회의록 *Acta et Scripta Synodalia Dordracena* (Antwerpen, 1620)을 논박하는 글을 저술하였는데 이후 *Anti-Synodalia Scripta* (Amsterdam, 1633)의 제목으로 출간되었다. 여기서 항론파의 핵심 조항을 하나하나 논박하였다. 에임스와 그의 저작들이 네덜란드, 영국, 헝가리, 그리고 뉴잉글랜드에 미친 영향에 대해서는 스프룽거의 저서 제11장을 참고하라. Sprunger, *The Learned Doctor William Ames*, 247-262.

신학

THEOLOGY

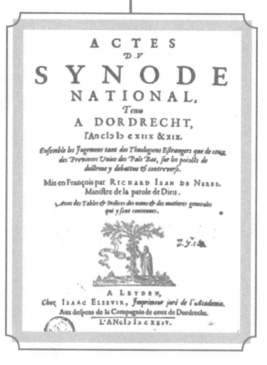

도르트신경의
신학

헤르만 셀더하위스 Herman J. Selderhuis

번역 이승진

Ⅰ. 서론

도르트신경은 논쟁적인 배경 속에서 작성된 신앙고백문이다. 이러한 특징은 도르트신경의 신학을 설명할 때 반드시 고려해야 할 사항이다. 도르트신경은 기독교 신학 전체를 제시하지는 않으나, 16세기 후반과 17세기 초반의 개혁신학의 핵심을 차지하는 중요한 신학적인 논제(theological loci)를 집중적으로 다룬다. 도르트신경은 칼빈의 예정론 교리로부터 상당히 이탈했다는 주장이 제기되었다. 당시에도 하나님의 예정에 관한 칼빈의 입장에 대해서 몇 몇 논쟁들이 제기되었으나, 도르트신경은 칼빈의 예정론보다 좀 더 신학적인 발전을 이루었다. 칼빈의 예정론은 오랫동안 견고하게 유지되어 왔으나 최근에는 좀 더 치밀한 논쟁과 원천 자료에 관한 세밀한 분석에 근거하여 반박을 당하고 있다. 본 논문에서 필자는 먼저 도르트신경이 칼빈의 예정론과 동일한 신학적인 입장을 유지하고 있음을 논증하고자 한다. 이어서 두 번째로 도르트신경의 근간을 이루는 신학적인 측면들을 몇 가지로 설명하고자 한다.

II. 칼빈의 예정론

어떤 사람들은 예정론이 칼빈의『기독교강요』에서 맨 첫 장의 주제라고 추측하거나 예정론이『기독교강요』에서 가장 중요하거나 지배적인 주제일 것이라고 생각한다. 하지만 예정론은『기독교강요』에서 첫 장을 차지하는 것이 아니라 한참 후에 등장하며 핵심 주제로 다뤄지는 것도 아니다.『기독교강요』에서 가장 많은 비중을 차지하는 주제는 예정론이 아니라 신자의 기도생활이다. 칼빈이『기독교강요』에서 예정론을 굳이 언급한 이유는 학생들에게 이 교리를 논리적으로 가르쳐야 했기 때문이다. 그래서 만일 개혁신학에서 예정론의 위치를 올바로 이해하려면,『기독교강요』의 논리적인 기능을 먼저 이해해야 한다. 종교개혁 이후 여러 신학교와 대학교의 교수들은 오직 성경 주해 작업에만 집중했다. 이들은 신학적인 논제들을 연구하고 가르치는 중세의 전통에서 점차 멀어졌다. 칼빈 역시 신학교의 교수로서 이전처럼 신학적인 주제들에서 가르침을 시작하는 편이 아니라 성경책으로부터 출발하여 한 구절 한 구절을 설명하는데 집중했다. 칼빈의『기독교강요』는 학생들이 성경을 배울 때 옆에서 그들을 친절하게 도와주는 동반자처럼 학생들을 위한 안내서였다.

예를 들어 칼빈이 성경을 가르치는 수업 시간에 창세기 1장을 학생들에게 가르치고 있다고 생각해보자. 창세기 1장 2절 하반절은 "하나님의 영은 수면 위에 운행하시니라"고 말씀한다. 이 때 어떤 학생이 칼빈에게 이런 질문을 할 수 있다. "칼빈 선생님! 하나님의 영은 무슨 뜻인가요?" 이 질문을 받은 칼빈이 만일 이 질문에 제대로 대답하려면 진행하던 수업을 멈추고 성경책이 성령 하나님에 관하여 말씀하는 모든 내용들을 전부 그 학생에게 설명해주어야만 할 것이다. 하지만 칼빈은 그렇게 하고 싶지 않을 것이다. 그런 질문에 방해를 받지 않고 나머지 성경 구절들을 계속 설명해주는 것이 더 중요하다 생각하기 때문이다.

칼빈은 그러한 배경 속에서 『기독교강요』라는 신학적인 안내서를 저술하였다. 그래서 어떤 학생이 만일 "칼빈 선생님 하나님의 영은 무슨 뜻인가요?"라고 질문한다면, 칼빈은 분명 다음과 같이 말해주었을 것이다. "서점으로 가서 즉시 『기독교강요』를 구입하라. 그리고 성령 하나님에 관한 챕터를 읽어보라." 마찬가지로 칼빈이 신학교 강의실에서 로마서나 에베소서를 주해하다가 세상이 창조되기도 전에 하나님께서 구원받을 자들을 선택하셨다는 구절을 만나게 되었다. 이 때 어떤 학생이 손을 들어 이렇게 질문할 수 있다. "선생님! 이 구절에서 선택이나 예정은 무슨 뜻인가요?" 그러면 칼빈은 같은 말로 대답했을 것이다. 『기독교강요』를 펴서 읽어보라." 바로 이 점이 중요하다. 『기독교강요』의 뒷부분에 언급되는 예정론도 칼빈이 성경 전체에 걸쳐서 발견한 진리 그대로 옮겨 놓았을 뿐이다. 말하자면 예정론은 칼빈의 신학 체계에서 핵심 주제가 아니다.

이와 마찬가지로 예정론은 개혁신학의 핵심 주제가 아니다. 개혁신학의 핵심주제는 "오직 하나님께 영광!"(Soli Deo Gloria)이다. 예정론은 창세 전에 미리 예정된 우리 인간에 관한 교리라면, 우리 인간이 개혁신학에서 가장 중요한 비중을 차지하는 것은 아니다. 예정론은 하나님의 영광을 위한 교리이다. 칼빈의 예정론에서 우리가 주목할 부분은 칼빈은 자신이 먼저 인격적으로 경험한 사실들에 근거하여 설명하고 있다는 점이다. 칼빈의 경험은 다음과 같다. 나 칼빈은 복음을 설교했다. 그런데 그 복음을 들은 어떤 사람은 믿지만, 또 다른 사람들은 믿지 않는다. 왜 이런 차이가 발생할까? 모두 다 동일한 메시지를 들었는데, 어떤 사람들은 믿고, 다른 사람들은 믿지 않는다? 칼빈은 이 차이점을 깊이 생각해보다가 하나님의 선택과 예정을 떠올리게 되었다. 이렇게 칼빈은 예정론이라는 추상적인 교리로부터 출발한 것이 아니라 자기 경험으로부터 시작한 것이다.

III. 칼빈, 예정과 확신

칼빈은 예정론 교리를 가능한 최선을 다하여 논리적으로 설명하되, 이 논리의 처음부터 끝까지 전체를 가능한 최선을 다하여 설명해보려고 애썼다. 그렇게 하는 과정에서 칼빈은 성경이 이중 예정 교리(double predestination)를 가르치고 있다는 확신을 갖게 되었다. 즉 하나님은 영생하도록 한 집단의 사람들을 선택하셨고 또 다른 집단의 사람들은 캄캄한 어둠 가운데 남겨두셨다. 여기에서 쟁점은 "왜 어떤 사람들은 천국으로 들어가고 다른 어떤 사람들은 지옥에 떨어지는 두 유형의 사람들이 존재하느냐?" 하는 것이 아니다. 중요한 쟁점은 "어떤 사람이든 자기 스스로 천국이나 지옥을 결정할 수 있는가?", 아니면 "그 모든 것은 전적으로 하나님의 선택에 달린 것인가?" 하는 것이다. 칼빈의 입장에서는 의심의 여지가 없이 분명했다. 성경은 두 경우 어느 쪽이든 모든 것이 하나님께 달렸음을 분명히 보여준다는 것이다. 모든 사람들의 영원한 운명은 오직 하나님의 결정과 선택에 달렸다는 것이다. 칼빈은 하나님은 구원받을 자들만을 선택하셨다는 단일한 예정론 같은 손쉬운 해결책을 주장하지 않았다. 만일 하나님이 한 집단의 사람들만 보존(구원)하기로 결정하셨다면 그 분의 결정은 자동적으로 다른 집단의 사람들은 구원하지 않기로 선택하셨음을 의미한다. 그래서 칼빈이 생각하기에 이중 예정론만이 타당할 뿐이다.

또 칼빈은 사람들에게 자신의 구원을 위하여 사람 편에서 그 어떤 작은 근거라도 남겨주고 싶지 않았다. 그렇게 하는 것은 이미 칼빈 당시에도 교회 안팎에 만연한 구원의 불확실성을 그대로 지속하는 것에 불과했다. 특히 이 점 때문에 칼빈은 로마 가톨릭에 대하여 분노할 수 밖에 없었다. 칼빈에 의하면, 구원의 근거로 인간 편에서 아무리 작더라도 어떤 조건이나 선행을 제시하면 사람들이 여전히 하나님을 두려워하는 결과만 남을 뿐이었다. 만일 사람들에게 자신의 구원을 위하여 조약돌 하나만이라도 꼭 필요하다고 가르치면, 사람들은 그 조약돌을 구원의 제물로 바친 다음에 혹시 그 작은 조약돌 하나만으로는 구원을 위하여 충분하지 않을 것이라는 불확실성과 두려움에서 빠져나오지 못할 것이다. 그 결과 사람들은 더욱 광신적인 신앙생활에 매진할 것이고, 어떻게든 더 이상 기쁨과 평안을 전혀 누리지 못할 것이다. 우리 구원의 근거로 인간 편에서의 그 어떤 선행의 근거를 생각하는 것은, 정작 우리 자신은 천국에서 안식을 누리더라도 우리 후손들까지도 계속 근심의 우물에 남겨두는 것이나 다름없다. 그런 경우에는 죽음 이후보다 오히려 죽음을 앞두고 있는 경우가 더 견디기 힘들 것이다. 그래서는 안 된다. 이런 이유로 칼빈은 예정론 교리를 강조했다. 예정론은 사람들이 기대하는 확신과 위로를 가져다주기 때문이다.

하지만 더 중요한 점은 예정론은 하나님의 영광을 잘 드러낸다는 점이다. 칼빈에게서도 예정론의 가장 중요한 목적은 하나님의 영광을 잘 잘 드러내는 것이다. 만일 구원에 대하여 인간편에서 아무리 작은 공로라도 말할 수 있다면 이는 결국 하나님의 영광에 손상을 끼치는 것이고 하나님은 더 이상 하나님다운 전적인 존귀와 영광을 받을 수 없다. 그나마도 대단한 영광이겠지만, 그러나 최고의 영광은 아닐 것이다. 칼빈에게는 '오직 하나님께 영광!'(Soli Deo Gloria!)만이 그의 모든 것이었기 때문에, 칼빈은 이런 논리에 만족할 수 없었다.

예정론 교리가 아니었더라면 개혁파 교회의 기초도 철저하게 무너질 수 밖에 없었을 것이다. 그래서 우리는 칼빈처럼 다음과 같이 선언해야 한다. "무엇보다도 먼저 모든 영광을 존귀하신 하나님께 돌릴지어다. 그리고 둘째로 우리의 구원을 확신하자. 그리하여 전적인 자유의 마음으로 하나님 우리 아버지께 소리 높여 찬양하자. 이런 확신과 감사의 찬양이 없는 사람들에게는 화가 있으리로다. 그들은 더 이상 믿음도 없고 거룩한 종교심도 없기 때문이다. 그들도 하나님에 대해서 무슨 말을 할 수 있겠지만 그것은 전부 거짓말에 불과할 뿐이다." (CO 51.262)

IV. 알미니우스와 예정론에 대한 항론파의 입장

야코부스 알미니우스(그의 화란어 이름은 하르맨스)는 제네바에서 데오도르 베자 밑에서 신학을 공부하였다. 알미니우스는 나중에 레이든 대학(Leiden University)에서 교수로 활동하였으나 다음 네 가지 주제에 관하여 칼빈과 다른 입장을 취했다: ① 무조건적인 선택, ② 불가항력적인 은혜, ③ 성도의 견인, ④ 예정론.

알미니우스는 도르트 총회가 열리기 거의 10년 전인 1609년에 사망하였다. 알미니우스의 사망 이후에 그의 추종자들은 알미니우스의 입장을 더욱 발전시켰고, 알미니우스가 사망한 1년 후인 1610년에 칼빈의 개혁신학에서 벗어난 견해들을 담아 항론서(Remonstrantie)를 발표하였다. 항론파들(Remonstrants)은 이 문서에서 다음과 같은 다섯 가지 입장을 천명하였다.

1. 하나님은 자신의 예지로 믿음과 불신에 근거하여 선택하거나 유기하셨다.

하나님은 사람들의 일생의 마지막을 잘 아신다. 그 분은 사람들의 인생 마지막 순간에도 여전히 믿음이 있는지 없는지를 미리 내다보시고 그 예지에 근거하여 믿음을 가질 사람을 선택하신다. 달리 말하자면 그 사람의 믿음은 하나님의 선택보다 앞선다. 결국 하나님의 선택은 사람의 믿음에 종속된다는 의미이다.

2. 오직 믿는 사람들만 구원 받을지라도 그리스도는 모든 사람들을 위하여 죽으셨다.

그리스도는 모든 사람들을 위하여 죽으셨지만, 오직 그를 믿는 사람들만 그 분의 죽음으로부터 유익을 얻을 수 있다. 결국 이 사실이 의미하는 것은 그리스도의 죽음이 어떤 사람들에게는 헛수고가 될 수도 있다는 것이다. 예를 들어 설명하자면, 여러분이 뜨거운 사막에서 아주 목이 마른 상황이다. 그런데 여러분의 일행 중에 한 사람이 16킬로미터를 힘들게 걸어가서 오아시스에서 물병을 가져왔다. 그런데 놀랍게도 여러분 중에 어느 누구도 물을 가져온 사람에게 물을 달라고 요구하지 않는다고 가정해보자. 그러면 이 사람이 16킬로미터를 다녀온 것은 그저 헛수고일 뿐이다.

이것이 바로 항론파의 생각이다. 그리스도께서 동정녀에게서 태어나셨고 고난을 당하셨으며 십자가에 못 박혀 죽으셨다가 다시 사흘 만에 부활하셨다. 그러나 누군가가 그 분의 희생으로부터 그 어떤 유익이라도 얻지 않으면 그리스도께서 치루셨던 모든 희생은 결국 헛것이 되고 만다는 것이다. 그러나 이는 참으로 이상한 논리다. 항론파가 이런 이상한 논리를 제시한 이유가 있다. 구원의 신비에서 인간의 책임 부분을 설명할 논리적인 근거를 확보하고 싶었기 때문이다.

3. 인간의 자유의지는 전부가 아니라 일부분만 타락했다.

항론파는 인간에 관하여 좀 더 긍정적인 입장을 취했다. 흔히 말하듯이 우리 인간은 그렇게 썩 나쁘지만은 않다는 것이다. 타락한 인간에게는 자유의지가 남아 있다는 것이다. 인간은 자신의 자유의지로 예수 그리스도의 말씀을 믿기로 결정할 것인가 아닌가를 선택할 의지가 있다고 한다. 반면에 루터와 칼빈의 인간론에 의하면 인간은 전적으로 타락했다. 그런데 항론파들에 의하면 이런 입장은 세상과 인간을 너무 부정적으로 바라본다는 것이다.

4. 은혜는 거부될 수 있다.

항론파의 주장에서 앞에서 언급한 인간의 '부분 타락설'은 네 번째 입장으로 자연스럽게 연결된다. 만일 하나님이 어떤 사람에게 은혜를 베푸시더라도 그 사람은 고집스럽게 하나님의 은혜를 거부할 수 있다는 것이다. 항론파들은 타락한 인간에게 자유의지가 작용하기 때문에 하나님의 은혜도 얼마든지 거부할 수 있다고 생각했다. 나중에 항론파의 사상은 인간에 관한 낙관적인 견해 때문에 성화의 과정에서 인격적인 하나님의 도우심과 성도의 견인을 무시하는 입장으로 발전하였다.

5. 참된 중생을 경험한 모든 신자들이 마지막까지 보존될 것인지 다시 타락할 것인지의 여부는 좀 더 살펴봐야 한다.

마지막 다섯 번째 요점으로 항론파들은 중생한 신자라도 그 믿음을 계속 유지할지 중도에 잃어버릴 것인지의 여부는 분명하게 말할 수 없다고 주장했다. 그들은 이전의 네 가지 입장 때문에 논리적으로 마지막 다섯 번째 입장에 도달할 수 밖에 없었다. 만일 구원이 일부분 그 사람 편에서의 어떤 조건에 달렸다면, 그 사람은 여전히 불완전하기 때문에 중간에 그 구원을 잃어버릴 위험을 안고 있다. 만일 나의 구원에서 하나님의 은혜가 99%를 차지하고 내 노력이 1%라면, 이 1%가 어떤 식으로든 부족해서 마지막 순간일지라도 구원을 잃어버릴 수 있다는 것이다. 항론파들은 그러한 사례로 자살한 사람들을 예로 들어 설명하였다. 이 사람들은 일평생 신자로 살았을 것이다. 그러나 인생의 마지막 순간에 어떤 심각한 문제로 자기 믿음을 저버리고 자살하고 말았다. 그러면 이 사람은 마지막 순간에 영생을 잃어버리고 만 것이다. 또 다른 사례로 알츠하이머 질병을 앓는 환자의 경우를 생각해 보자. 그런 질병은 그 사람의 개성이나 태도까지도 바꿀 수 있다. 그 이전까지는 아주 경건한 신자로 신앙생활을 잘 했을 것이다. 그러나 알츠하이머 질병의 저주 때문에 그 신자는 이전과 전혀 다른 사람으로 바뀌면서 신앙마저도 버릴 수 있다는 것이다. 이런 논리가 항론파들의 신학적 입장이 만들어내는 자연스러운 결과이다. 또 태아로 사망한 경우도 마찬가지라는 것이다. 그들은 그리스도를 구세주로 믿는지의 여부를 확인할 수 없기 때문에, 천국에 들어갔는지의 여부도 결코 확신할 수 없다는 것이다.

도르트 총회가 항론파들의 주장을 반박해야 할 필요를 느꼈던 이유는, 이들이 종교개혁의 핵심 사상을 비판할 뿐만 아니라 구원의 확신도 비판했기 때문이다. 그러나 무엇보다도 이들의 주장은 하나님의 영광을 무너뜨리는 것이나 다름없었다. 만일 우리 인간의 구원이 일부분이라도 사람 편에서의 선행이나 노력에 달렸다면, 이는 하나님의 영광을 허무는 것이다. 바로 이런 이유 때문에 도르트 총회는 유럽 전역의 신학자들을 소집하여 항론파들의 주장의 저변에 깔린 신학적인 문제점을 점검하고 종교개혁으로부터 물려받은 성경적인 입장을 재천명하였다.

V. 도르트신경 : 칼빈주의 5대 교리

이 교리적 입장은 소위 항론파의 다섯 가지 입장과 대조를 이룬다.

1. 모든 사람은 죄를 범하였고 영원한 형벌을 받아 마땅하다.

그러나 성부 하나님은 그의 아들을 세상에 보내셨고 오늘도 설교자들을 보내서 복음을 전파하도록 하신다. 그러나 모든 사람들이 그 복음을 믿는 것은 아니다. 칼빈의 논리는 바로 이 지점에서 시작됐다. 도르트신경의 신학적인 논리도 복음 전도의 경험으로부터 시작한다. 우리가 주목해야 하는 것은 모든 사람들이 죄를 범했다는 것이다. 그리고 성부 하나님께서는 그의 독생자 예수 그리스도를 보내셨다. 뿐만 아니라 하나님은 지금도 복음을 계속 전하도록 설교자들을 보내고 계신다. 그런데 계속 우리가 주목하는 것은 복음을 듣는 모든 사람들이 그 복음을 믿는 것은 아니라는 사실이다. 어떻게 이럴 수 있을까? 이런 모순에 관한 논리적인 설명이 필요하다. 다시 한 번 더 언급할 점은 도르트신경을 잘 이해하려면, 먼저 이 신경이 항론파의 입장을 반박하면서 개혁파 교회의 신앙고백을 분명하게 제시할 목적으로 작성되었음을 고려해야 한다. 사실 항론파의 논리적인 순서가 도르트신경의 순서를 규정했다.

도르트신경의 핵심 사상은 구원에 관한 하나님의 계획의 중심에는 하나님의 공의와 자비가 자리하고 있다는 것이다. 우리 모두 다 전적으로 부패한 죄인들이었기 때문에, 하나님은 모든 사람들을 영원한 형벌에 처하는 것이 마땅했을 것이다. 그러나 하나님은 그 분의 사랑과 자비로 "그리스도 안에서.... 택함을 받은" 죄인들을 구원하기로 결정하셨다(I조, 7장). 그 밖의 "다른 사람들은 하나님의 사랑에서 제외되어 스스로 파멸에 빠져..... 그들의 길을 따라 하나님의 심판을 자초하여 결국 영원한 형벌을 받는다."(I조, 15장). 하나님의 선택과 유기 모두 그 분의 주권에 관한 교리이다.

그러나 하나님의 선택 교리는 너무 은혜로운 내용임에도 불구하고 마땅한 가치를 제대로 인정받지 못하는 반면에, 하나님의 유기 교리는 너무 공의로운 내용임에도 불구하고 지나치게 가혹한 평가를 받아왔다. 그러나 마지막 심판 날에 지옥의 영벌에 떨어질 자들은 그 형벌을 받아 마땅하다는 하나님의 심판에 스스로 동의할 수 밖에 없을 것이다. 반면에 천국을 상속받는 자들은 그런 은혜를 받을 자격이 전혀 없음을 스스로 고백할 수 밖에 없을 것이다. 이렇게 구원에 관한 모든 신학적인 쟁점들은 전적으로 하나님의 영원한 작정으로부터 파생되었다. 그래서 도르트신경은 우리가 그리스도 안에서 얻은 구원에 관한 확신과 신학적인 포괄성 때문에 광대하신 하나님의 영광을 찬양하도록 우리를 격려한다.

2. 하나님은 세상의 기초를 놓기 전에 무조건적인 은혜로 어떤 이들을 구원하기로 선택하셨다.

하나님의 예정론에 관한 논의를 다음 질문으로 시작할 수 있다. '세상의 기초를 놓기 전'이란 무슨 의미인가? 하지만 천지창조 이전에 대해서는 우리는 알 수 없다. 예정론에 대해서는 다음 질문을 던져볼 수도 있다. 하나님은 왜 모두를 구원하기로 선택하시지 않고 어떤 이들만 구원하기로 선택하셨을까? 이 역시 우리는 알 수 없고 오직 하나님만이 아신다. 그래서 우리는 예정론에서 무조건적인 선택이란 주제에 집중해야 한다. 무조건적인 선택이란 구원을 받으려면 헌신적인 기도생활과 같은 완벽한 삶이 반드시 필요한 것은 아니라는 뜻이다. 기독교인으로서의 완벽한 삶을 제대로 살아내야 구원을 받는 것은 아니다. 하나님께서 우리에게 구원의 은총을 베푸시도록 우리가 하나님을 감동할 수단이나 방법은 아무 것도 없다. 바로 이 믿음이 우리를 편안하게 해 준다. 도르트신경은 우리의 믿음에 근심의 요소를 말끔히 제거해 준다. '무조건적인' 은혜 때문에 그 누구도 이렇게 말할 수 없다. "하나님께 인정받기에는 내 믿음만으로는 결코 충분하지 않다."

3. 그리스도의 속죄는 오직 택함을 받은 이들에게만 효력을 나타내도록 의도되었다.

항론파들은 반대로 주장했다. 그리스도는 모든 사람들을 위하여 죽으셨으나 어떤 사람이 그 분을 믿을지 믿지 않을지의 여부는 기다려봐야 알 수 있다는 것이다. 그러나 예수께서는 요한복음 10장에서 "나는 내 양을 위하여 내 목숨을 버리러 왔노라"고 말씀하셨다. 요한복음 17장 9절에서는 "나는 아버지께서 내게 주신 자들을 위하여 죽노라"는 뜻으로 말씀하셨다. 그 밖에 다른 여러 곳에서도 그리스도께서는 모든 사람들을 위함이 아니라 오직 택함을 입은 자기 백성들만을 위하여 십자가 희생을 치루는 것임을 말씀하는 구절을 거듭 발견할 수 있다. 어떤 이들은 이 진리를 거부할 수도 있겠지만, 이 진리가 성경에 기록된 그대로다. 인간의 힘으로는 하나님의 은혜를 거스를 수 없다. 만일 성령 하나님께서 여러분의 심령 안으로 들어가기를 원하신다면, 여러분은 저항할 수 없다. 여러분은 하나님보다 더 강력하지 않기 때문이다. 여러분은 그저 이 사실에 감사하는 편이 낫다. 도르트신경에서 그리스도의 속죄 교리는 그리스도께서 우리 신자들을 대속하기 위한 죽음의 무한한 가치를 강조할 뿐만 아니라, 오직 택함을 입은 자들만을 위한 죽음의 가치를 거듭 확인해 준다.

그리스도께서는 십자가 죽음으로 성부 하나님의 공의를 완전히 충족시켰다. 그리스도께서는 율법에 자발적으로 순종하시고 또 지옥의 형벌을 받아 마땅한 죄인들을 위한 고난의 순종과 십자가 죽음으로 모든 공의를 충족하셨으므로, 택함을 입은 자들의 구원이 그 분 안에서 그리고 그 분의 구속 사역으로 온전히 성취되었다. 성부 하나님이 그렇게 하신 목적은 "우리로 하여금 그리스도 안에서 하나님의 의가 되게 하려 하심이라"(고후 5:21). 도르트신경은 그리스도의 죽음은 "온 세상의 죄를 충분히 보상하고도 남을 정도로 무한한 가치가 있는 죽음"임을 주장한다(II조 8항). 도르트신경의 속죄 교리가 강조하는 속죄의 '충분성과 완전한 효력'(sufficiency/efficiency)의 독특한 가치는 구원을 위한 하나님의 전적인 자유와 기쁘신 뜻에 관한 성경의 분명한 증언에 근거하고 있다. "하나님의 기뻐하심이 이 은혜로운 선택의 유일한 원인이다"(I조, 10장). 따라서 하나님의 은혜로운 선택과 가혹한 유기에 관하여 불평하는 사람들에게 우리는 다음과 같은 사도들의 가르침으로 똑같이 대답할 수 있다. "이 사람아 네가 누구이기에 감히 하나님께 반문하느냐?"(롬 9:20; I조, 18장).

4. 하나님의 은혜는 저항할 수 없다.

도르트신경에서는 죄악과 중생에 관한 종교개혁자들의 교의를 분명하게 설명할 목적으로 셋째 교리와 넷째 교리 제목을 서로 결합하였다. 우리 인간은 선하고 올바르게 창조되었으나 스스로 죄를 범하여 영원한 죽음의 정죄를 받았다(III/IV조,1장). 우리 인간은 본성상 전적으로 부패하여 "성령 하나님의 중생하시는 은혜가 없이는" 스스로 영생을 선택할 능력이 전혀 없다(III/IV조, 3장). 타락한 인간에게 남은 자연의 빛과 하나님의 율법은 다만 우리 인간의 전적인 부패를 저주할 뿐이다(III/IV조, 5장). 그럼에도 성령 하나님은 "화목의 말씀 또는 화목의 사역으로" 택한 자들을 기꺼이 영생으로 인도하신다(III/IV조, 6장). 우리 신자들이 그리스도를 믿게 된 이유는, 하나님께서 먼저 우리를 살려주셨기 때문이다(그 반대가 결코 아니다). 성령 하나님은 말씀 선포의 사역을 통하여 일하심으로 우리 신자들을 영생으로 인도하시며, 그 말씀 선포의 사역은 믿는 자들에게 참된 효력을 가져오며 복음의 약속은 참으로 믿을만하다(III/IV조, 8장, 11장, 17장).

따라서 복음의 말씀을 거부한 자들은 자신의 선택에 반드시 책임을 져야 하고, 택함을 입은 자들의 중생은 전적으로 하나님의 주권적인 은총 때문임을 인정해야 한다(III/IV조, 10장, 12장).

성령 하나님은 우리 신자들 안에서 말씀을 통하여 일하시기 때문에, 하나님의 절대 주권은 결코 우리 인간을 무감각한 사물처럼 여기지 않는다. 오히려 하나님의 절대 주권은 우리 신자들을 "영적으로 소생시키고 치료하며 올바르게 교정해주고, 동시에 그 분의 은총에 즐거우면서도 강력하게 결속시켜 주어서 전에는 육적인 반역과 저항이 지배적이었던 곳에서 이제는 신실한 마음으로 순종하도록 한다"(Ⅲ/Ⅳ조, 16장).

5. 참으로 중생한 모든 사람들은 반드시 보존될 것이다.

도르트 총회는 다섯 번째 교리로 성도의 견인을 옹호하였다. 하나님이 믿음의 은사를 주신 모든 사람들, 즉 "성령 하나님의 역사로 중생한 사람들은 비록 육체의 연약함으로부터 완전히 벗어나지 못했더라도 죄의 지배와 노예 상태로부터 구원받은 것이 사실이다"(Ⅴ조, 1항). "우리 신자들이 계속 죄와 싸우는 육체의 연약함은 우리가 하나님 앞에서 겸손하게 만들며 더욱 천국을 바라봐야 할 이유를 알려 준다"(Ⅴ조, 2항). 우리 혼자 남겨졌더라면 우리는 그대로 버려졌을 것이다. 그러나 하나님의 은혜는 "우리 신자들을 이 세상 끝까지 자비로 지켜주시고 능력으로 보존해주신다"(Ⅴ조, 3항). 때로는 어떤 신자들은 구약성경의 다윗처럼 통탄할만한 죄악을 범하고 잠시 하나님의 은총에 관한 인식에서 멀어질 수 있다. 그러나 하나님은 그들을 끝까지 보존하신다(V조, 4-5항). 하나님은 그의 백성들이 "심각한 죄에 빠져 있을 때라도.... 하나님의 자녀로 입양된 은혜를 아주 잃어버리도록 내버려 두지 않는다"(V조, 6항). 그리스도께서는 그의 백성들을 "확실하고도 효과적으로 중생하도록 하셔서 그들이 전에 지은 죄악에 대하여 진심으로 하나님 앞에서 탄식하며 회개하도록 이끄신다"(V조, 7항).

성령 하나님은 자기 백성들에게 이러한 구원의 확신을 심어 주시는데, 이는 "그 어떤 신비로운 체험으로" 그런 확신을 주시는 것이 아니라 하나님의 약속의 말씀을 믿는 믿음을 통해서 그런 확신을 주신다(V조, 10항). 구원의 은혜에 관한 확신은 기독교인들을 방종과 부도덕으로 이끌지 않는다. 구원의 확신은 오히려 "주님이 정하신 길을 따라서 조심스러운 마음으로 계속 순종하도록 이끈다"(V조, 13항). 복음의 말씀이 선포될 때 성령 하나님은 우리 심령에 빛을 비춰주시고 감동을 주시며, 성례를 통하여 우리 신자들의 믿음과 구원의 확신을 더욱 견고하게 하신다(V조, 14항). 은혜는 전적으로 하나님이 주시는 은사이기 때문에, 그 일부분이라도 우리에게서 비롯될 수 없고 오직 하나님에게서만 비롯되는 것이다. 그리고 그 은혜는 하나님이 주권적으로 우리에게 주신 것이기 때문에 결코 잃어버릴 수 없다.

I조 12항은 하나님의 선택과 구원의 확신 사이의 긴밀한 연결고리를 잘 보여준다. "하나님의 정한 때에 택함을 입은 자들은 하나님의 정한 때에 다양한 수단과 방법으로 자신들의 영

원하고도 바뀔 수 없는 선택에 대한 확신을 얻는다." 선택 교리는 신자들이 하나님의 품 안에서 안식을 누리게 되었다고 신자들에게 약속하시는 하나님의 맹세에 관한 것이다. 그러한 확신의 설득은 하나님의 약속의 말씀과, 성령 하나님의 증언, 그리고 신자들의 삶 속에서 나타나는 은혜로운 선행의 열매를 통해서 더욱 견고하게 지지를 받는다(V조, 10항). 또 구원의 확신은 우리 신자들에게 말로 다할 수 없는 위로를 주고 영적인 즐거움과 거룩한 기쁨, 그리고 심오한 겸손을 실천하도록 하며, 더욱 거룩한 삶을 살려는 새로운 열망을 가져다준다(I조, 13항).

VI. 결론: 알미니안과 튤립이라는 표현에 관한 두 가지 문제점

도르트 총회와 도르트신경에 관하여 설명하거나 논문을 작성할 때 종종 등장하는 '알미니안'(또는 알미니안 사람들, Arminians)이라는 단어를 사용하는 것에 주의가 필요하다. 그리고 '알미니안'에 관하여 말할 때 실제로 염두에 두고 있는 '항론파들'(Remonstrants)에 대해서도 마찬가지로 주의가 필요하다. 사실 항론파들은 아르미니우스의 신학을 제대로 보여주지 못했다. 아르미니우스의 신학은 항론파들에 비하여 덜 개혁적이었기 때문에, 아르미니우스의 입장을 계승한 계보로 항론파들의 입장을 떠올리는 것은 바람직하지 않다. 물론 두 진영 사이에는 신학적인 연결고리가 많지만 그렇다고 아주 동일한 것은 아니다.

두 번째 문제는 칼빈주의의 다섯 가지 교리에 관하여 설명하면서 이 교리들을 튤립(TULIP)이라는 축약어로 정리하는 것이다. 개혁신학은 튤립의 다섯 교리로든 도르트신경의 다섯 챕터로든 그렇게 간단한 공식처럼 정리할 수 없다. 사실 칼빈주의는 도르트신경에 비할 수 없을 정도로 심오하고 방대하다. 비할 수 없이 풍성하고도 방대한 칼빈주의 신학을 군이 원한다면 도르트신경으로 줄여서 정리해볼 수는 있을 것이다. 그러나 그러다 보면 칼빈과 칼빈주의 신학자들이 신자의 기도생활에 관해서나 그 밖에 다른 여러 교리와 사상들에 관하여 설명한 감동적인 내용들을 모두 놓칠 수 밖에 없다. 종말론이나 천지 창조의 풍성한 내용들도 놓칠 수 밖에 없다. 이런 이유로 도르트신경의 다섯 교리(또는 다섯 가지 요점, the Five Points)라는 표현을 사용할 수는 있겠으나, 칼빈주의의 다섯 교리라는 표현은 부적절하다.

'튤립'(TULIP)이라는 축약어도 마찬가지다. 그렇게 축약하는 것이 복잡한 도르트신경을 쉽게 이해하도록 도와줄 것처럼 보인다. 도르트신경은 네덜란드에서 작성된 것이고, 튤립 꽃도 네덜란드에서 전 세계로 많이 수출된다. 만일 도르트신경의 다섯 챕터를 '튤립'이라는 한 단어로 줄여서 기억하면 '튤립' 교리 전체를 쉽게 이해할 수 있을 것으로 생각된다. 그러나 그 이후에 심각한 문제가 발생한다. 도르트신경은 1장에서 인간의 전적 타락(Total depravity)을 제시한다. 우리 인간 스스로는 결코 하나님을 찾을 능력이 없다는 것이다. 이어서 2장의 무조건적인 선택 교리(Unconditional election)에서는 인간 편에서 하나님을 선택한 것이 아님을 강조한다. 신자들이 택함을 받은 것은 전적으로 하나님의 자비 때문이다. 이어서 3장의 제한 속죄(Limited atonement)는 하나님의 선택이 오직 택함을 받은 자들에게만 효력을 발휘한다는 것이다. 그리고 4장의 불가항력적인 은총(Irresistible grace)과 5장의 성도의 견인 교리(Perseverance of the saints)가 이어진다. 튤립(TULIP)이란 단어는 이상의 다섯 교리의 영문 첫 글자를 모아서 만들어졌다.

그러나 도르트신경의 전체 신학을 '튤립'이라는 간단한 단어로만 이해하려고 하면, 튤립(TULIP)의 가운데 철자(L)에서 신학적인 문제가 발생한다. 하나님이 우리 신자들에게 베푸시는 속죄의 은총은 지상의 그 어떤 신자에게서 제한을 받지 않는다. 그리스도의 말씀이 신자들에게 발휘하는 효력은 이 세상에서 그무엇으로도 제한될 수 없다. 예수 그리스도께서 전에 행하셨고 지금도 행하고 계시며 앞으로 행하실 사역과 효력은 항상 완벽하고 이 세상에서 결코 제한을 받지 않는다. 이런 이유 때문에 그리스도의 속죄 교리 전체를 '제한 속죄'(limited atonement)라는 두 단어로 간단히 정리하는 것은 잘못이다. 물론 그리스도의 속죄로부터 유익을 얻는 사람들(신자들)의 전체 숫자는 제한적이라고 말할 수 있다. 그런 의미로 도르트신경에서 제한 속죄를 말하는 것이지, 그 분의 속죄로 말미암은 효력이 제한적이라는 의미는 아니다. 이런 이유로 '튤립'(TULIP)의 L은 제거되어야 한다. 그리고 그렇게 L을 제거해버리면 그 신학 체계는 더 이상 '튤립'이라고 부를 수 없다. 그러므로 앞으로 개혁신학이나 도르트신경에 대해서 설명할 때, 알미니안주의(Arminianism)와 튤립(TULIP)이란 단어를 결코 사용하지 말자!

신학

THEOLOGY

도르트신경과
은혜의 신학

이남규

I. 들어가며

"하나님의 은혜가 필요하지 않다고 생각하거나 말하는 자는
저주를 받을지어다"

(Anathema, qui vel sentit, vel dicit, gratiam Dei ... non esse necessariam)

이 말은 다른 사람이 아니라 펠라기우스가 노회 앞에서 자신을 소명하며 했던 말이다.[1] 다비드 파레우스(David Pareus)는 본격적으로 항론파에 대한 평가를 시작하기 전에 위 펠라기우스의 말을 인용한다. 하나님의 은혜를 강변한 펠라기우스는 우리에게 낯설다. 파레우스는 묻는다. "누가 여기서 펠라기우스의

---

1) *ACTA Synodi Nationalis, In nomine Domini nostri IESU CHRISTI, Autoritate DD.Ordinum Generalium Foederati/Belgii Provinciarum, Dordrechti Habitae Anno 1618 et 1619*, (Dordrecht, 1620). T. 1., 210. 파레우스가 인용하는 아우구스티누스의 증언이다. 파레우스의 인용에서 anathema로 시작하고, Patrologia Latina판에 따르면, 펠라기우스는 청중들에게 'anathemo'로 시작하며 말했다 (Augustinus Hipponensis, *De gratia Christi et de peccato originali, liber primus de gratia Christi*, ed. by J. P. Migne, Patrologia Latina 44, [Paris, 1862], 360).

죄를 용서하지 않겠는가?"[2] 파레우스는 펠라기우스가 은혜를 모호하게 만든 것처럼 항론파도 은혜를 모호하게 만들고 있다고 지적한다. 항론파는 하나님의 은혜를 명시적으로 부인하거나 부정하지 않았다. 3항에서 인간의 부패를 지적하면서 하나님의 은혜의 필요성을 말하며, 4항의 진술에서는 하나님의 은혜가 앞서가고 있다.

여기에 대해 도르트 총회는 신경을 최종적으로 확정해서 답했다. 이 신경이 만들어지기 전에 총대들은 항론파에 대한 평가서를 제출했다.[3] 1619년 1월 16일부터 3월 초까지 총대들은 다양한 방식으로 토론하며 자기지역과 노회의 평가서를 만들었다. 신경이 만들어지기까지 어떤 내용들이 쟁점이 되었고 토론이 되었는지는 이 평가서를 통해서 알 수 있다. 인쇄된 도르트 총회록은 당시 제출되었던 총대들의 평가서를 첨부했다. 본 논문은 3항과 4항에 대한 총대들의 평가서를 살펴보되, 네덜란드 밖에서 온 총대들과 네덜란드 교수단의 평가서를 중심으로 살펴본다. 항론파 3항과 4항에 대한 총대들의 평가서를 통해 도르트신경이 말하는 은혜를 더 풍성히 이해할 수 있을 것이다.

---

2) *ACTA Synodi 1*, 210.

3) 당시 제출되었던 문서들은 Acta et Documenta를 통해 정리되고 있다. *Acta et Documenta Synodi Nationalis Dordrechtanae (1618-1619)*, eds. Donald Sinnema & Christian Moser & Herman J.Selderhuis (Goettingen: Vandenhoeck & Ruprecht, 2015-)

II. 항론파의 주장

1) 1610년 1월

아르미니우스가 죽고 3개월이 지난 1610년 1월 항론파(Re-monstranten)로 불리게 될 43명은 아르미니우스의 저작들로부터 다섯 개의 조항을 만들었다.[4] 3항은 다음과 같다.

3. 인간은 반역과 죄의 상태에서 참으로 선한 어떤 것(특히 구원하는 믿음과 같은 것)을 자신으로부터나 그 스스로 생각할 수 없으며 의지할 수 없으며 행할 수 없는 만큼, 구원하는 믿음을[5] 그 스스로 갖지 못하며 자신의 자유 의지의 능력으로도 갖지 못한다. 그러나 참된 선을 이해하고 생각하고 의지하고 성취하기 위해서는, 하나님에 의해 그리스도 안에서 그의 성령을 통해 중생하고 이해와 감정이나 의지와 모든 능력에서 새롭게 되는 것이 필요하다. 요한복음 15:5의 그리스도의 말씀과 같으니, "그

---

4) 도르트 총회에 이르게 되는 역사적 배경에 대해서는 다음을 참고하라. Herman Selderhuis, "도르트 총회의 역사와 신학" in: 비텐베르크에서 도르트까지, 김병훈 외 4명 옮김 (수원: 합동신학대학원출판부, 2018), 210-246.

5) 화란어 원문은 salichmaekende Gheloove(구원하는 믿음)으로 기록되었으나, 필립 샤프가 소개하는 영역에서 saving grace로 번역되면서 많은 한역에 '구원하는 은혜'로 번역되어 소개되었다. 비교: Philip Schaff, *Creeds of Christendom*, Vol. III. 546.

러나 나를 떠나서는 너희가 아무것도 할 수 없음이라"[6]

항론파는 인간의 상태에 대해서 자기 힘으로 구원의 은혜나
자유의지의 능력을 가질 수 없다며 인간의 무능력을 인정하고 있
다. 죄의 상태에 처하여 성령을 통한 중생이 없이는 선한 것을 이
해할 수 없고 행할 수 없다는 이 생각은 개혁교회도 인정한다. 그
러나 이어지는 다음 4항의 진술에서 항론파의 생각이 드러난다.

> 4. 하나님의 이 은혜는 모든 선의 시작이며 지속이며 성취
> 이어서 거듭난 사람도 선행하거나 앞서며 일으키며 따
> 르며 협력하는 은혜 없이 스스로 선을 생각하거나 원하
> 거나 행할 수 없으며 여러 시험을 견딜 수 없다. 그러므
> 로 사람이 생각할 수 있는 모든 선한 행위나 일은 그리
> 스도 안에서 하나님의 은혜에 돌려져야만 한다. 그러나
> 바로 그 은혜가 작용하는 방식에 관한 한 불가항력적인
> 것이 아니니, 성령을 거역한 여러 일에 대하여 기록되어
> 있기 때문이다. 사도행전 7장과 그 밖의 여러 곳에 있
> 다.[7]

여기에서 항론파는 선행하는 은혜의 필수성을 말한다. 선행

---

6) J. N. Bakhuizen van den Brink et al. (ed.), *Documenta Reformatoria*, Deel I,
   (Kampen: Kok, 1960), 292.

7) 같은 곳.

하는 은혜 없이 선한 것을 생각하거나 의지할 수 없다. 그래서 선한 행위가 다 하나님의 은혜에 돌려져야 한다는 것이 항론파의 진술이다. 여기까지 정통과 다른 것이 없다. 그런데 따라오는 마지막 진술이 앞선 모든 것을 뒤집는다. 은혜가 작용하는 방식을 언급하면서 사람이 선행하는 하나님의 은혜를 거절할 수 있다고 했다. 이것은 다시 말해 하나님의 은혜가 사람에게 역사하는 최종적인 결정권이 사람에게 있다는 말이 된다. 여기서 사람의 무능력 때문에 구원에 있어서 하나님의 은혜가 필수적이나, 하나님의 은혜가 결정적이지 않고 그 은혜를 받아들이거나 받아들이지 않는 사람의 의지가 결정적이다.

타락한 인간의 상태(3항)와 인간에게 역사하는 하나님의 은혜(4항)는 직접적으로 함께 다루어질 수밖에 없다. 3항과 4항에서 인간의 무능력과 하나님의 은혜의 필수성에 대해서 말했을지라도, 4항 마지막에 그 은혜가 결정적이지 못한 은혜임이 드러났기 때문에, 도르트 총회는 3항과 4항을 함께 다룰 수밖에 없었다. 총대들의 견해에 따르면 4항 마지막 진술에 의해서 3항에서 언급된 인간의 무능력이 부정되고 있었기 때문이다. 총대들의 평가서가 둘을 함께 다루며, 최종적으로 도르트신경도 세 번째와 네 번째를 함께 말하게 된다.

2) 1618년 12월

도르트 총회가 열린 후 1618년 12월 17일 34차 모임에서 3
항과 4항에 대한 더 자세한 항론파의 견해가 낭독되었다.[8] 그
첫 항은 이렇다.

1) 사람은 스스로 또 자신의 자유의지의 능력으로 구원하
는 믿음을[9] 갖지 못한다. 죄의 상태에서는 (구원의 선한
것을, 특히 그 방식에서 구원하는 믿음을) 선한 어떤 것도 스
스로부터 그 스스로 이해하거나 원하거나 행할 수 없다.
구원의 선한 것을 옳게 이해하고, 묵상하고, 원하고, 성
취할 수 있기 위해서는, 하나님에 의해서 그리스도 안에
서 성령을 통해서 이해와 감정과 의지와 모든 능력에서
중생하고 새로워지는 것이 필요하다.

1610년의 3항처럼 여기서도 항론파는 가장 먼저 인간의 무
능력을 강조한다. 죄의 상태에서 인간이 선한 어떤 것을 '스스로
부터 그 스스로'(*ex se & a se*) 이해하거나 원하거나 행할 수 없다

---

8) *ACTA Synodi 1*, 116-117.

9) 라틴어 원문에는 salvificam fidem(구원하는 믿음)이라 되어 있다. 화란어 번역판
에 zaligmakende genade(구원하는 은혜)라 되어있고, 이 화란어 번역판이 영역
에 소개되면서 이 부분이 구원하는 은혜(saving grace)로 알려졌다. 비교: *Acta of
Handelingen der Nationale Synode Dordrecht 1618-1619*, ed. Donner (Leiden,
1883), 130; Homer C. Hoeksema, *The Voice of Our Fathers* (Grand Rapids: Re-
formed Free Publisching Association, 1980), 106.

고 말한다. 그리스도 안에서 하나님에 의한 성령을 통한 중생과
새로워짐이 필요하다고 말해서 하나님 은혜의 필요성을 가장
처음 부각시킨다.

이런 하나님의 은혜의 필요성에 대한 강조는 이어지는 진술
에서 계속 강조된다.

2) 지금 우리는 하나님의 은혜가 선한 모든 것의 시작만이
   아니라 진보와 완성이라고 생각한다. 즉 중생한 자 그
   자신이 이 선행하고 앞서가며, 일으키며, 따르며 협력하
   는 은혜 없이는, 선을 생각하거나 원하거나 성취할 수
   없으며 어떤 악한 시험에 저항 할 수 없다. 그렇게 생각
   하기에 어떤 이가 성취할 수 있는 모든 선한 일과 행위
   는 하나님의 은혜에 돌려져야 한다.

3) 그럼에도 믿음 그 자체와 중생의 성령이 있기 전에는 구
   원을 얻기 위해 노력했던 모든 열심과 정성과 수고가 쓸
   모있거나 유익하기보다는 헛되고 잘못된 것이며 나아
   가 사람에게 사실상 해로운 것이라고 우리는 믿지 않는
   다. 반대로 우리가 주장하는 바는, 하나님의 말씀을 듣
   고 범한 죄에 대해 슬퍼하고 구원의 은혜와 중생의 성령
   을 기대하는 것이 (그런데 이것들 중 어떤 것도 은혜가 있기
   전에는 인간이 할 수 없다) 해롭거나 쓸모없지 않을 뿐 아

니라 믿음과 중생의 성령을 얻기 위해서 가장 유익하며 필요하다.

4) 타락한 상태에서 의지는, 부르시기 전에는 구원의 어떤 선을 의지할 능력과 자유가 없다. 악보다 구원하는 선을 원할 자유가 모든 상태의 의지에 속해있다는 것을 우리는 부인한다.

항론파는 두 번째 진술에서 하나님의 은혜를 강조한다. 단순히 시작이 아니라 중생한 이후에도 하나님의 은혜 없이는 선한 일을 생각하거나 원하거나 행할 수 없음을 말한다. 결국 성취된 모든 선한 일은 하나님의 은혜에 돌려진다는 것이다. 또 네 번째 진술에서는 인간의 선을 택할 수 있는 자유의지의 능력을 부인한다. 여기까지만 본다면 우리는 항론파가 하나님의 은혜를 강조하고 인간의 선을 택할 가능성을 부인한다는 면에서 개혁교회 정통의 가르침과 차이가 없다고 생각할 수도 있다. 그러나 항론파가 언급하는 하나님의 은혜와 인간의 자유의지에 대한 말은 한 문장만이 아니라 전체 진술을 통해 이해될 때 개혁교회와 어떤 차이가 있는지 드러난다. 이미 위 3항에서, 중생 전에 인간 행위가 믿음과 성령을 얻기 위해서 유익하며 필요하다는 생각은, 하나님의 은혜가 인간에게 역사함에 있어서 인간의 행위가 결정적임을 암시하고 있다.

이제 이어지는 진술들에서 항론파의 결정적 견해가 드러난다.

5) 효과적인 은혜로 회심하게 되는데, 이 효과적인 은혜는 저항할 수 없는 것이 아니다. 하나님이 말씀과 성령의 내적 작용으로 의지에 영향을 끼쳐 믿을 능력이나 초자연적 능력을 가져오시고 실제로 인간이 믿도록 하심에도, 인간은 스스로 이 은혜를 경시할 수 있고, 믿지 않을 수 있고 그래서 그 자신의 잘못으로 멸망할 수 있다.

6) 하나님의 자유의지로 인해 신적 은혜의 큰 차이가 있음에도, 성령님은 하나님의 말씀이 설교되는 모든 각 사람에게 은혜를 전달하시고 전달하실 준비가 되어있는 만큼, 단계들마다 사람의 회심의 촉진을 위해 충분하다. 그래서 믿음과 회심을 위해 충분한 은혜는 하나님의 절대적 선택의 작정을 따라 구원하길 원하시는 이들만이 아니라 실제로 회심하지 않는 이들에게도 일어난다.

다섯 번째 진술에서 항론파가 가진 선행하는 하나님의 은혜에 대한 생각을 알 수 있다. 그 은혜를 효과적인 은혜(Gratia efficax)라고 불러서 인간에게 영향을 끼치는 은혜, 믿도록 하시는 은혜로 규정한다. 그러나 여기까지가 항론파 생각의 전부가 아니다. 이 은혜가 인간에 의해 거절될 수 있는 은혜라는 점에서 그 독특성이 있다. 인간에 의해 거절되어서 인간에게 책임이 있다는 면을 강조하지만, 동시에 구원의 결정권이 인간에게 있다는 의미가 된다. 이어지는 여섯 번째 진술은 구체적으로 하나님의 은혜가 회심하거나 회심하지 않는 이들에게도 충분함을 말한다. 이런 방식으로 항론파는 하나님의 은혜의 필수성과 효과성을 붙잡았으나 구원의 결정적인 차이를 이 은혜에 달린 문제가 아니라 인간에게 달린 문제로 만들었다. 항론파가 하나님의 은혜의 필수성이나 효과성을 부인했다고 평가한다면, 항론파는 이 평가에 대해서 부당하다고 생각할 것이다. 그러나 구원의 결정적 차이가 인간에게 달려 있게 될 때, 하나님의 은혜가 효과적이라고 말할 수 있는지에 대해 의문이 제기될 것이다.

항론파는 계속 자신들을 변증하면서 정통교리를 공격한다.

> 7) 인간은 성령의 은혜를 통해 그 자체로 행하는 것보다 더 많이 선을 행할 수 있으며, 그 자체로 악을 제거하는 것을 넘어 더 많이 악을 제거할 수 있다. 하나님이 인간이 행하는 것보다 더 많이 선을 행하는 것을 원하시지 않는다고 우리는 믿지 않으며, 인간이 제거하는 것보다 더 많은 악을 제거하는 것을 원하시지 않는다고 우리가 믿지 않는다. 또 하나님이 둘 다 그렇게 일어나도록 영원 전에 정확하게 작정하셨다고 우리는 믿지 않는다.

8) 하나님이 구원으로 부르시는 자들마다 진지하게 부르신다. 즉 구원하시려는 의도와 의지로 진실하게 기만 없이 부르신다. 하나님이 외적으로 부르시는 어떤 자들을 내적으로는 부르시기를 원하시지 않는다고 즉 회심하기를 원하시지 않는다고 심지어 소명의 은혜가 거절되기 전에도 그렇다고 주장하는 자들의 생각에 우리는 동의하지 않는다.

9) 그 의지가 말씀 안에서 계시된 의지와 모순되어서, 복음의 말씀과 계시된 의지로 믿음과 구원으로 진지하게 부르시고 초대하시는 이들 중 많은 이들의 회심과 구원을 이 숨겨진 의지에 따라서는 원하시지 않게 되는 그런 방식의 숨겨진 의지가 하나님 안에 없다. 어떤 이들이 말하는 거룩한 위장이나 하나님 안의 이중 인격을 우리는 승인하지 않는다.

10) 하나님이 부르신 유기자들을 오히려 강퍅하게 하시거나 변명치 못하도록 하시기 위해서 부르신다는 것, 또 더 무겁게 벌주시기 위해서 부르신다는 것, 또 그들의 무능을 보여주기 위해서 부르신다고 우리가 믿지 않으며, 그들이 회심하도록, 믿도록, 구원얻도록 부르시지 않는다는 것을 우리는 믿지 않는다.

11) 숨겨진 의지나 신적 작정의 능력과 효과로부터 선한 모든 것만이 아니라 악한 모든 것도 필연적으로 일어나고, 그래서 죄를 짓는 이들마다 하나님의 작정의 관점에서는 죄를 안 지을 수가 없었다는 것은 사실이 아니다. 하나님이 인간들의 죄와 그들의 망령된 일과 어리석음과 잔인한 일과 자기 이름에 대한 불경스런 모독을 정하시고 일으키시길 원하시고, 인간들의 혀를 불경스럽게 움직이시길 원하신다는 것은 사실이 아니다.

12) 하나님이 인간들을 숨겨진 방식으로 분명히 금하신 죄로 밀어 넣으신다는 것, 죄짓는 자들이 소위 하나님의 참된 의지에 반하여 행하지 않는 것이며 불의한 것 곧 그의 계명에 반하는 것이 하나님의 의지와 조화한다는 것, 사실상 진실로 죽음에 마땅한 죄책이 하나님의 의지를 행한 것이라는 주장은 우리에게 잘못되었으며 끔찍하다.

일곱 번째 진술에서 하나님이 인간이 선을 행하기를 원하시는 분임을 말한다. 하나님은 영원 전에 인간이 악을 행하도록 작정하신 분은 아니라는 것이다. 여덟 번째 진술에서는 부르심과 하나님의 의지를 다룬다. 어떤 이들을 회심하지 않도록 작정하셨다면 그들에 대한 하나님의 외적인 소명을 진지한 소명으로 생각할 수 있을까? 이런 의문은 아홉 번째 진술부터 시작되는 하나님의 두 의지의 모순을 지적하며 절정으로 나아간다. 계시된 의지로는 회심을 원하시고 숨겨진 의지로는 회심을 원하지 않는 것은 모순이 아닌가? 열 번째 진술에서 항론파는 이 문제를 유기자에게 적용해서 더 어렵게 만든다. 하나님이 벌주시기 위해서 부르신다는 말인가? 열한 번째와 열두 번째 진술은 이 문제를 죄에 적용한다. 하나님의 작정을 따라 악한 것이 필연적으로 일어나는 것이 사실일 수 있는가? 하나님의 작정의 관점에서 죄를 지어야만 하는가? 결국 하나님이 인간이 죄짓도록 하시며, 죄와 불의가 하나님의 의지와 조화하는 것인가? 이렇게 항론파는 죄와 유기자에 대한 질문을 던지면서 정통 교리를 깨려 한다. 항론파는 이 문제가 어렵다는 것을 알았다. 회심하지 못함과 죄의 책임이 인간에게 돌려지지 않는다면 하나님의 의와 거룩은 손상된다. 이 문제를 숨겨진 의지와 계시된 의지로 설명하는 것도 항론파에겐 한계가 있다. 항론파는 하나님의 두 의지 안에 모순이 있음(진술 9)과 숨겨진 의지에서 하나님은 죄의 원인이 되신다는 지적(진술 11과 12)을 한다.

도르트 총대들은 이 문제에 대해서 조심스럽게 답변해야 했다. 총대들이 볼 때 항론파는 불신과 죄를 하나님의 작정과 분리함으로써 하나님의 주권을 포기했다. 하나님은 믿지 못하는 자를 어찌할 수 없으며, 죄짓는 자를 어찌할 수 없는 것이다. 도르트 총대들은 하나님의 주권을 훼손하는 항론파의 입장을 받아들일 수 없었다. 나아가 항론파의 주장이 하나님의 의를 완전히 보호하는 것도 아니다. 왜냐하면 결국 회심치 못하는 이들을, 나아가 죄짓는 이들을 하나님은 가만히 버려두고 계시기 때문이다. 도르트 총대들은 성경을 따라 하나님이 모든 일을 작정하셨으며 하나님은 죄의 저자가 아니라고 밝혔다. 총대들의 논의를 통해 더 자세한 설명을 들어 볼 수 있을 것이다.

Ⅲ. 도르트 총대들의 평가

1) 의지의 자유

대부분의 총대들이 타락한 인간 의지의 상태에 대해서 가장 먼저 논한다면, 헤센, 나사우-베터라우, 네덜란드 교수단은 의지의 자유에 대해서 가장 먼저 다룬다. 이들 총대들은 인간 의지가 본질적으로 자유롭다는 사실을 확인한 후 타락한 인간 의지의 상태에 대해서 논한다. 왜냐하면 영적 선을 택하는 사람이 하나님의 작정의 필연성에 따라 되어진 일이라면, 이제 인간 의지는 자유로운가란 문제가 필연적으로 떠오르기 때문이다. 그리고 다시 하나님의 작정의 필연성에 따라 인간 의지가 하나님의 은혜를 거절하고 받아들인다면, 과연 인간에게 죄책을 물을 수 있는가란 문제가 따라오기 때문이다. 따라서 항론파는 작정의 필연성을 거절한다. 총대들은 이 어려운 문제를 다루면서 하나님의 작정의 필연성을 받아들이면서도 인간 의지의 자유와 우유성을 인정해야 했다. 신학적으로 이 문제는 중요한데, 하나님의 작정의 필연성을 인정해야만 하나님의 주권의 절대성이 받아들여지며, 동시에 인간 의지의 자유를 인정해야만 죄책이 인간에게 돌려지기 때문이다.

그러나 항론파는 인간 의지의 우유성과 필연성을 동시에 인정하는 일은 모순적이라고 생각했다.[10] 요컨대 항론파는 인간 행위의 필연적 발생을 반대한다. 왜냐하면, 악한 일들이 하나님의 작정에 의해서 발생하는 것이 될 것이기 때문이다. 이렇게 될 경우 하나님의 거룩한 속성이 훼손되는 신학적 문제가 발생한다. 그런데 악한 일이 하나님의 작정에 의해서 발생되지 않는다는 논리는 다시 인간 행위가 하나님의 작정에 의해서 일어나지 않는다는 항론파의 주장과 연결이 된다. 만일 인간의 행위인 악한 일이 하나님의 작정의 결과가 아니라면, 인간의 행위인 신앙 또한 하나님의 작정의 결과가 아니어야 한다. 따라서 항론파에게서 작정의 필연성을 따른 인간 의지의 행위의 발생은 거절된다.

여기에 대해 네덜란드 교수단은 인간 의지의 행위는 우유적이고 필연적이던지 아니면 우유적이지 않다고 말한다.[11] 두 가지 면에서 고려하는데, 먼저, 인간 의지 본성 자체 안에서 고려

---

10) "Eadem voluntatis humanae actio ... dici non potest, & contingens, & necessaria ..." *ACTA Synodi 3*, 167.

11) "Eadem voluntatis humanae actio vere dici potest & contingens, & necessaria, seu non contingens, sed divera ratione." *ACTA Synodi 3*, 167.

될 때 우유적이라고 한다. 억압받지 않은 자유롭게 행하는 의지에서 죄가 발생되기 때문에, 죄는 인간의 자유에 의해 일어난 것이 되며 인간에게 죄책이 돌아간다. 그러나 동시에 하나님의 작정에 관련할 때 필연적이라고 한다. 본성을 따라 우유적 행위는 결과의 방식에서 다시 필연적이다. 즉 예지, 작정, 예언에 관련해서 필연적이다. 그럼에도 네덜란드 교수단은 작정의 힘으로 죄가 일어난다는 진술을 거부하며, 오직 피조물이 자유롭게 죄를 범한다고 말한다. 그렇다면 죄는 작정과 분리되는가? 그렇지 않다. "죄를 '일으키시려고'가 아니라 허용하시고 다스리기로 작정하셨다"(... non efficere, sed permiteere ac regere decrevit). 이 결론의 전제는 바로 지금 하나님께서 죄를 일으키시지 않고 지혜롭고 의롭게 의지적으로 허용하시고 다스리신다는 사실이다.

이런 생각을 나사우-베터라우 신학자들도 따른다. 항론파의 인간 의지의 자유는 결정되지 않음(indifferens)이며, 따라서 필연성과 함께 있을 수 없다. 즉 하나님의 작정의 필연과 함께 있을 수 없다. 나사우-베터라우 총대들은 분명히 인간의지의 본성에 창조될 때부터 자유가 주어졌고 이 속성은 지워질 수 없음을 말한다. 이 자유는 압력에 의한 필연과는 어울릴 수 없으나 작정의 필연과는 조화한다고 말한다. 그래서 하나님의 작정의 형식에서 필연적으로 일어나는 일이, 인간 의지의 관점에서 자유롭게 일어난다. 여기서 유대인들이 그리스도를 십자가에 못박은 일이 예가 된다. 그들은 하나님의 정하신 뜻에 따라 내준 바 되었다는 면에서 필연적이며(행 2:23), 그들이 좋아하면서 고의로 그리스도를 죽일 방법을 찾았다는 면에서 자유롭게 행한 것이다.

나사우-베터라우 총대들은 *libertas voluntatis*(의지의 자유)와 *liberum arbitrium*(자유로운 선택 또는 자유로운 의지)을 구분해서, 인간 의지에 자유가 있는가를 논할 때 '*libertas voluntatis*'란 말을 쓰고, 의지가 타락한 이후 선을 택할 능력이 있는가를 논할 때는 '*liberum arbitrium*'이란 용어를 사용했다.[12] 네덜란드어판은 전자의 경우 de vrijheid des wils (의지의 자유) 후자의 경우는 vrije wil (자유로운 의지)라 번역했다. 도르트 총대들이 선택(*arbitrium*)을 주로 의지의 일로 보았는지, 또 의지와 선택에 어떤 구분점을 갖고 있었는지는 더 많은 논의가 필요해 보인다.[13] 그럼에도 헤센 총대들의 관점은 의미가 있는데, 그들은 의지의 자유(*libertas voluntatis*)란 용어는 사용하지 않고 자유선택(*liberum arbitrium*)에 대해서 논한다. 헤센 총대들에게 자유선택은 인간 전인에 관련되는 듯이 보이는데, 죄된 상태의 자유선택을 논할 때는 지성(*intellectus*), 의지(*voluntas*), 감정(*affectus*)의 부패를 언급하면서 그 무능력을 변증하기 때문이다. 그들은 자유선택의 본질(*essentia liberi arbitrii*)을 지성이 있는 영혼의 기능이나 능력(*animae rationalis facultas seu potentia*)으로 본다. 그리고 본질에 따라 고려되는 자유선택은 "억압 없이, 지성이 선택하거나 거절하도록 판

---

12) *ACTA Synodi 2*, 164-165.

13) 네덜란드 교수단에 따르면 항론파는 선택을 의지의 문제로 본다. 항론파는 어떤 성향이 지성과 감정에 부여될 수 있으나 의지에는 부여될 수 없다고 보기 때문이다. *ACTA Synodi 3*, 167-168.

단하는 것마다, 원하거나 원하지 않는 고유한 자발적인 움직임"
이라고 하면서 마니교와 스토아의 운명적 필연을 거절한다.[14]

이렇게 총대들은 인간 의지에서든 선택에서든 본성적인 자
유라는 속성을 붙잡으면서, 동시에 하나님의 작정에 따라서 모
든 일이 일어난다는 사실을 포기하지 않는다. 바로 이 면에서 항
론파와 부딪힌다. 항론파의 인간 자유의지의 속성은 하나님의
작정을 따르는 필연을 받아들일 수 없다. 흥미로운 사실은 많은
총대들이 의지와 자유와 작정의 필연을 사변적으로 다루기보다
는 성경의 증언을 따라서 하나님의 작정을 따르는 필연성을 말
하면서, 인간의 본성적인 자유를 고백한다는 점이다. 특히 죄에
대해서 하나님은 죄를 미워하시는 분임과 다스리시고 심판하시
는 분임을 강조한다.

그러나 의지가 본질적으로 자유라는 속성을 가진다는 이 언
급이 신경에 직접적으로 언급되지는 않는다. 국외 총대들의 판
단문을 살펴보더라도 헤센 총대들이 본질적 특징으로서 자유의
지에 대해 짧게 언급하고, 나사우-베터라우가 첫 논제에 다루
고 있을 뿐, 다른 총대들은 다루지 않는다. 대부분의 판단문은
창조 때 부여받은 선한 상태에서 타락 후 선을 택할 수 없고 악
을 지향할 수밖에 없는 무능하고 부패한 의지를 언급한다. 그 이
유는 도르트신경의 본래 목적이 깊이 있는 학문적 논의와 결과
를 전달하는데 있지 않고 일반 신자들을 위한 보편적인 교육적

---

14) *ACTA Synodi 2*, 142.

유익에 있었기 때문이다.

2) 타락 후 인간의 상태

1610년의 항론파 주장 3항에서 인간이 타락해서 하나님의 은혜의 필요성을 말했으나, 다시 4항에서 하나님의 은혜가 주어 졌을 때 인간이 그 은혜를 저항하거나 받을 수 있다고 진술함으로써, 선을 택할 능력이 인간에게 남아 있음을 인정했다. 여기에 반대해서 도르트 총대들은 인간에게 선을 택할 능력이 없음을 분명히 선언한다. 총대들의 평가서는 항론파의 입장에 반대하면서 타락한 의지에 대해 더 깊이 있는 논의를 진행한다.

네덜란드 교수단의 경우 선을 택함이 성향(*habitus*)이나 자질 (*virtus*)의 문제인지를 다룬다. 즉, 의지가 성향이나 자질에서 독립적인지를 논한다. 항론파의 경우 의지가 성향이나 자질로부터 독립적으로 행해야 한다. 그래야 인간에게 그 책임이 돌아가기 때문이다. 항론파는 그 근거를 하나님의 명령에 둔다. 하나님이 아담에게 자유의지로 성취하는 순종을 요구하셨다면 의지 안에 선을 향한 어떤 성향이나 자질이 넣어져서는 안 된다는 것이다.[15] 여기에 하나님이 넣어주신 성향이나 자질에 의해 성취되는 순종은 아담의 자유의지에 의한 정당한 성취가 되지 못하리라는 전제가 깔려 있다. 항론파는 펠라기우스주의처럼 의지

---

15) *ACTA Synodi 3*, 167-168.

가 중립적이라는 주장을 한다. 교수단에 의하면, 성향과 자질을 부여받은 의지가 완전한 의지이며, 이 의지로 순종할 수 있었으며 이 모습이 타락하기 전 하나님의 형상이다. 교수단 총대들에게 인간 의지는 성향에서 독립적이지 않고 성향과 함께 가며, 따라서 중립적이지 않다.

의지가 성향과 자질에서 독립적인가의 문제는 타락과 중생에 계속 연결된다. 항론파의 주장에서 인간 의지가 성향과 자질을 받지 않았기 때문에 타락 이후 잃어버릴 성향과 자질은 없다. 의지는 계속해서 성향으로부터 독립적이며 중립적이다. 타락이 가져온 결과도 의지에 있지 않고 지성(intellectus)과 감정(affectus)에 있다. 만일 하나님이 성향과 자질을 넣으셨다면 의지가 아니라 지성과 감정에 넣으셨을 것이기 때문이다. 이런 식으로 항론파의 의지의 독립성은 관철된다. 중생 이후 의지의 회복에 대해서 항론파는 의지의 회복은 마음과 감정의 개혁에 있다고 말한다.[16]

네덜란드 교수단은 항론파와 다른 길을 간다. 교수단의 평가서에 의하면 하나님의 형상이 주어질 때 인간 의지가 자질을 받았으므로 타락할 때 잃어버리게 된다. 잃어버린 후에는 초자연적인 선을 위한 능력이 인간 의지에는 남아 있지 않다. 네덜란드 교수단은 의지의 살아남이 마음과 감정의 회복에 있다는 항론파의 생각에 반대하면서, 하나님이 전인의 순종을 요구하시며

---

16) "Et voluntatis vivificatio, in mentis & affectuum reformatione consistit." *ACTA Synodi 3*, 168.

인간의 모든 부분에 대해 정죄하심을 성경으로부터 끌어온다.[17] 하나님은 의지에만 요구하시지 않고 마음과 목숨과 힘과 뜻을 요구하시며(신 6:5, 눅 10:27), 의지만 정죄하시지 않고 마음의 계획과 전인을 정죄하신다(창 8:21, 엡 2:1-3). 성향과 분리된 의지에만 요구하시고 의지만 정죄하시지 않고, 지성과 감정이 포함된 전인을 요구하시고 전인을 정죄하신다. 네덜란드 교수단 총대에게 선을 향한 성향과 자질을 잃어버린 인간은 구원을 위한 초자연적 선에 무능하다.

네덜란드 교수단이 선을 향한 성향이나 자질의 상실로 인간 의지의 무능을 말한 것처럼 영국 신학자들도 타락한 사람의 의지에 대해서 가장 먼저 구원의 초자연적 은사가 타락 이후 사람에게는 없다고 말한다. 따라서 영적 행위에 있어서 은혜의 능력 없이는 아무것도 할 수 없다고 할 수 없다.[18] 그런데 영국 신학자들은 단순히 선을 향한 자질의 상실 외에 죄를 향한 경향의 내재를 말한다. 즉, 타락한 의지에는 죄지을 가능성(peccandi possibilitas)이 아니라 죄지을 경향(ad peccandum inclinatio)이 내재되어 있다. 죄에 대한 가능성은 타락 전에도 있었으나 타락 후의 결정적 차이는 이제 죄에 대한 강한 갈증을 갖게 되었다는 것이다.[19] 부패한 인간은 스스로를 해방시킬 수 없는 죄의 종이다(롬 6:17).

---

17) *ACTA Synodi 3*, 168.

18) *ACTA Synodi 2*, 138.

19) *ACTA Synodi 2*, 139.

팔츠 신학자들은 독특하게 먼저 인간론도 하나님의 말씀에 근거함을 밝히면서 시작한다. 곧 인간의 능력에 대해 인간 자신이 증거나 판단이 될 수 없고, 하나님이 증거요 판단자가 되어야 한다고 주장한다.[20] 왜냐하면 하나님만이 인간 마음의 비밀한 곳을 살피시고 이해하기 때문이다(렘 17:9-10). 그렇다면 하나님은 무엇이라 말씀하시는가? 타락 후의 인간은 본성상 진노의 자식이다(엡 2:3), 태중에서부터 배역한 자이며 죄 안에서 절반 정도 죽은 자가 아니라 전체가 죽었다. 영적 선을 위해 준비된 능력이 없으며(엡 2:1-3, 골 1:13), 마음은 어두우며(롬 5:6), 의지는 잘못되었고(엡 5:8, 고전 2:14), 반역하는 성향이 있다(창 6:5, 창 8:21). 인간은 스스로 변할 수 없는데, 표범이 점을 지울 수 없고(렘 13:23), 나쁜 나무가 좋은 열매를 맺을 수 없는 것과 같다(마 12:33). 따라서 타락한 인간이 영적 이해를 완전히 상실하지 않았고 영적 선을 받을 기능을 소유하고 있으며 거룩의 주입 없이 (citra infusionem sanctitatis) 영적 선을 행할 수 있다는[21] 항론파의 생각은 성경의 진리가 없으며 성경의 진리에 반대한다. 최종적으로 팔츠신학자들은 중생하지 않은 자의 마음은 어둡고, 의지는 왜곡되었고, 성향은 반역적이라 규정하면서, 그의 회심을 앞서 어떤 선한 일이나 하나님이 기뻐하실 일이 앞설 수 없다고 결론 내린다.

헤센 학자들은 더 분석적으로 접근해서 죄된 상태의 인간을

---

20) *ACTA Synodi 2*, 148.

21) *ACTA Synodi 2*, 148.

평가한다. 죄된 상태의 자유 선택에 대해서 네 가지 논제를 말한다. 단순히 의지문제만 다루지 않고 지성(*intellectus*)과 의지(*voluntas*)와 감정(*affectus*)에 대해 각각 평가한 후 최종적으로 정리한다.[22] 헤센신학자들에게 인간이 선을 택할 능력에 대한 문제는 단순히 의지만의 문제가 아니라, 지성과 감정에 관한 문제이기도 하다. 첫째, 죄된 상태에서 인간 지성은 하나님을 아는 구원하는 지식과 영생에 관계된 것들의 빛에서 떠났다고 한다. 인간 지성에 창조자 하나님을 아는 지식의 불꽃이 남아 있을지라도, 이 지식은 핑계대지 못하게 하나 영원한 구원을 얻기에 충분하지 않다. 육에 속한 사람은 하나님의 성령의 일을 받지 아니하나니 이는 그것들이 그에게는 어리석게 보임이요, 또 그는 그것들을 알 수도 없다(고전 2:14). 둘째, 의지에 관해서는 왜곡되고 부패해서, 이생의 선한 것을 소원하고 도덕적인 시민의 선한 행위를 원하고 성취할 수 있을지라도 하늘의 영적 선을 위한 본성의 능력과 기능이 없다. 구원의 영적 선을 원하지도 않고 성취할 수도 없다. 셋째, 가슴의 감정과 소원이 모든 시간에 악하다(창 6:5; 창 8:21). 넷째, 따라서 죄된 상태의 인간은 중생 전에는 마음이 생각하는 것마다, 의지로 선택하는 것마다, 가슴이 소원하는 것마다 죄로 오염되어 있어 죄다.

이렇게 도르트 총대들은 인간의 전인적인 부패와 무능력을 말한다. 스위스 총대들에게 인간은 타락 이후 모든 부분에서 오

---

22) *ACTA Synodi 2*, 156-157.

염되어서 하나님을 참되게 알지 못하고, 하나님과 이웃을 사랑하지 못하고, 구원을 위해 알고 믿고 행하고 소망해야 할 필수적인 어떤 것도 자연적인 능력으로는 납득하여 실행하기를 원하지도 않고 할 수도 없다. 제네바 총대들에 의하면 인간의 마음은 어둡고 의지는 하나님께 적대적이어서 계속 저항하며 단 한 번도 복종하지 않는다.

총대들의 평가서의 주장은 도르트신경에도 잘 반영되어 있다. 세 번째와 네 번째 교리에 대해, 거절하는 오류 2항에서 영적 은사들이나 선한 성향과 자질들이 창조되었을 때 인간 의지에 없었고, 따라서 타락할 때에 분리되지 않았다는 주장을 거절한다. 오류 3항에서 마음이 어둡게 되었고 감정이 무질서해서 의지가 방해받았을 뿐 의지는 그 자체로는 부패하지 않았다는 주장도 거절한다. 신경은 하나님의 형상을 따라 지음 받았고, 마음에는 참된 구원의 지식을, 의지에는 의를, 감정에는 순결을 받았다고 고백한다. 타락 후에 이 은사들을 빼앗겼으며(1항), 이 죄는 후손들에게 전달되어(2항), 모든 인간은 죄가운데 잉태되어 진노의 자식으로 태어나 어떤 구원의 선에도 적합하지 않고 악에 기울어졌다(3항)고 성경적 교훈을 세운다.

3) 본성의 빛

항론파가 도르트 총회에서 자신들의 생각을 정리하여 내놓았을 때, 중생 전에 이루어진 인간의 활동을 믿음과 중생의 성령을 얻기 위해 가장 유익하며 필요한 것으로 평가했다.[23] 이 주장과 관련되어 항론파와 총대들 사이의 중요한 쟁점 중 하나는 타락 후에도 인간에게 남아 있는 소위 '불꽃'(scintilla)에 대한 평가다. 항론파와 도르트 총대들은 모두 인간에게 남아 있는 불꽃을 인정한다. 그러나 평가는 전혀 다르다. 항론파는 하나님의 형상의 남은 불꽃을 옳게 사용한 자들에게 구원하는 은혜를 어떤 단계들과 함께 선사하신다고 주장해서 남은 불꽃에 대해 상당히 높게 평가한다. 반면 네덜란드 교수단 총대들을 따르면, 남아 있는 불꽃은 참된 회개로 이끄는 초자연적 선을 위한 능력으로서는 남아 있지 않다. 다만 어떤 시민적인 선을 실행하기 위해서, 하나님의 선하심을 선포하기 위해서, 그리고 인간이 하나님께 감사치 않음에 대해 핑계하지 못하기 위해서라는 목적이 있다.[24] 항론파에게는 남은 불꽃의 사용여부에 따라 구원하시는 하나님의 은혜의 수여가 결정되지만, 교수단은 남은 불꽃의 사용의 유익은 인정할지라도 그것에 근거하여 구원하시는 은혜가 주어진다고 생각하지 않는다.

팔츠 신학자들에 의하면 항론파는 본성의 빛과 하나님의 형상에 남은 것들을 하나님의 첫 번째 은혜(Gratia Dei alia prima)라 불렀다. 항론파에게 두 번째 은혜는(Gratia alia secunda) 설교와 그

---

23) "... sed potius utilissimum, & quam maxime necessarium, ad obtinendam fidem & Spiritum renovationis." ACTA Synodi 1. 116.

24) ACTA Synodi 3, 168.

결과이며 첫 번째 은혜를 잘 사용하는 자가 두 번째 은혜를 받게 된다. 그러나 팔츠는 인간 본성의 빛을 은혜라 부르는 것 자체를 거절한다.

> "본성을 은혜란 명목으로 장식하거나 그 베일로 가리우는 것은 펠라기우스주의자에게 속한 것이다. 왜냐하면 펠라기우스주의자들은 은혜를 부인하지 않는 것처럼 보이지 않기 위해서 은혜란 이름이 본성에 옮겨가게 한다. 사실상 은혜를 본성으로 변화시킨다."[25]

본성이 은혜가 되면 인간이 자신에게 남아있는 본성의 능력으로 구원에 기여할 때에, 은혜로 구원얻었다는 말이 가능하게 되기 때문에 팔츠 신학자들은 본성을 은혜로 부르기를 거절하는 것이다. 팔츠 총대들이 여기서 생각하는 은혜란 죄인의 회심을 불러오는 은혜이며, 그래서 소명을 통해 죄인의 신분에서 은혜의 신분으로 넘어오게 됨이 첫 번째 은혜다. 마음, 의지, 감정과 모든 자질에서 인간은 새롭게 된다. "단지 외적 설득 또는 내적 비춤과 자극만이 아니라, 새로운 특징과 자질의 주입을 통해서다. 이 주입에 대한 비유적인 동의어는 죽은 자들의 살아남,

---

25) "Naturam gratiae titulo ornare aut velo eius palliare, Pelagianum est. Nam Pelagiani ne negare gratiam viderentur, nomen eius transtulerunt ad naturam; quinimo gratiam in naturam transformarunt." *ACTA Synodi 2*, 149-150.

부활, 다시 태어난 중생, 부패한 자들의 새창조다."[26] 반대로 이런 은혜 없이 본성의 빛을 따른 인간은 구원에서 더 멀리 떨어져 있으며(롬 1장과 2장), 가장 지혜로운 자에게 십자가는 어리석다(고전 1:23)고 하면서 항론파를 새로운 펠라기우스주의자들이라고 규정한다.[27]

나사우-베터라우 총대들은 구체적으로 '본성의 율법 지식'(notitia legis naturae)과 '바른 이성의 씨'(rectae rationis semen)가 당시에 언급되고 있는 남아 있는 본성의 지식들 중 한 부분임을 알려준다.[28] 나사우-베터라우 총대들은 여기서 하나님을 아는 지식의 근원으로서 본성과 창조의 책을 인정한다. 그런데 본성적으로 하나님을 어느 정도 아는 것이 인간이 핑계할 수 없도록 하지만 하나님을 움직여 중생의 은혜를 베풀도록 만들지는 않는다. 오히려 하나님은 본성의 빛을 오용한 사람들을 부르시며, 본성의 빛을 옳게 사용한 사람을 부르시지 않으신다. 하나님이 더 높은 은혜를 주시사 구원하시는 일은 '혼합되지 않은 순수한 긍휼의 일'(opus purae putae misricordiae)이기 때문이다.

총대들이 논의한 인간에게 남아 있는 불꽃 또는 본성의 빛에 대해서 도르트신경은 잘 보여준다. 도르트신경은 거절하는 주

---

26) "... non exteriore solum suasione; aut interiore illuminatione & sollicitatione, sed novarum qualitatum sive virium infusione; quae infusio, synonymia Metaphorica, dicitur mortuorum vivificatio, resuscitatio, irregenitorum regeneratio; corruptorum nova creatio ..." *ACTA Synodi 2,* 150.

27) *ACTA Synodi 2,* 151.

28) *ACTA Synodi 2,* 165.

장 4항과 5항에서 인간의 중생 전 활동이 구원을 돕는다는 주장을 거절한다. 중생하지 못한 사람이 의에 주리고 목말라하며 통회하는 심령을 하나님께 드릴 수 있다는 주장을 허물과 죄로 죽어 있다는 성경말씀을 들어 반대한다(거절하는 주장 4항). 또 아직 중생하지 않은 자가 일반은총으로 본성의 빛을 잘 사용해서 구원 그 자체를 순차적으로 얻을 수 있다는 주장도 거절한다(거절하는 주장 5항). 도르트신경은 4항에서 타락 후에 본성의 어떤 빛(*lumen aliquod naturae*)이 남아 있음을 인정한다. 그러나 인간은 이 빛을 오염시켜 불의하게 사용한다. 5항에서는 이 빛 중에서 율법을 다룬다. 율법은 죄의 큼을 드러내주지만 비참함에서 벗어날 구원의 길을 주지 않는다. 본성의 빛과 율법이 할 수 없는 것을 하나님은 말씀을 통해 성령의 능력으로 성취하신다(6항).

4) 은혜는 저항받는가?

항론파는 인간이 자신에게 주어진 하나님의 은혜를 저항할 수 있다고 선언했다. 이에 따라 도르트 총대들은 하나님의 은혜에 대한 인간의 저항에 대해서 다루어야만 했다. 흥미로운 점은 도르트 총대들은 저항이란 단어를 인간의 부패와 관련해서 다루고 있다는 점이다. 따라서 선택받지 못한 자들이 "하나님의 성령과 은혜에 저항한다"고 말한다.[29] "계속 저항한다."[30] 스위

---

29) 영국, *ACTA Synodi 2*, 141.

30) 제네바, *ACTA Synodi 2*, 170.

스 총대들은 중생하지 않은 자는 하나님의 은혜와 구원을 권하는 설교에 본성으로 저항하되, "저항하는 것 외에는 다른 것을 할 수 없다"고 진술한다.[31] 부패한 인간이 하나님의 은혜에 저항하는 것 외에 다른 것을 할 수 없다면, 자신에게 주어진 하나님의 은혜를 받거나 저항함으로써 인간의 구원이 결정된다는 항론파의 주장은 여기서 허무하다. 하나님의 은혜에 저항하는 길 외에 다른 길을 택할 수 없으므로 인간의 구원의 가능성은 없기 때문이다. 소위 '불가항력적 은혜'로 소개되는 하나님의 은혜는 인간을 자유의지 없는 나무 막대기와 같이 만들었다는 오해를 가져오기도 하는데, 이 오해를 피하기 위해서는 총대들이 가장 먼저 강조한 부분이 하나님의 은혜를 싫어하며 저항할 수밖에 없는 인간의 철저한 부패라는 점을 염두에 두어야 한다. 중생시키는 하나님의 은혜란 이 부패를 깨고 들어와 새생명을 심으시는 은혜다.

팔츠 총대들에 의하면 항론파가 모든 영역에서 하나님의 은혜가 저항받을 수 있다고 주장한 것은 아니었다. 항론파는 두 가지 영역에서 하나님의 은혜가 불가항력적이라고 생각했다. 첫째 생각에서 복음을 알도록 조명함에 있어서, 둘째 가슴과 감정을 두드리고 깨우고 살림에 있어서 하나님의 은혜는 불가항력적이라는 것이다. 다만 항론파는 오직 의지에 있어서만 불가항

---

31) "De homine vel reprobo vel nondum regenito verissimum est, ipsum sermoni gratiae & salutaribus monitis natura resistere, neque aliud quicquam quam resistere posse ..." *ACTA Synodi 2*, 163.

력적인 은혜를 부정한다.[32] 이 점은, 항론파의 주장에서 하나님이 주신 성향이 지성과 감정에만 주어지고 의지에는 주어지지 않는다는 네덜란드 교수단의 설명과 일치한다. 거기서 지성과 감정은 타락의 영향 아래 있을 수 있지만, 의지는 타락의 영향과 관련이 없다. 그래서 항론파가 인간의 구원을 위해서 하나님의 은혜가 필요하며 하나님의 은혜가 주어진다고 할 때, 이렇게 생각을 밝히며 감정을 두드리는 은혜를 말하는 것이며, 이 은혜는 항론파에게 불가항력적인 은혜다. 하나님이 의지에는 이런 불가항력적인 은혜를 주지 않으신다는 점이 항론파의 주장이다. 나아가 알리시고 두드리신 하나님의 은혜에 대해 인간 의지가 반응하여 회심할지 안할지를 결정해야 하며, 거기에 구원이 달려 있다는 주장이다. 그래서 하나님의 은혜란 항론파에게 도덕적 권고(moralis suasio)이다. 반면 팔츠 총대들에게 하나님의 은혜는 창조하며 부활시키는 효과적인 신적 행위이다.[33] 성경의 묘사를 따라 새창조(시 51:12, 고후 5:17), 죄의 죽음에서 부활(요 5:25, 엡 2:1), 중생(요 3:3-5)이다. 팔츠 신학자들은 이 은혜를 단순히 의지에만 국한 시키지 않고 "가슴과 모든 능력에서 새롭게 됨"(reno-vatio cordis omniumque virium)으로 말한다. 항론파는 하나님의 은혜가 지성이나 감정에는 침투할지라도 의지에는 침투하지 못한다고 함으로써 인간 의지의 독립성을 확보하려 했다면, 도르트 총대들에게는 부패가 전인적 문제였듯이 하나님의 은혜

---

32) *ACTA Synodi 2*, 151-152.

33) *ACTA Synodi 2*, 152.

도 전인적으로 역사한다.

 팔츠 총대들은 대부분의 경우 항론파의 핵심 주장을 진술하고, 길게 논박하는 설명을 한 후, 항론파가 사용한 문장을 거의 그대로 사용하여 반제를 세우며 마무리한다. 그런데 독특하게 이 부분에서 저항과 관련한 단어(*resistiblis, resistere*)를 사용하지 않는다. 항론파의 논제가 '은혜의 역사가 가항력적이다'(*operatio gratiae resistibilis*)인 반면, 팔츠 총대들은 오히려 '은혜의 역사가 효과적이다'(*operatio gratiae efficax*)를 사용하지, '불가항력적이다(irresistiblis)'로 반제 진술을 세우지 않는다. 팔츠 총대들이 '불가항력적'이란 단어를 하나님의 능력있는 사역에 사용할 수 있다고 인정할지라도 그 용어를 유쾌하게 받는 것은 아니다. 어쩔 수 없이 사용해야 하는 국면에서 사용할 뿐이다.[34] 팔츠 신학자들은 가항력적인 은혜나 불가항력적인 은혜라는 용어들에 대해서 말하고 싶어하지 않는다. 왜냐하면 이런 용어를 만든 이들은 항론파요 바른 교리가 미움받게 하려는 목적에서 만들었기 때문이다. 그 외에도 팔츠 총대들의 스승이었던 파레우스가 하이델베르크에서 총회로 보낸 개인적인 판단문의 견해도 영향을 끼쳤을 것이다. 파레우스는 '가항력적인'이란 단어 자체가 갖는 모호성을 언급한다. 특히 항론파가 *resistibilis*를 '저항받을 수 있는'이란 수동적인 의미로 사용하는 것에 이의를 제기한다. '서다'(*stare*)에서 '설 수 있는'(*stabilis*)이 나오고, '저항하다'(*repugnare*)

---

34) *ACTA Synodi 2*, 152-153.

에서 '저항할 수 있는'(repugnabilis)가 나온 것처럼, 저항하다(resistere)에서 나온 *resistibilis*도 '저항할 수 있는'이란 뜻이 되는 것이 옳다고 주장한다. 만일 그렇다면 '은혜가 가항력적이다'(gratia resistibilis)는 말은 수동적 의미에서 '은혜가 저항받을 수 있다'라는 의미가 아니라 능동적 의미에서 '은혜가 저항할 수 있다'는 의미가 된다.[35] 따라서 파레우스는 이 말이 교회에서 사용되지 않았고, 어원적으로 모호하다는 의미에서 사용하길 꺼리나, 항론파가 '저항받을 수 있다'고 수동적으로 사용함으로 자신도 어쩔 수 없이 그 의미로 사용한다고 설명한다. 마찬가지로 팔츠 총대들도 '불가항력적'(irresistibilis)이 나쁘게 사용되는 낯선 용어라고 하면서, 이 용어를 사용해야 한다면 하나님의 사역이 불가항력적이라고 말한다.[36] 그러나 항론파의 논제를 반대하여 제안하는 반제에는 '불가항력적'(irresistiblis)이 아니라 '효과적'(efficax)을 사용한다. "첫 회심에서 은혜의 역사는 모든 각 택자들안에서 효과적이어서 그들은 회심할 수 있을 뿐 아니라 확실히 실패 없이 회심한다."[37]

실제로 '불가항력적'(irresistibilis)이란 단어는 그 의미가 옳음에도 불구하고, 항론파의 의도대로 인간의 회심에 역사하는 하나님의 은혜의 방식이 인간의 의지를 무력화시켜 막대기와 같

---

35) *ACTA Synodi 1*, 226-227.

36) *ACTA Synodi 2*, 152.

37) "Operatio gratiae in prima conversione tam efficax est in omnibus & singulis electis, ut non modo possint converti, sed etiam certo ac infallibiliter convertantur." *ACTA Synodi 2*, 153.

은 인간[38] 또는 현대적 표현으로는 로봇과 같은 인간을 만들어 회심시키는 그림을 떠오르게 하는 오해를 동반한다. 이 단어가 사용되어야 한다면, 항론파의 도전에 대한 답이었다는 배경과 의도로서 인간 부패의 지독함과 하나님의 은혜의 큼을 드러내려는 목적을 위해 사용될 수 있을 것이다. 교회의 공식적이며 보편적인 표현을 위해서는 팔츠 총대들의 예대로 '효과적인 은혜'(gratia efficax)가 나을 것이다.

　도르트신경은 하나님의 은혜를 수식하기 위해서 불가항력적이란 단어를 사용하지 않는다. 저항에 대한 언급은 세 번 나오는데, 한 번은 인간의 부패한 상태를 묘사하기 위해서, 나머지 두 번은 항론파의 주장을 인용하기 위해서다. 세 번째와 네 번째 교리에 대한 바른 교리에 대한 고백 16항에서 타락 이후 인간의 상태를 묘사하기 위해서 "육적 반역과 저항에 완전히 지배받던 곳에"(ubi antea plene dominabatur carnis rebellio et resistentia) 하나님의 은혜가 미쳐 성령으로 인한 순종이 시작한다고 고백한다. 다른 두 번은 거절하는 하나님께서 인간이 회심하도록 모든 은혜의 행위들을 역사하신 이후에도 인간이 중생을 의도한 "하나님과 성령께 저항할 수 있으며 실제로 종종 저항할 수 있다"(Deo, et Spiritui ... ita posse resistere, et acto ipso saepe resistere)는 항론파의 주장을 거절하면서 사용된다(거절하는 주장 8항). 도르트신경은 이 항론파의 주장이 하나님의 은혜의 모든 효과를 삭제하는 주장이

---

38) 스위스 총대들은 회심할 때 사람을 돌이나 나무토막이나 나무 막대기로 만들지 않는다고 고백한다. *ACTA Synodi 2*, 162.

라고 규정하며 하나님의 전능하신 행위를 인간 의지에 종속시
켰다고 정죄한다. 여기서도 '불가항력'보다는 "우리 회심에서
하나님의 은혜의 효과"(... omnem efficaciam gratiae Dei in nostri Con-
versione)가 사용되었음은 주목할 만하다.

5) 선물인 믿음

총대들이 제출한 판단문을 보면 하나님이 주시는 영적 은혜
를 선물이나 은사(donum)로 부를 수 있는지가 쟁점이 되었다. 항
론파는 인간 의지가 영적 은사를 받을 수 없다고 했는데, 왜냐하
면 원래부터 그 은사가 의지에 있었고, 타락 이후에 분리된 적이
없기 때문이다.[39] 또 믿음은 주입된 은사가 아니며,[40] 인간 의지
에 영적 은사가 있던 적이 한 번도 없으며,[41] 믿음은 그리스도의
죽음으로 얻어진 선물이 아니라 인간 스스로 성취해야 하는 언
약의 조건이라는 주장이다.[42] 이것은 이 은사가 주입(infusio)되
는지 아닌지에 대한 문제와 연결된다. 항론파는 인간이 중생할
때 그런 선물이 주입되지 않으며,[43] 의지가 어떤 거룩의 주입이

---

39) ACTA Synodi 2, 145. [영국신학자들이 거절하는 항론파의 주장].

40) ACTA Synodi 2, 153. [팔츠신학자들이 인용하는 항론파 주장].

41) ACTA Synodi 2, 157. [헤센신학자들이 거절하는 항론파 주장]. 브레멘 총대들도
    같은 내용을 거절한다. ACTA Synodi 2, 178.

42) ACTA Synodi 2, 179.

43) ACTA Synodi 2, 145.

없이 실행할 수 있으며,[44] 믿음을 주입하는 것은 없다고 주장한다.[45] 항론파에 의하면 인간 의지에는 주어진 영적 은사가 원래부터 없었고, 의지는 은사 없이 선을 택할 수 있었다. 즉 하나님의 은사가 의지에 주어지지 않아도, 인간은 하나님의 복음을 듣고 회심할 수 있다는 결론이 된다. 그러나 도르트 총대들은 타락하기 전에 인간에게 주어진 영적 은사가 있었고, 타락하면서 잃어버렸기 때문에, 하나님께서 영적 은사를 주시지 않으면 스스로는 회심할 수 없다고 반박한다.

여기서 우리는 네덜란드 교수단의 의견을 상세히 살펴볼 것이다. 위에서 네덜란드 교수단은 독특하게도 은사라는 용어보다는 성향(habitus)이나 자질(virtus)이라는 용어를 사용하며 진술한다. 성향과 자질이 의미하는 바는 이들의 설명을 보면 잘 알수 있다. "짧게 지나가는 행위가 아니라 은혜의 지속적인 계속되는 성향을" 성경이 묘사한다.[46] 성경은 마음의 할례(신 30:6), 생각과 마음에 자신의 율법을 새기시고(렘 31:33, 히 8:10), 새마음을 주시고, 새영을 주시고, 돌의 마음을 지우시고 살의 마음을 주신다고 약속하셨다(겔 36:27). 항론파는 하나님이 성향을 주입하셔서 중생이 있다는 사실에 반대한다. 왜냐하면 복음이 전파될 때 은혜에 저항하지 않고 받아들이는 인간 의지가 결정적이어야 하기 때문이다. 교수단이 주장하는 성향의 주입은 항론파

---

44) *ACTA Synodi 2*, 148.

45) *ACTA Synodi 2*, 179.

46) *ACTA Synodi 3*, 169.

의 이런 전제를 무효화한다. 반대로 교수단의 주장을 따르면 성향의 주입이 중생의 핵심이다. 여기서 주입이란 성령을 통해 주어진다는 의미다. 곧 "하나님이 우리 구주 예수 그리스도를 통해 우리 안에 풍성히 불어넣으시는 성령을 통해 우리 마음에 주어지기 때문에 이것[믿음]은 주입된 선물이다(딛 3:6)."[47]

이제 성향의 주입 문제는 믿음을 어떻게 정의하는지까지 연결된다. "믿음으로 우리가 처음 회심하며 신자라고 불린다"(fides, qua primum convertimur, & a qua fideles nominamur)는 점에서 항론파와 네덜란드 교수단은 동의한다. 그러나 믿음이 행위(actus)의 문제인지 하나님이 넣으신 성향(habitus)의 문제인지가 논쟁된다. 항론파는 믿음이 행위이며 성향이 아니라고 주장한다. 왜냐하면 성향은 불가항력적이어서 인간 의지가 전적으로 수동적이며 행하지 않는 의지가 되기 때문이다. 반대로 교수단에게 믿음은 행위가 아니라 성향이다. 인간 의지가 저항하거나 방해할 수 없다. 그리고 여기서 믿음의 행위가 확실하게 나온다. 이렇게 해서 교수단은 성향으로서 '믿음'(fides) 그리고 '믿음의 행위'(actus fidei) 또는 '믿는다함'(credere)을 구분한다. 교수단에 의하면 믿음이 내재적 효력이라면, 이 효력의 능력이 드러나서 흘러나오는 행위가 '믿음의 행위' 또는 '믿는다함'이다. 둘의 특성을 구분하면, 믿음이 보존되는 것이라면, 믿음의 행위는 시간

47) "... quod sit donum infusum; quia inditur cordibus nostris per Spiritum Sanctum, quem Deus effudit in nos copiose per Iesum Christum Servatorem nostrum Tit.3.6." *ACTA Synodi 2*, 154.

의 흐름에 따라 보존되지 않고 지나가는 행위다. 그래서 믿음의
행위는 날마다 또 시간마다 다르다. 믿음이 있어야만 신자요 이
들의 모임인 교회가 존재할 수 있지만, 믿음의 행위 없이 신자요
교회일 수 있다. 교수단은 노아의 방주를 예로 든다. 노아의 가
족들이 방주에서 잠들었을 때, 믿음의 행위는 지상 교회에서 부
재했을지라도 신자와 신자들의 모임은 지속되었다. 그래서 복
음을 묵상하는 시간만이 아니라, 믿음의 행위를 하고 있지 않은
수면시간에도 신자들은 하나님을 기쁘시게 하는데, 그들이 믿
음을 소유했기 때문이다. 교수단은 코마 상태에서 의식 없이 죽
어가는 신자들을 예로 들면서, 그들이 '믿음의 행위' 없이 죽어
가지만 하나님은 그들이 소유한 믿음 때문에 기뻐하신다는 점
을 언급한다.[48]

항론파는 믿음을 이런 성향이 아니라 인간 의지의 결정에 따
른 믿음의 행위로 보고 있을지라도 믿음의 원인을 하나님의 은
혜라고 주장한다. 왜냐하면 하나님이 인간을 설득하여 동의하
도록 이끌었기 때문이다. 이런 의미에서 믿음을 하나님의 역사
와 일로 말한다면, 항론파와 네덜란드 교수단은 차이가 없을 것
이다. 그러나 하나님께서 인간 의지를 설득하여 동의하도록 이
끈다는 말이 항론파의 의견에 따르면, 하나님이 인간 의지가 저
항할 수 없을 정도로 전능하게 하시는 일은 아니다. 즉 하나님의
설득 행위는 인간의 의지에 의해 막힐 수 있으며 거절당할 수

---

48) *ACTA Synodi 3*, 169-170.

있는 정도까지 여야 한다. 반면 믿음과 믿음의 행위를 구분한 교수단을 따르면 내재적 성향인 믿음은 하나님이 넣으신 능력으로 인간이 저항할 수 없다. 여기서 방해받을 수 있는 것은 믿음의 행위이지 믿음이 아니다. 인간이 다른 행위와 생각 때문에 복음을 듣고 읽고 묵상하는 것을 무시하거나 거절할 수 있기 때문이다. 그러나 믿음의 행위를 무시하는 행위도 믿음의 성향과 능력을 주시는 하나님 때문에 지속적이지 않고 믿음의 행위를 산출하게 된다. 결론적으로 믿음의 행위가 하나님의 은혜라는 점에서 항론파와 네덜란드 교수단은 동의하지만, 그 정도에 있어서 인간 의지가 거절할 수 있을 정도인가 아닌가에서 결정적 차이가 있다. 만일 항론파처럼 하나님의 설득이라고 말한다면, 항론파에게 있어서는 인간이 거절할 수 있는 설득이요, 교수단에게는 거절할 수 없는 설득이 될 것이다. 나아가 교수단 편에서 인간의 오염을 고려한다면, 하나님의 효과있는 은혜가 없이 인간 의지는 하나님의 설득을 거절할 수밖에 없을 것이다.

바로 이런 의미에서 팔츠 총대들은 하나님의 유일한 은혜가 믿음과 회심의 원인이라고 했다.[49] 그러나 항론파가 원하는 주장을 따르면, 하나님의 은혜는 믿음의 주된 원인(*principalis causa*)이 아니며, 부차적 원인(*minus principalis causa*)으로 말해져야 하고, 원인되게 하는 하나님의 능력이 인간의 의지 아래로 내려오게 된다.[50] 항론파에게 믿을지 안 믿을지는 인간 의지에 달려있

---

49) "Gratia Dei sola est causa fidei & converionis." *ACTA Synodi 2*, 154.

50) *ACTA Synodi 2*, 153.

는 중립적인(*indifferens*) 문제다. 계속해서 아직 결정되지 않은 문제이기 때문에, 믿음으로 부르는 효과적인 소명(*vocatio efficax ad fidem*)은 선택에서 나오는 것이거나 선택의 열매가 아니라고 주장한다. 반면 팔츠총대들은 로마서 8장 29-30절을 구원의 황금사슬(*aurea salutis catena*)이라 부르면서 소명이 예지와 예정에서 기원했음을 증거한다. 그리고 이렇게 결론을 내린다. "믿음으로 부르는 효과적인 소명은 구원으로의 선택에서 나오는 것이고 그 열매다."(*Vocatio efficax ad fidem fluit ex Electione ad salutem, eiusque est fructus*)[51]

도르트신경에서 이 부분은 상세히 다루어진다. 특히 거절하는 이설들을 소개하는 뒷부분에서 6항에서 9항까지 다 이 주제를 다룬다. 새로운 자질이나 성향이나 선물을 의지 안에 주입하는 방식의 인간 회심이 아니라며 믿음이 그저 행위라는 주장을 거절하고(6항), 마찬가지로 부드러운 설득으로서 하나님의 은혜라는 주장도 거절하며(7항), 하나님이 회심에 있어서 전능의 능력을 다 사용하시지 않았으며 인간이 저항할 수 있다는 주장도 거절한다(8항). 최종적으로 "은혜가 원인의 순서에 있어서 의지의 결과를 앞서지 못한다"(*nec gratiam ordine causalitatis efficientiam voluntatis antecedere*)는 항론파의 주장을 거절한다. 도르트신경이 인간의 부패와 회심에 대해 고백하는 교리 14항에서 이 주제를 상세히 다룬다.

---

51) *ACTA Synodi 2*, 155.

"그러므로 믿음은 하나님의 선물인데, 하나님에 의해서 인간의 선택에 제공되었기 때문이 아니라 인간에게 그 자체가 전달되었고, 불어넣어졌으며, 주입되었기 때문이다. 또 하나님이 믿을 능력을 전달하시고, 그다음 믿음의 동의나 행위를 인간에게 기대하셨기 때문이 아니라 믿는 것을 원함을 또 믿는 것 그 자체를 인간 안에서 일으키셨기 때문이니, 하나님은 원함과 행함을 역사하시며 나아가 만물 안에서 모든 것을 역사하신다."

여기서 믿음을 하나님의 선물이라고 고백한다. 더 분명하게 하기 위해서 항론파의 관점을 거절하면서, "하나님에 의해 인간의 선택에 제공되었기 때문이 아니라"고 덧붙이며, "인간에게 그 자체가 전달되었고, 불어넣어졌으며, 주입되었기 때문이다"라고 고백한다. 대개 항론파 관점을 거절하는 이설들을 논박하는 뒷부분에서 다루는 것을 생각한다면, 도르트 총대들이 가르치는 조항에서 항론파의 의견을 소개하고 논박하는 일은 흥미로운 지점이다. 믿음이 하나님의 선물이라고 항론파도 말하고 있기 때문에 더 명확하게 그 의미를 설명하려고 했다. 인간에게 어떤 능력을 전달하신 후 믿을지 안 믿을지 최종적인 선택을 인간에게 맡기는 방식이 아니라, 믿음에 대한 의지와 믿음 그 자체를 일으키신다고 고백한다.

IV. 나가며

우리는 지금까지 항론파가 말한 은혜를 살펴본 후, 도르트 신학자들이 항론파가 묘사한 하나님의 은혜를 거절하면서 어떤 방식으로 구원하는 은혜를 교정했는지 고찰하였다. 항론파가 진술하는 인간은 부패했으며, 하나님의 은혜는 앞서가며, 어떤 면에서 이 은혜는 불가항력적이다. 그러나 항론파의 은혜는 인간의 회심을 위해서 최선을 다해 돕지만, 결국 부패한 인간 의지의 결정을 어찌하지 못하는 은혜로 남는다. 도르트 총대들의 입장에서 항론파가 묘사하는 하나님의 은혜는 결국 부패한 인간을 살릴 수 없는 능력없는 은혜다. 도르트 총대들은 불가항력적 은혜를 말하기 전에 하나님의 은혜에 저항할 수밖에 없는 인간을 우리에게 보여주고, 이런 지독한 부패를 깨뜨리고 새생명을 심고 결국 인간 스스로의 방해에도 불구하고 구원하시는 하나님의 능력있는 은혜를 선포한다. 여러 총대들의 여러 관점과 다양한 방식의 평가들은 도르트신경으로 모아져 크신 하나님의 은혜를 선포했다.

목회

M
I
N
I
S
T
R
Y

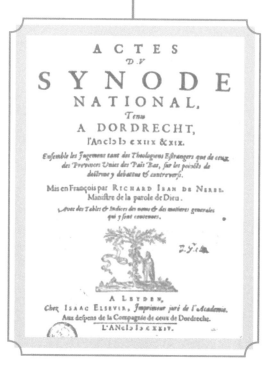

도르트신경의
목회적 적실성

헤르만 셀더하위스 Herman J. Selderhuis
번역 이승진

도르트신경은 과거에 네덜란드에서 작성된 고문서가 아니라 지상의 교회와 개인 신자들을 위한 항구적인 적실성을 담고 있다. 필자는 도르트신경의 목회적인 적실성과 관련하여 설교와 기독교 교육, 구원의 확신, 유아의 사망, 경건, 그리고 교회의 질서라는 여섯 가지 주제를 설명하고자 한다.

Ⅰ. 설교

도르트신경이 제시하는 예정론 교리는 설교 사역에 장애물이 아니라 오히려 크나큰 격려가 된다. 하나님께서 창세 전의 예정을 지상의 신자들에게 실제로 실현하는 수단이 바로 복음 설교이기 때문이다. 도르트신경의 Ⅱ조 5항은 모든 사람들에게 복음을 전파해야 할 책무의 위임을 담고 있다. "더욱이 복음은 십자가에 못 박힌 그리스도를 믿기만 하면 누구든지 멸망하지 않고 영생 얻을 것을 약속하고 있다. 회개하고 믿으라는 명령과 함께 주신 이 약속은 누구에게나 차별 없이 온 세상에 선포되고 전파되어야 하며, 하나님은 그의 기쁘신 뜻대로 이 복음을 모든 사람들에게 들려주신다." 이 조항에서 두 가지 사항에 주의를 기울일 필요가 있다. 첫째 주목할 단어는 '약속'(promise)이란 단어로서 라틴어 '프로미시오'(promissio)에서 유래하였다. 종교개혁자 마틴 루터는 '프로미시오'를 '우리 바깥에서'(extra nos)라는 단어와 결부시킴으로 하나님의 약속에 담긴 풍성한 신학적 가치를 재발견하였다. 그래서 필자도 하나님의 약속에 라틴어 'extra nos'(우리 바깥에서)라는 구절을 가져다 설명하고자 한다. 하나님의 약속은 우리 인간 바깥에서 이루어진 일이다. 그래서 우리 복음 전도자들이 영원한 언약의 약속을 설교할 때, 말하자면 우리는 그 약속의 울타리를 결코 벗어날 수 없다.

만일 그 약속의 울타리를 벗어나는 것은 이렇게 질문하는 것이다: 그렇게 약속하는 것은 정말로 나한테 그대로 지킬 의도로 그러는 것이냐? 나한테 한 약속을 내가 그대로 믿어도 좋으냐? 이런 투의 질문을 하나님께 던지는 것은, 약속의 말씀에 동반된 하나님의 절대 주권을 무시하는 것이다. 설교자가 예정론에 관하여 설교할 때, 하나님께 다음과 같이 질문할 수 있을까? 나를 선택하기로 예정하셨다면 정말 하나님은 그 약속을 지킬 마음이 있으신가요? 그렇게 질문해서는 안 된다. 하나님은 바로 우리 신자들을 위하여 그렇게 약속하셨고, 하나님은 반드시 성취하실 계획과 목적, 그리고 그 능력을 가지고 그렇게 말씀하셨다. 이것이 바로 개혁주의 설교학(reformed homiletics)의 핵심이고 이것이 바로 하나님의 약속에 관한 설교의 핵심이다.

이런 의미가 도르트신경의 2조 5항에서 "이 약속은 누구에게나 차별 없이 온 세상에 선포되고 전파되어야 한다"는 복음 전파의 당위성의 저변에 깔려 있다. '차별 없이 선포된다'는 의미는, 설교자가 한 편의 설교 메시지를 전할 때 메시지 일부분은 택함을 받은 신자들을 염두에 두고 선포하고 또 다른 부분은 택함을 입지 못한 불신자들을 염두에 두고 전할 수 없다는 뜻이다. 하나님은 그 기쁘신 뜻대로 이 복음의 약속을 모든 사람들이 듣기를 원하시며, 그런 설교라야 제대로 효력을 발휘한다.

이것이 바로 '복음의 구원하는 능력'이라는 제목으로 시작되는 III/IV조 6항의 의미이다. "그러므로 자연의 빛이나 율법이 할 수 없는 그 일을 하나님은 화목의 말씀 혹은 화목의 사역을 통한 성령의 역사로 실행하신다. 이 말씀은 메시아에 관한 복된 소식이며, 하나님은 구약이나 신약 아래 있는 어느 누구든지 이 복음을 믿는 자들을 구원하기를 기뻐하셨다."

이 조항에서 우리는 성령 하나님의 능력과 말씀의 능력이 함께 역사하는 것을 알 수 있다. 도르트신경은 성령 하나님과 말씀의 상호작용을 설명하기 위하여 화목의 사역(the ministry of reconciliation)이라는 탁월한 용어를 사용한다. 우리 설교자들이 복음을 설교함으로 동참하는 일은 바로 화목의 사역을 섬기는 것이다. 설교 사역이 중요한 이유가 바로 여기에 있으며 설교자들을 올바로 훈련하는 것이 중요한 이유도 바로 이 때문이다. 그리고 복음 설교의 중요성 때문에 이어서 '진실한 복음의 부르심'에 관한 두 번째 조항을 살펴볼 필요가 있다.

Ⅲ/Ⅳ조, 8항(진실한 복음의 부르심) : "진실하게 부름을 받은 사람들은 모두가 하나님의 복음에 의해 부름 받은 사람이다. 왜냐하면 하나님께서는 스스로 기쁘게 받으실만한 것을 그 분의 말씀 안에서 참되고 가장 진실하게 선언하시기 때문이다. 하나님은 그 앞으로 나와서 복음의 말씀을 믿은 모든 사람들에게 그 영혼의 안식과 영생도 분명하게 약속하신다."

위 조항의 첫 번째 문장을 다시 살펴보자. "진실하게 부름을 받은 사람들은 모두가 하나님의 복음에 의해 부름 받은 사람이다." '진실하게'(earnestly)라는 단어를 설교자 편에서 생각해 본다면, 설교자는 하나님의 진리에 관한 진실과 영원에 관한 심각한 메시지를 가지고 강단에 섰음을 명심해야 한다. 설교 메시지는 결코 농담도 아니고, 사람들의 인생에 관한 재미있는 이야기도 아니다. 만일 설교자가 강단에서 자기 가족 이야기를 늘어놓는다면, 그 메시지는 더 이상 설교가 아니다. 설교가 하나님의 말씀일 수 있는 이유는 사람들을 자기와 화목하시는 하나님의 화목 사역을 선포하기 때문이며, 그들에게 하나님의 화목 사역으로 돌아서 회개하고 받아들여 믿도록 요청하기 때문이다. 이러한 진정성이 바로 설교자 편에서 감당해야 할 중요한 책무다.

설교를 듣는 회중 편에서도 진정성이 요구된다. 교회 강단 아래 모인 사람들은 설교 메시지가 그저 목회자의 말에 불과하다고 무시해서는 안 된다. 그들은 이런 식으로 말해서는 안 된다. "목사님이 하나님의 예정에 대해서 말씀하시지만, 만일 내가 예정된 것이 아니라면 이 말씀은 나와 아무런 관계가 없겠네."

강단에서 선포되는 설교 메시지는 복음을 받아들이라는 하나님의 간절한 외침이다. 그리고 그러한 긴급성과 진정성은 다음 문장으로 계속 이어진다. "하나님께서는 스스로 기쁘게 받으실만한 것을 그 분의 말씀 안에서 참되고 가장 진실하게 선언하시며, 그 앞으로 나와서 복음의 말씀을 믿은 모든 사람들에게 그 영혼의 안식과 영생도 분명하게 약속하신다."

복음 설교에 관한 도르트신경의 신학적인 입장은 설교에 관한 칼빈의 견해와 전적으로 일치하며, 설교를 구원을 위한 필수적인 수단으로 이해한다. 이 점을 IV조 17항은 다음과 같이 천명한다. "하나님이 우리의 본성적인 생명을 조성하시고 지탱하시는 그의 전능하신 사역 속에서 여러 자연적인 수단들을 사용하는 것을 배제하지 않으시고 오히려 요구하시며, 그런 수단들을 사용하여 자신의 무한한 지혜와 선하심을 따라 그 능하신 행사를 나타내기로 하셨다. 이와 마찬가지로 하나님은 우리를 중생시키는 초자연적인 사역에서도 복음의 사용을 결코 배제하거나 철회하지 않으시고 위대한 지혜 안에서 이 복음의 말씀을 중생의 씨앗과 우리 영혼의 양식으로 삼으셨다."

그래서 하나님은 자기 백성들을 중생시키며 그리스도 안에 있는 영생으로 인도하시는 수단으로 복음의 말씀을 사용하신다. 이를 가리켜서 '구원의 방편'(또는 방도, media salutis)이라고 한다. 이 단어는 하나님께서 자기 백성들에게 구원을 허락하고 또 이들을 실제로 구원할 때 사용하는 수단을 의미한다. 설교 사역이 참으로 중요한 이유는 설교 메시지가 바로 신자들을 구원하는 하나님의 결정적인 수단이기 때문이다. 이런 이유로 설교자들은 설교를 시작하기 전에 먼저 성경에서 하나님의 말씀을 매우 신중하고 조심스럽게 경청해야 한다. 이와 관련하여 도르트 신경은 다음과 같이 교훈한다. "하나님은 위대한 지혜 안에서 복음의 말씀을 중생의 씨앗과 우리 영혼의 양식으로 삼으셨다."

이렇게 하나님께서 그 분의 말씀 선포를 수단으로 신자의 구속 사역을 시작하실 뿐만 아니라 그들의 구속을 지속적으로 보존하시는 수단으로 하나님의 말씀을 강조하는 관점은 개혁주의 설교학에서 참으로 중요한 통찰이다. 하나님은 복음을 선포하는 설교 사역을 수단으로 사용하여 우리 안에서 그 분의 은혜로운 구속 사역을 시작하실 뿐만 아니라, 그 은혜의 사역을 지속하시며 복음의 말씀을 계속 읽고 경청하는 수단을 통하여 그 분의 구속 사역을 최종적으로 완성하신다. 설교자가 전하는 설교 메시지는 단지 사람들을 회심시키기 위함만 아니라 그들이 믿음

안에서 자라도록 돕기도 한다. 그 복음의 메시지는 젊은이들에게는 다급한 경고의 말씀으로 선포되기도 하고, 또 나이 많은 신자들에게는 하나님의 말씀을 신중하게 순종하라는 요청으로 다가오기도 한다.

II. 기독교 교육

도르트신경은 기독교 교육에 매우 중요한 동기부여를 제공하며, 특히 학교에서 기독교 교리를 제대로 가르칠 동기를 부여하는데, 이는 오늘날처럼 세속화된 사회에서 매우 적실한 주제이기도 하다. 오늘날 우리 현대인들은 자본주의와 비즈니스, 그리고 성공적인 경력을 중시하는 문화 속에서 살아가고 있다. 오늘날 다수의 부모들은 자기 자녀들이 장차 백만장자로 성공하기를 바라며, 심지어 교회에 출석하는 기독교인 부모들조차 자기 자녀들에게 연봉이 많은 직업을 선택해서 세상에서 성공하는 것이 가장 중요하다는 식의 태도를 보일 때가 적지 않다. 그러나 연봉이 많은 직장이 결코 우리 신자들의 최종 목표가 될 수는 없다. 재물은 잠깐 이 세상에서 우리가 이웃을 섬기는 수단에 불과하다. 만일 교회 안에서까지 우리 부모들이 높은 연봉이나 화려한 경력 중심의 태도를 보인다면, 주일학교에서 우리 부모들이 자녀들에게 정성을 다하여 가르쳐야 할 것은 신앙의 선조들이 목숨을 바쳐가며 붙잡았던 기독교 교리가 아니라 경영학이나 영어공부와 같은 세속적인 성공 기준일 것이다. 그럴 수는 없다.

이것이 바로 도르트신경이 작성된 배경이다. "청소년 학생들은 학교에서 기독교 교리의 원칙들을 올바로 배워야 한다. 기독교 교육은 큰 도시에서 뿐만 아니라 작은 마을에서도 학생들에게 가르쳐져야 하나, 그동안 제대로 실행되지 못했다."[1] 도르트신경은 17세기 네덜란드 공화국이 발전하는 정치사회적인 맥락 속에서 작성되었다. 특히 스페인과의 전쟁에서 승리하여 스페인이 물러가고 네덜란드가 외세로부터 자유로운 나라로 성장한 다음에, 전 세계에 식민지를 건설하여 재정적으로 부유한 나라가 되었다. 당시 네덜란드는 공화국의 황금기를 보내고 있었다. 바로 이렇게 경제적으로 넉넉하고 정치적으로 자유로운 상황에서 도르트신경은 자녀들에게 기독교 교리 교육의 중요성을 잊지 말 것을 교훈하였다. 그리고 오늘날에도 도르트신경은 여전히 기독교의 목회자들과 선교사들 그리고 교사들을 향하여 기독교 학교와 교실에서 청소년 학생들에게 최선을 다하여 기독교 교리를 가르칠 것을 요청하고 있다.

도르트신경에서는 기독교 교육에 관한 또 다른 중요한 교훈이 계속 이어진다. "학교의 대표자들과 교장들은 산하의 교사들

---

1) Donald Sinnema, Christian Moser, Herman J. Selderhuis (Hg.): "Acta of the Synod of Dordt". Acta et Documenta Synodi Nationalis Dordrechtanae (1618-1619), ADSND 1, Göttingen: Vandenhoeck & Ruprecht, 2014, 180.

과 학자들이 각자의 나이와 능력을 고려하여 최소한 한 주에 2일 동안 기독교 교리를 암송하도록 지도해야 하고, 소요리문답(the Catechism)의 핵심 진리를 그들 마음 깊이 잘 깨우치고 이해하여 받아들이도록 지도해야 한다.... 학교의 대표자들은 그 산하의 교사들과 교수들이 소요리문답을 암송하도록 지도할 뿐만 아니라 그 소요리문답에 담긴 교리의 의미를 잘 이해하도록 지도해야 한다."[2]

필자가 이 부분을 연구하다가 발견한 감동적인 문장은 이것이다. 먼저 교사들과 교수들이 소요리문답을 암송해야 할 뿐만 아니라 그 소요리문답에 담긴 교리의 의미를 잘 이해해야 한다는 것이다. 교육은 이성(기억)의 문제일 뿐만 아니라 가슴(이해)의 문제이기도 하다. 물론 개혁파의 소요리문답과 이에 관한 설교 메시지 속에는 방대한 교리들이 들어 있어서 이 모든 내용을 암기하고 이해하기에는 그 분량이 너무 많다. 그러나 도르트신경은 머리로 암기해야 할 교리의 내용과 가슴으로 이해해야 할 교리의 내용 사이에 적절한 균형을 유지할 것을 권면한다.

III. 구원의 확신

도르트신경의 주요 부분에서는 성도의 견인에 관하여 다룬다.

---

2) ADSND 1, 27.

신자는 이 땅에서 사는 동안에 죄악의 권세로부터 결코 완전히 자유롭지 못하기 때문에(V조 1항), "하나님의 백성들이 실행하는 최고의 행위라도 거기에는 결점들이 들러붙어 있다"(V조 2항). 그래서 이미 회심한 신자라도 그들 본래의 자원에 맡겨두면 결코 하나님의 은혜 안에 남아 있지 못할 것이다(V조 3항). 이것이 바로 모든 기독교 신자들이 매일 경험하는 것이며 이 때문에 신자들은 자기가 얻은 구원을 의심하게 되고, 도르트신경은 바로 이런 의심에 대항하여 하나님은 자신이 선택한 모든 신자들을 마지막 순간까지 은혜 안에 신실하게 보존하신다는 진리를 천명하였다(V조 3항).

그럼에도 다음과 같은 질문이 제기될 수 있다. 그렇다면 나는 하나님이 나를 창세 전에 선택하셨다는 사실을 지금 어떻게 알 수 있을까? 목사님! 내가 창세 전에 택함을 받았는지 아니면 유기로 버림을 받았는지 지금 어떻게 알 수 있을까요? 신자들은 신앙생활을 하다보면 주변의 목회자들에게 이런 질문을 던질 수 있다. 도르트신경은 이 질문에 응답하여 다음과 같이 교훈한다: 자신의 선택 여부를 확인하고자 한다면, 하나님의 계획 속으로 곧장 들어가지 말라!

"구원의 확신은 하나님의 신비롭고 깊이 감춰진 것들을 자기 이성만으로 파헤쳐 알아내겠다는 자신만만한 탐구를 통해서 얻을 수 있는 것이 아니다. 그 확신은 하나님의 말씀을 배우고 묵상하는 중에 그 말씀이 하나님의 택함을 받은 신자들에게 필연적으로 나타나는 열매가 자신 안에 있음을 깨달음으로 얻어지는 영적인 기쁨과 거룩한 즐거움을 통해서 얻어진다. 하나님의 말씀을 통해서 깨닫는 그런 열매들로는 그리스도 안에 있는 참된 믿음과 하나님을 향한 어린아이와 같은 경외심, 자기 안에 남아 있는 죄악에 대한 경건한 슬픔, 그리고 의에 주리고 목마른 심령과 같은 것들이 있다"(I항, 12조).

이런 맥락에서 도르트신경은 구원의 확신에 관하여 이렇게 반문한다: 당신은 예수 그리스도에 관한 참된 믿음을 가지고 있는가? 도르트신경은 결코 '당신은 예수 그리스도에 관한 좀 더 큰 믿음을 가지고 있는가?'라는 식으로 질문하지 않는다. 또는 '당신은 예수 그리스도에 관하여 결코 의심의 여지가 없는 믿음을 가지고 있는가?'라는 식으로 질문하지도 않는다. 도르트신경은 오히려 다음과 같이 질문한다: 당신은 예수 그리스도에 관한 참된 믿음을 가지고 있는가? 그리고 당신은 하나님을 어린아이와 같은 경외심으로 두려워할 줄 아는가?

여기에서 말하는 두려움은 공포감을 가리키는 것이 아니라, 히브리 성경의 의미를 담아 어린아이들 같이 순진한 경외감을 의미한다. 또 여러분은 다음과 같이 질문할 수 있다. "나는 내가 구원받았다고 자신 있게 확신할 수 없어요. 나는 여전히 양심의 가책도 느낍니다. 내 마음이 그리스도인답게 거룩하게 살고 싶다는 생각으로 항상 가득 찬 것도 아닙니다. 하나님께 영광을 돌리겠다는 열망이 항상 충만한 것도 아닙니다. 내 속 생각이 이래도 내가 버림받은 것이 아닌가요?" 이런 질문에 대하여 도르트 신경은 그것으로 버림받았다고 말할 수 없다고 한다. 이런 고민은 하나님의 자녀들 마음 속에 생기는 질문이다. 그럴 때마다 신자들은 항상 은혜의 수단을 계속 사용해야 한다. 계속해서 성경 말씀을 읽고 설교 말씀에 귀를 기울이며 성만찬에 계속 참여해야 한다. 그럼에도 이전의 같은 질문이 다시 떠오를 수 있다. 그러나 어느 순간 목회자의 메시지가 가슴 깊이 울릴 날이 올 것이다. 그런 방황을 당장 멈추라! 당신이 구원의 확신에 관하여 고민하는 것이, 바로 당신이 창세 전에 하나님에게서 선택을 받았다는 증거라는 메시다.

필자는 전에 마틴 루터가 자기 구원을 의심하는 신자들을 위로했던 방식을 따라서 설명하고자 한다. 만일 당신이 구원을 자신 있게 확신하지 못한다면, 그 모습에 근거하여 오히려 당신은 아마도 구원 받았을 것이라고 말해 주고 싶다. 반대로 만일 당신이 구원에 대하여 너무 확신한다면, 당신은 오히려 잘못된 길에 들어섰을 것이다. 왜냐하면 마틴 루터가 보기에 이 세상에서 마귀가 하는 일은 신자로 하여금 자신이 얻은 구원을 계속 의심하게 만들어서 결국 그 구원을 전혀 확신하지 못하도록 하는 것이다. 그런데 어떤 사람이 만일 자신의 구원에 관하여 더 이상 고민하지도 않고 반성도 없다면, 이미 그 사람은 마귀의 수하에 들어간 것이나 다름없다. 그런 경우라면 마귀는 그 사람에게 더 이상 사악한 속임수를 쓸 필요가 없을 것이다. 반대로 만일 당신이 구원을 자신 있게 확신하지 못한다면, 그 모습이 바로 당신이 구원 받은 증거라고 말할 수 있다는 것이다.

도르트신경의 신학적인 논리에 의하면 신자가 자신의 구원을 확신할 수 있는 다음 세 가지 근거가 있다.

1. 구원의 확신은 하나님의 약속의 말씀에 관한 믿음을 통해서 얻는다.
2. 구원의 확신은 우리 신자들이 하나님의 자녀임을 우리 심령에 증거하는 성령 하나님의 증거로부터 얻는다.
3. 구원의 확신은 성도가 청결한 양심과 선행을 진지하고도 거룩하게 추구하는 과정에서 얻는다(V조 10항).

달리 말하자면 신자들은 하나님의 약속의 말씀과, 성령 하나님의 증거, 그리고 일상의 삶 속에서 그리스도의 은혜를 나타내는 선행으로부터 자신이 얻은 구원의 증거를 확신할 수 있다. 그리고 이런 확신의 증거는 어느 한 순간이 아니라 점진적인 성화의 과정을 통해서 얻는다: "택함을 받은 사람은 하나님께서 영원하고 변함이 없는 선택으로 그들을 구원에 이르도록 택정하신 사실을 개개인에게 정도의 차이는 있을지라도 각자 다양한 단계를 통해서 그 분이 정하신 때에 분명히 확신할 수 있다."(I조, 12항).

이렇게 신자가 자기 구원을 확신하는 과정은 각자 정도의 차이는 있으나 다양한 단계를 거친다. 그리스도 안에서 구원 받은 형제와 자매들은 모두가 획일적으로 동일하지 않다. 모두가 한 분 하나님에게서 택함을 받았더라도 그 신앙이 자라는 과정은 다양하다. 그러므로 어떤 사람을 겉으로 보고서 그는 이런 대단한 일을 하고 저런 훌륭한 일을 하기 때문에 참된 기독교인이라고 섣불리 단정하지 말라. 또 그를 여러분 자신과 비교해서 내 믿음은 저 사람의 믿음보다 열등하기 때문에, 결국 나는 하나님의 자녀가 아니라는 식으로 결론을 내리지도 말라.

성경을 펼쳐보면 우리는 다양한 유형의 신자들을 만날 수 있으며, 그들 모두 각기 독특한 방식으로 회심을 경험했음을 알 수 있다. 어떤 사람은 마치 사도 바울처럼 갑자기 극적으로 회심을 경험할 수 있고, 또 어떤 사람은 디모데처럼 신앙의 부모님 아래서 어렸을 때부터 말씀으로 꾸준히 양육을 받았을 수도 있다. 또 어떤 사람은 공적인 자리에서 대표기도를 잘 할 수도 있고, 또 다른 이는 그런 역할을 부담스러워할 수도 있다. 사도 바울처럼 열정적인 신자가 아니라고 자기 구원에 대하여 의심할 필요는 없다. 이 땅의 모든 신자들은 그리스도 안에서 공통의 신앙으로 일치를 이루지만, 그 신앙을 표현하는 방식은 획일적일 수 없고 처한 상황이 다르기 때문에 다양하게 표현될 수 밖에 없다.

IV. (영)유아의 사망

도르트신경은 신자들의 자녀들이 (영)유아기에 사망했을 경우 과연 그들이 구원을 받아 천국에 들어갔는지의 여부에 관하여 세심한 주의를 기울였다. 도르트신경이 이러한 쟁점을 결의문에 포함시킬 필요가 있었단 이유는 1618년-1619년에 걸쳐서 도르트신경이 작성되던 당시 유럽에 비교적 아주 높은 유아사망률을 통해서도 충분이 이해할 수 있다.

항론파들은 하나님은 신자들의 믿음을 미리 아시고 이에 근거하여 그들을 구원하기로 선택하였고 불신자들은 그들의 불신을 미리 아시고 이에 근거하여 그들을 유기하기로 결정하셨다고 주장했다. 그러나 아직 복음의 메시지를 제대로 듣지도 못하고 이해하지 못하는 유아들의 경우는 그리스도를 믿는 것도 아니고 그렇다고 불신하는 것도 아니다. 그들은 너무나도 어려서 신앙이나 불신앙을 선택할 수조차 없다. 항론파들의 주장에 의하면, 유아기에 사망했을 경우 그들이 천국과 지옥 중에 어느 쪽으로 갔는지는 알 수 없다는 것이다.

그러나 도르트신경은 하나님의 영원한 언약과 그 언약에 관한 약속의 말씀에 근거하여 다음과 같은 결론을 내렸다. 언약의 하나님은 그 언약을 믿는 부모들의 자녀들에게까지 영생을 약속하셨다. 그래서 도르트신경 Ⅰ조 17항은 다음과 같이 교훈한다. "하나님의 말씀은 신자의 자녀도 거룩하다고 선언하되, 자녀들 본성이 거룩하기 때문이 아니라 그 부모와 함께 참여하는 은혜 언약에 의하여 거룩하다고 선언한다." 그러므로 만일 믿는 부모의 아기가 일찍 사망하면 그 부모는 성경 말씀의 권위에 근거하여 구원하시는 하나님의 약속은 자기들 뿐만 아니라 그 죽은 자녀에게까지 성취되는 것으로 분명히 믿을 수 있다. "하나님의 뜻은 반드시 그 분의 말씀에 근거하여 판단해야 한다. 그 분의 말씀은 신자의 자녀가 자신들의 본성에 의해서가 아니라 부모와 함께 참여하는 은혜 언약에 의하여 거룩하다고 선언한다. 그러므로 하나님을 경외하는 부모는 하나님께서 유아기에 이생에서 데려가시는 자녀의 선택과 구원에 관하여 결코 의심하지 말아야 한다"(1조, 17항).

신자의 자녀도 하나님께 속한 백성들이다. 그들이 태어나기 전에도 그러하듯이 그들이 사망한 이후에도 그러하다. 주께서는 지상에서 자기 백성들을 교회로 모으시듯이 엄마의 태속에서도 그 자녀들을 그의 교회로 모으신다. 그래서 믿는 부모의 자녀들이라면 유아기에 사망한 아기도 주님의 백성이듯이 태중에 임신한 아기도 주님의 백성이고, 임신 이후 태중에 3개월을 지내고 사망한 영아들이라도 모두 주님의 백성이다. 이러한 지식은 일찍 사망한 아기의 부모들에게 분명하고도 풍성한 위로를 담고 있으며, 그로 인하여 비통한 슬픔에 빠진 사람들을 위로할 목회자들과 교회 성도들에게 크나큰 도움을 준다.

V. 경건

예정론은 신자를 구원의 확신으로 인도하며, 그 구원의 확신은 신자를 다시 경건으로 인도한다. 도르트신경이 현대를 살아가는 기독교인들에게 주는 목회적인 적실성은 아주 분명하다. 간혹 어떤 이들은 예정론 교리가 신자의 신앙생활에 별 유익을 주지 못하고 오히려 해롭다고 생각한다. 이들의 주장에 의하면, 만일 하나님이 창세 전에 미리 신자를 천국 가도록 예정하신 것이 사실이라면, 굳이 이렇게 힘들게 이 세상을 살아갈 필요가 없다는 것이다. 그러나 도르트신경은 정반대 입장을 취한다. 신자는 자신이 하나님의 무한하신 은혜로 선택받았다는 사실을 알기 때문에, 그 분의 영광을 위하여 더욱 거룩한 삶에 매진할 수 있다. 자신이 창세전에 하나님에게서 선택을 받았음을 믿는 신자의 확신은, 그 내면에 지속적이고도 더욱 고조되는 겸손의 마음을 불어넣어주며 그 분을 향한 기쁨과 감사의 마음을 더욱 고취시켜준다. "하나님의 자녀는 하나님의 선택을 깨달아 알고 확신하면, 날마다 하나님 앞에서 더욱 자신을 돌아보고 겸손하게 되며 그 분의 가늠할 수 없이 깊은 자비를 더욱 찬양하며, 자신을 더욱 깨끗하게 하고, 그처럼 크신 사랑을 먼저 보여주신 주님을 더욱 열렬히 사랑하게 된다"(I조, 13항). 도르트 총회는 만일 하나님의 선택이 신자 편에서 내놓을만한 자신의 능력에 근거하여 결정된 것이라면 그 신자 내면에서는 겸손이 사라지고 오히려 자신이 하나님으로부터 선택을 받을만하다는 자존심이 우세할 것임을 간파했다. 그러나 거듭 확인하는 바와 같이 신자의 구원은 전적으로 하나님의 절대 주권과 선택하시는 은총에 달렸지, 하나님께서 사람에게서 미리 아시는 그 어떤 조건에 근거한 것이 아니다. 이런 이유로 구원 받은 신자에게는 겸손과 감사가 가장 유일하고도 적합한 반응이다(Ⅲ/Ⅳ조, 15항).

자신이 하나님으로부터 선택을 받았다는 인식과 확신은 신자의 마음 속에 결코 그 어떤 오만함이나 자존심이 생길 여지를 남겨주지 않으며, 다른 사람들을 깔보도록 방치하지도 않는다. 그 대신 거룩하신 하나님 앞에서 자신을 겸손하게 낮출 이유가 계속 생각나게 한다. 자신이 선택받았다는 확신은 신자 스스로에게 겸손한 마음으로 이렇게 질문하도록 한다. 하나님이 나에게 이런 은혜를 허락하신 이유는 무엇 때문일까? 하나님께서 이토록 놀라운 선택의 은혜를 베푸신 것은, 내가 하나님을 즐거이 경배하며 나를 구원하신 그 분을 즐거이 찬양하도록 하기 위함이다. 또 선택의 확신은 신자가 모든 죄악으로부터 스스로를 깨끗하게 하고 모든 육체의 정욕을 피하도록 자극한다. 그 과정에서 신자는 내 인생을 내가 마음껏 즐기며 살겠다는 것이 아니라 주님을 사랑하며 살기로 결단한다.

요한일서 4장 19절은 하나님을 사랑하는 것은 그가 먼저 우리를 사랑하신 결과라고 말씀한다. "우리가 하나님을 사랑함은 그가 먼저 우리를 사랑하셨기 때문이라." 선택은 하나님이 나를 먼저 사랑하셨음을 말씀한다. 이제 우리는 그 분을 사랑함으로 그 선택에 제대로 반응하는 것이다. 요한일서 3장 3절에서 말씀하듯이 신자의 행동은 항상 선행하시는 성부 하나님의 행동에서 비롯된다: "주를 향하여 이 소망을 가진 자마다 그의 깨끗하심과 같이 자기를 깨끗하게 하느니라." 이런 이유 때문에 하나님의 선택에 관한 교리는 결코 신자가 무책임한 방종에 빠지는 면허증을 발급해줄 수 없다. 만일 내가 나의 선택과 구원을 분명하게 확신한다면, 나는 그 구원을 더욱 가치 있게 여기고 소중하게 다룰 것이다. 그리고 그렇게 소중한 구원을 허락하신 하나님께 감사의 열매를 맺으며 나의 주님이시고 구세주이신 하나님의 영광을 위하여 기쁘고 즐겁게 살기로 더욱 진지하고도 간절하게 노력할 것이다.

이런 논리는 LD 24번과 Q&A 64번에서도 거듭 확인된다. "(신자의 선행이 아니라 하나님의 은혜로 말미암은 칭의에 관한) 이러한 교훈은 신자들을 부주의하고 부도덕하게 만들지 않는가? 참으로 진실된 믿음으로 그리스도에게 접붙임을 받은 사람들은 하나님의 은혜를 감사하지 않을 수 없다." 선택의 확신과 그 믿음으로 말미암은 경건의 열매는 하나님의 선택을 받은 신자들의 삶 속에서 반드시 발견되는 필연적인 결과다. 그래서 도르트신경의 Ⅰ조 13항은 다음과 같이 교훈한다. "따라서 선택의 교리와 그 교리를 묵상함으로 인하여 신자들이 하나님의 계명을 준행하는 일에 무관심해지거나 그들에게 헛된 평안을 가져다 줄 수 있다는 비판은 전혀 사실이 아니다."

성령 하나님은 중생한 신자의 의지를 새롭게 갱신하시고, 죄인을 세상으로부터 하나님께로 돌아서서 그리스도의 복음을 믿으며 자신의 죄악을 회개하도록 이끄신다. 그 결과 신자는 중생한 순간부터 이 세상의 마지막 날까지 죄악과 계속 투쟁하는 중에도 자기 인생의 모든 영역에서 경건을 추구한다. 도르트신경은 특히 V조 2항에서 신자가 지상에서 감당하는 영적 전투가 참으로 혹독하고 죄악으로부터 하나님의 영광으로 직행할 수 있는 그 어떤 지름길도 없으며 이생의 고난을 일순간 면제받을 그 어떤 약속도 발견할 수 없음을 교훈한다. "그러므로 연약한 신자는 죄를 범하도록 날마다 유혹에 빠질 수 있고, 신자가 행하는 최선의 행위라고 하더라도 그 행위 속에는 여전히 결점들이 남아 있다. 이러한 사실은 신자로 하여금 항상 하나님 앞에서 자신을 겸손하게 돌아보도록 하고 또한 항상 십자가에 달리신 그리스도에게로 다가가서 그 분을 의지하도록 하는 이유가 된다. 또 그들은 성부 하나님께 간구하는 성령을 통하여 그리고 매일 경건을 연습함으로써 더욱 자신의 육신을 죽여야 하고 마지막 순간에 이르러 이 사망의 몸에서 벗어나 하늘에서 하나님의 어린양과 함께 왕노릇할 때까지 완전의 목표를 향하여 달려가야 한다"(V조, 2항).

신자들은 연약하다. 그렇기 때문에 교회 안의 신자들에게는 항상 구원의 확신이 심각한 질문으로 떠오를 수 있다. "신자가 행하는 최선의 행위라도 그 행위 속에는 여전히 결점들이 남아 있다." 도르트신경은 이 교리를 지지하는 성경의 근거 구절을 어디에서 확보하였을까? 이 질문에 대한 해답은 바로 하이델베르크 요리문답이다. 도르트신경도 이 점을 분명히 인정한다. 하나님의 자녀라고 하더라도 매일의 죄악으로부터 결코 자유롭지 못하다는 것이다. 이것이 바로 우리 기독교인들의 현실이다. 그러나 이 사실은 신자가 죄를 범하는 변명이 될 수 없다. 왜냐하면 도르트신경에 의하면 신자가 자신의 한계를 인정하면서도 그 연약함을 염두에 두고 늘 하나님께 겸손히 은혜를 간구하며 그리스도의 십자가를 붙잡는다면 더 이상 문제될 것이 없음을 분명히 교훈한다. 물론 신자는 이생에서 완전한 성화에 도달할 수는 없다. 우리의 신분에 관한 분명한 믿음만으로는 그 믿음의 수준에 당장 도달할 수 없음을 인정해야 한다. 우리는 계속 거룩을 추구하지만 그러나 이 땅을 사는 동안 완전한 성화에 도달할 수는 없다. 도르트신경이 강조하듯이 오직 하늘에서 하나님의 어린 양과 함께 왕노릇할 때 비로소 우리는 완전해질 것이다.

VI. 교회의 질서

필자는 도르트신경의 목회적인 적실성과 관련하여 마지막으로 교회의 건강한 질서에 관한 도르트신경의 가치를 살펴보고자 한다. 도르트 총회는 다양한 방식으로 존 칼빈의 교회정치에 관한 원리들을 연구하였지만, 도르트 총회 결의문에는 마지막 단계에서만 반영되었다. 교회의 질서에 관한 공식적인 제목은 다음과 같다: "네덜란드 연방 의회의 소집에 따라 1618-1619년에 네덜란드의 도르트레흐트에서 열린 총회에서 작성된 교회의 질서에 관한 문서".

교회의 질서에 관한 문서는 다음의 내용으로 시작된다. "그리스도의 교회 안에서 선한 질서를 유지하기 위해서는 교회 안에 직분들(offices)과 여러 조직들, 교리의 감독, 성례와 예식들, 그리고 기독교적인 권징이 반드시 필요하며, 이런 것들은 (다음의 조항에서 계속해서) 적절하게 제시하는 방식대로 갖추어야 한다".

여기에서 좀 더 살펴볼 핵심 단어는 '선한 질서를 유지하는 것'이다. 도르트 총회는 오늘날 도르트 총회의 교회 질서에 관한 결의문으로 알려진 교회 질서를 확정하였고 이는 전 세계 개혁교회로 널리 퍼졌다. 장로교의 전통에서는 웨스트민스터 총회가 제시한 교회의 질서가 더 널리 사용되지만, 이 역시 교회의 질서에 관한 칼빈의 견해라는 공통의 원천으로 소급될 수 있다. 교회의 질서에 관한 기본적인 사상은 교회 질서는 법률과 논쟁, 그리고 소송 사건처럼 복음의 즐거움과 다소 거리가 먼 딱딱한 것들을 다루는 것처럼 보인다. 그러나 도르트 총회가 교회와 관련하여 결의하면서 선택했던 단어인 질서(order)는 '오르도'(ordo,

순서 또는 서정)에 관한 칼빈의 관점에서 비롯된 것이다. 칼빈의 관점에서 '오르도'(ordo)는 어떤 것이 똑바로 정리되어야 한다거나 이것이 우선이고 저것은 부차적이라는 식의 '질서'(order)를 의미하기 보다는, 하나님이 견고하게 유지하는 구속의 순서를 가리킨다. 구속의 역사를 자세히 살펴보면 하나님은 일정한 순서를 따라서 일하시는 것을 알 수 있다. 구속의 역사에서 하나님이 계속 지키는 구속의 순서는 창조와 인간의 타락, 그리고 그리스도를 통한 구속과 재림이다. 하나님은 먼저 한 백성을 선택하시고 그 백성들 중에서 한 사람 예수 그리스도가 태어나게 하셨고, 그 한 사람 예수 그리스도를 통해서 다시 온 이스라엘 사람들과 온 열방 사람들이 복을 얻도록 순서를 정하셨다. 그래서 하나님의 화목에 관한 성경의 교리 속에도 일정한 순서가 있다. 사도 바울의 로마서를 살펴보면 그 속에서도 구원의 순서를 발견할 수 있다.

칼빈에 의하면 '오르도'(ordo)에는 목표도 있다. 그 목표란 바로 하나님의 영광과 인간의 구원이다. 바로 이러한 순서가 바로 교회의 질서(church order)가 의미하는 것이다. 교회의 질서의 목적은 교회 안에서 진행하는 모든 일들에 마땅한 법적 근거를 갖추어 처신하자는 것이 아니라, 하나님의 영광과 인간의 구원을 최종 목표로 모든 일들이 진행되어야 한다는 것이다. 이러한 사상은 예수 그리스도에 대한 믿음만 있으면 굳이 교회의 질서 같은 법률적인 것이 과연 필요하냐고 질문하는 사람들이 모인 곳에서는 더더욱 중요하다. 사탄(satan)의 헬라어 단어는 디아블로스(diabolos)인데, 헬라어 어원의 의미는 사람들 사이에(dia) 문제거리를 마구 던지는(bolos) 존재다. 한 마디로 말하자면 사탄은 무질서를 만드는 존재다.

그러나 교회의 질서는 하나님의 영광과 인간의 구원을 추구하는 수단이다. 바로 이런 맥락에서 오늘날의 교회에게도 동일하게 교회의 질서가 필요하다. 도르트 총회가 확정한 교회의 질서는 목회자와 장로, 집사의 역할과 책무를 다루며, 교회의 여러 조직들과 전국 총회 차원에 이르기까지 여러 대표기구들의 구조와 활동들의 윤곽을 제시하며, 요리문답의 교육과 성례의 집행에 관한 지침들을 제공하며, 교회에서 권징을 실행할 방안들을 제시한다. 이 모든 주제들은 건강한 교회를 위하여 반드시 필요한 것들이기 때문에, 도르트 총회가 교회의 정치와 질서에 관하여 결정한 사항들을 잘 살펴보는 것은 아주 현명한 일이다.

VII. 결론

도르트신경은 단순히 17세기 네덜란드 교회가 남긴 유산만이 아니다. 이는 사도적인 신앙고백을 따르는 전 세계 교회를 위한 살아 있는 유산이다. 필자는 지금까지 설명한 내용들을 통해서 여러분이 도르트신경을 더 잘 이해할 뿐만 아니라 예수 그리스도와 그의 교회를 위하여 더욱 열렬한 봉사자로 헌신하는데 도움이 되기를 바란다. 우리 모두는 개혁파 기독교인으로서 더욱 하나님의 말씀에 집중해야 하고, 강단의 설교 시간에도 사람의 말이 아니라 하나님의 말씀인 성경 말씀에 더욱 집중해야 한다. 약속의 말씀을 따라서 든든하게 세워지는 교회 안에서 필자가 분명 확신하는 것이 있다. 그것은 도르트 총회와 도르트신경은 오늘날에도 우리 역시 그런 약속의 말씀을 제대로 전하고 경청하도록 계속해서 큰 도움을 줄 수 있다는 것이다.

목회

MINISTRY

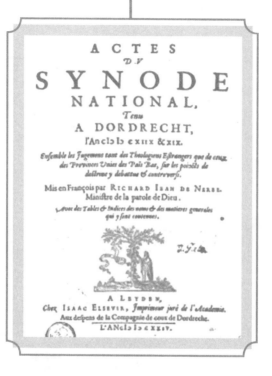

도르트신경의
목회적 성격과 교훈들

김병훈

Ⅰ. 시작하는 말

도르트신경이 작성이 되는 역사적 계기나 신학적 논의 과정을 생각할 때, 도르트신경은 개혁교회가 신앙하는 올바른 교리를 변증하기 위한 문서인 것이 분명하다. 도르트신경을 채택한 도르트 총회(1618-1619)는 소위 '항론파'로 알려진 아르미니우스를 따르는 자들로 야기된 신학적 오류들을 바르게 잡고 네덜란드를 비롯한 보편적인 개혁교회의 신앙을 보호하기 위한 목적으로 열린 회의였다. 이러한 목적을 이루기 위하여 도르트 총회는 항론파의 의견들을 듣고 이에 대한 신학적 비평을 통해서 바른 개혁교리를 정립하는 회의 과정을 1618년 11월 13일에 1차 회의를 시작하여, 1619년 5월 9일에 154차 회의를 마지막으로 마무리를 하였다. 도르트 총회에 참석한 총대들의 국적은 네덜란드에 국한하지 않았다. 무려 8개국에 걸친 외국의 사절단들도 총회에 의결권을 가진 총대로 참여를 하였다. 말하자면 도르트 총회는 개혁신학의 변증을 목적으로 모인 개혁교회의 보편회의 또는 공의회의 성격을 가지고 있었다. 이러한 배경 아래 작성이된 도르트신경은 개혁신학의 변증적 성격을 갖고 있으며, 그런만큼 그것은 지극히 학문적 형식을 가지고 있을 것으로 기대된다.[1] 그럼에도 불구하고 도르트신경은 학문적 형식을 따르는 신학 논쟁 문서라기보다는 오히려 대중적 설득을 위한 목회적 문서라는 특징을 보이고 있다. 애초부터 도르트 총회는 항론파의주장에 대한 개혁교회의 응답을 진술하는 총회적 과업을 "교회를 세워 가시는 그리스도의 다스림과 목양적 돌보심을 실현한다는 총회의 정체성" 가운데 행하였다는 점을 유의할 필요가 있다.[2] 이런 맥락에서 도르트신경은 항론파의 신학에 대한 개혁교회의 신학적 응답이면서 또한 교회를 위한 신학으로서 목회적태도와 의지를 잘 반영하고 있다고 할 수 있다. 본 논문은 도르트신경에서 발견할 수 있는 목회적 성격과 몇 가지 교훈들을 찾아보고, 목회 실천적 측면에서 얻어진 관찰의 결과들을 제시하여, 도르트신경을 계승하는 오늘날 개혁교회가 가져야 할 목회적 태도와 의미에 관한 교훈을 얻고자 한다.

---

1) W. Robert Godfrey, "Popular and Catholic: The *Modus Docendi* of the Canons of Dort," in Aza Goudriaan & Fred van Lieburg eds., *Revisiting the Synod of Dordt (1618-1619)* (Leiden and Boston: Brill, 2011), 245.

2) 김재윤, "도르트 총회와 신조에서 신학적, 목회적 측면의 균형," 「한국개혁신학」 59(2018), 17.

II. 도르트 총회의 분위기와 교회적 상황

도르트신경을 작성한 도르트 총회가 항론파의 견해를 다루기 위하여 열렸다는 소집의 배경과 154차에 걸친 회의에 제출한 판단문들의 학문적 성격, 그리고 그것을 다루는 토론의 분위기를 고려할 때, 도르트신경에서 목회적 특징을 발견할 수 있을 것이라는 기대를 하지 않는 분위기는 일반적이며 이해가 될 법도 하다. 도르트신경이 확실히 개혁신학의 변증을 위한 목적으로 작성된 신앙문서라는 점만을 보면, 이러한 반응이 언뜻 생각하기에 당연한 것으로 여겨질는지 모른다.[3]

사실 도르트 총회에서 전개된 신학토론이 꽤나 감정적으로도 격앙되기도 하였다는 것을 보여주는 사례들도 있다. 이러한 모습을 보여주는 한 사례를 살피면, 과연 도르트신경은 날카로운 학문적 토론과 아울러 감정적 대립을 바탕으로 작성된 것으로 이해할 수 있다는 것을 지지해주는 듯하다. 이를테면 라이덴 대학의 프란치스쿠스 고마루스(Franciscus Gomarus)가 브레멘

---

3) 실제로 한국 교회 내에서 일부 지교회는 도르트신경이 항론파를 배격하는 문서라는 특징 때문에 배타적이며 정죄적인 성격을 가지고 있다는 편견을 표현한다. 뿐만 아니라 이른바 개혁교회를 실행하고자 노력을 하는 지교회들 가운데 일부는 도르트신경이 공적으로 회중들에게 가르치면서 항론파의 주장을 배격하는 것에 그치지 않고, 타락후 선택설을 반영함으로써 개혁파의 올바른 예정교리인 타락전 선택설을 바르게 담고 있지 못하다고 그릇되게 비판을 한다. 이러한 잘못된 비판도 또한 도르트 총회가 타락전 선택설을 배척하는 신학적인 변증의 문서로 작성했다는 잘못된 인상을 주기도 한다. 아울러 도르트신경의 중심 주제인 예정의 교리가 신학적으로 어려운 주제일 뿐만 아니라, 목회적으로 교인들에게 평안을 주기보다는 의문과 거부감을 주기도 한다는 부담을 가지고 있는 목회자들의 일반적인 심리도 도르트신경에 대한 비슷한 인상을 표현한다.

(Bremen)의 총대이었던 마티아스 마르치니우스(Matthias Martin-ius)에게 결투를 요청한 일과 같은 것이다. 도르트 총회에 참관인으로 참석하였던 존 헤일즈(John Hales)는 도르트 총회의 소식을 당시 네덜란드에 영국 대사이었던 두들리 칼톤(Dudley Carl-ton)에게 편지로 소식을 알렸는데, 그 가운데 1619년 1월 25일자 편지에서 다음과 같이 67차 회의 상황을 언급하였다.

> 이날 밤 브레멘의 마르치니우스는 자신의 견해를 말하도록 요청을 받고 … 그리스도를 선택의 토대(*Fundamentum Electionis*)로 말하는 것과 관련하여 … 그리스도께서 단지 우리의 선택을 실행하시는 분(the Effector of our Election)일 뿐만이 아니라, 또한 그것의 저자이며 획득자이시라고 생각한다는 자신의 생각을 총회에 나타냈습니다. … 마르치니우스의 말이 끝나자마자 곧바로 고마루스는 … 총회에 "이 일에 대한 책임은 내가 진다"(*ego hanc rem in me recipio*)고 말하며, 장갑을 벗어 던지고 마르치니우스에게 "여기가 로드 섬이니, 당장에 뛰어보라"(*Ecce Rhodum, ecce Saltum*)는 속담과 함께[4] 결투를 청하였습니다. … 마르치니우스는 이 모욕을 잘 소화하였고, 의장의 지혜로 사태가 좀 가라앉았습니다. 관례대로 회의는 기도로 마무리가 되었습니다. 열

---

4) 여기서 로드 섬은 로드 섬에 있던 시합을 염두에 둔 것이다. 로드 섬에서 있었던 시합에서 자신이 잘 뛰어 올랐다고 자랑하는 자에게 여기가 시합이 있었던 로드 섬이라고 여기고 당장 뛰어 올라보라는 의미이다.

의와 헌신이 넘치었던 고마루스는 성미를 잘 다스리지 못하여, 기도가 끝나자마자 곧바로 마르치니우스에게 다시 대결을 요구하였습니다. 그러나 그날 밤에 주먹을 주고받는 일은 없이 그들은 헤어졌습니다.[5]

왜 고마루스는 마르치니우스에게 이러한 대결까지 요구할 만큼이나 날카로운 반응을 보인 것일까? 총회는 1월 22일 화요일 오후에 있었던 65차 회의에서 에베소서 1장 4절과 관련하여 "그리스도 안에서 우리가 선택을 받았다."는 것을 어떻게 이해하여야 할 것인지 그리고 그리스도께서 '선택의 토대'(*fundamentum Electionis*)이시라는 교훈을 어떻게 이해하여야 할 것인지에 대해 논의를 하였다. 마르치니우스는 금요일인 1월 25일에 있었던 67차 회의에서 이 주제를 다시 언급하였다.[6] 고마루스가

---

5) John Hales, *Golden Remains of the Ever Memorables Mr. John Hales*, Second Impression (London: Newcomb, 1673), 87. 이 책의 쪽 번호는 유의할 필요가 있다. 쪽 번호 1-258은 도르트 총회에서 있었던 설교문들을, 257-291쪽은 여러 종류의 글들을 담고 있다. 하지만 편지 글들은 292쪽에 해당 되는 데부터 쪽 수를 시작하여 1-190으로 되어 있다. 이하에서 인용되는 쪽 번호는 모두 편지 글들의 부분에 해당하는 것임을 밝힌다.

6) *Acta Synodi Nationalis Ecclesiarum Belgicarum, Praesentibus Exterarum Ecclesiarum Delegatis, habitae Dordrechti* (Lugduni Batavorum, 1620), 193, 194. 65차 회의록: "Instituta fuit συζήτησις super quaestionibus, quae a Clariss. D.D. Professoribus pertractatae fuerant, atque in primis illa, Quomodo intellligenda sit phrasis haec, cum Scriptura dicit, Eph. i. 4. *Nos esse electos in Christo*: atque etiam, Quomodo Christus fundamentum Electionis dici possit." 67차 회의록: "... Clarissimus Matthias Martinius, paucis explicationem, quomodo vel quatenus Christus Electionis fundamentum dici possit, repetiit." 도르트 총회의 회의록인 *Acta Synodi Nationalis Ecclesiarum Belgicarum*은 크게 세 부분으로 구성이 되어 있는 *Acta Synodi Nationalis, in nomine Domini nostri Iesu Christi, autoritate*

마르치니우스에게 감정을 드러낸 이유는 마르치니우스가 항론파의 일부 견해에 대하여 호의적인 반응을 보인 것 아니냐는 오해에 있었다. 헤일즈에 따르면, 마르치니우스는 유기, 그리스도의 공로의 범위, 유아의 구원 등 몇 가지 점에 있어 항론파들이 주장하는 바들에 대해 다소 호의적인 것으로 보인 것으로 오해를 샀던 것 같다.[7]

그러나 그것은 실제로 오해였다. 마르치니우스는 다만 그리스도께서 '선택의 토대'라는 의미를 '선택의 저자'로 봄으로써, '선택을 받은 자들 가운데 가장 먼저이신 분'이라는 의미로 해석한 고마루스와 의견을 달리했을 뿐이다.[8] 전반적으로 총회에 참석한 총대들은 "그리스도의 사역의 가치나 힘, 또는 공로가 모든 사람들의 죗값을 치르기에 충분한 지불이 되었으며, 믿는 모든 자들을 구원한다는 하나님의 약속의 기반이 된다."는 칼빈의 가르침에 대해서 동의하고 있었다. 다시 말해서 "그리스도의 사

---

illustr. et Praepotentum DD. Ordinum Generalium Foederati Belgii Provinciarum, Dordrechti habit anno MDCXVIII et MDCXIX의 첫 부분이다. 이하 Acta, 1로 표기한다. 두 번째 부분은 총회에 참여한 외국 총대들의 판단문들을 모은 Iudicia Theologorum Exterorum, de Quinque controversis Remonstrantium Articulis, Synodo Dordrechtanae exhibita, Anno MDCXIX이다. 이하 Acta, 2로 표기한다. 마지막 세 번째 부분은 네덜란드 각 지역의 총대들의 판단문들의 모음집으로 Iudicvia Theologorum Provincialium, De Quinque Controversis Remonstrantium Articulis, Synod Dordrechtanae Exhibita in Anno MDCXIX이다. 이하 Acta, 3으로 표기한다. 각 부분은 시작 페이지를 따로 시작하고 있음을 유의하라.

7) John Hales, *Golden Remains of the Ever Memorables Mr. John Hales*, 87.

8) John Hales, *Golden Remains of the Ever Memorables Mr. John Hales*, 87. 마르치니우스가 그리스도의 속죄와 관련한 항론파의 오류를 비판한 것과 관련해서는 다음을 보라. *Acta*, 2:103-108.

역이 세상의 첫값을 치루기에 충분하며 … 세상들에 있는 모든 사람들의 구원을 확보하기에 충분한 지불이지만, 하나님의 의도에 따라 오직 택함 받은 자들에게만 효력을 미친다"고 주장하는 데에 모든 도르트 총회의 총대들은 찬성하였다. 이러한 이해는 베자, 고마루스, 드 몰랭, 데이브넌트, 튜레틴, 심지어는 모이즈 아미로와 같은 가정적 보편주의자들도 동의하는 바였다.[9]

그렇기 때문에 고마루스와 마르치니우스 사이에 있었던 충돌은 단지 토론을 통하여 개혁신학의 변증을 세우는 일에 있어서 순전히 신학의 차이만이 아니라 네덜란드 교회가 처한 목회실천적 측면을 반영하여 나타난 갈등으로 볼 필요가 있다. 이 사건을 언급하면서 갓프리(W. Robert Godfrey)는 신학적 차이가 낳을 수 있는 폭력의 잠재성이 오늘 날에는 진기하고 흥미롭게 여겨질는지 모른다고 말한다. 그리고 덧붙이기를, 항론파의 오류를 밝히는 토론의 자리에서 개혁신학의 동료인 마르치니우스를 향하여 고마루스가 감정의 예민함을 발하였다는 것은 네덜란드 교회의 목회적 상황을 언급한다. 즉 고마루스의 반응은 아르미니우스가 죽은 다음 해인 1610년에 항론파가 자신들의 의견을 제기한 이래로 근 10년 가까운 세월 동안 네덜란드 교회가 얼마나 심각한 수준의 긴장과 갈등을 겪어오고 있었는지를 보여주는 것이라는 것이다.[10]

---

9) Richard A. Muller, *Calvin and the Reformed Tradition*, 김병훈 역, 『칼빈과 개혁전통』 (서울: 지평서원, 2012), 174-175.

10) W. Robert Godfrey, "Popular and Catholic: The *Modus Docendi* of the Canons

이러한 배경을 고려할 때, 대영제국의 총대들이 항론파의 다섯 번째 주장들에 대한 판단문을 제출하면서 덧붙인 결론에 담긴 말은 총회가 회의를 진행하면서 고려하였으며 또한 일어나기도 했던 긴장의 상황을 이해하는 데에 도움을 준다. 그들이 말은 의견들이나 목사들 사이에 다양함이 있다고 할지라도 그로 인하여 화평의 끈을 약화하는 일이 없도록 하며, 또한 대중들 안에 파벌의 씨를 뿌리는 일이 없도록 하는 등, 이러한 일을 피하기만 하면 모든 일이 잘 진행이 되며 평안할 것이라는 당부였다. 그러면서 약간의 조언을 이렇게 한 것은 존경을 받기에 합당한 형제들에게 우리가 준 이 조언이 필요하다고 생각하기 때문이 아니라, 오히려 그들을 향한 우리의 사랑과 책임을 확증하기 위한 것이라고 말을 마무리 하였다.[11] 스코틀랜드 교회를 대표하여 참석한 대영제국의 총대인 월터 발칸꾸알(Water Balcanqual)은 총회의 사정을 담은 그의 편지에서 대영제국의 총대들이 총회에 참석한 모든 총대들에게 가혹함(harshness)과 엄격함(rigidity)을 삼가고, 도르트신경을 작성함에 있어서 모든 온건함(moderation)을 품으라고 권면한 사실을 적고 있다. 특별히 그리스도의 죽음에 관한 두 번째 교리와 관련하여서는 더욱 그리하라고 권

---

of Dort," 243.

11) *Acta*, 2: 204, 205. "In hisce salua est res, modo id caveatur, ne diversitas opinionum aut inter Ministros soluat vinculum pacis; aut in populum spargat semina factionis. ... Paucula haec monuimus, potius ut nostrum erga venerandos Fratres amorem, officiumque testemur, quam quod eos monitis hisce nostris indigere arbitremur."

하였음을 밝히고 있다.[12]

　종합적으로 볼 때, 고마루스가 마르치니우스에게 대결을 신청한 사건은 신학과 관련한 사변적 차이로 인하여 감정이 대립할 정도로 지극히 신학에 치중된 상황을 보여주는 것이기보다는, 오히려 도르트 총회에 참여한 네덜란드 총대들의 목회적 고민이 얼마나 심각했는가를 드러내 준다고 보는 것이 옳을 것이다. 네덜란드 교회의 영적 상황은 항론파로 인해 야기된 사태를 해결하는 것이 이론적 차원의 문제가 아니었으며, 매우 실천적인 교회의 문제이었다는 점을 유념해 둘 필요가 있다.

　도르트 총회가 지극히 관용적이었으며 수용적이었음을 보여주는 또 다른 사례는 마코비우스(Johannes Maccovius)의 이단성 여부에 관한 재판 건이다. 마코비우스는 폴란드 출신으로 네덜란드 북부 지역 프리슬란트(Friesland)의 프라네커(Franeker) 대학의 교수였으며, 극단적이라 할 만큼 강한 타락전선택설 주의자이었다. 그는 강력한 타락후선택설 주의자였던 같은 대학의 선배 교수 루베르투스(Sibrandus Lubbertus)를 이단이라고 공개적으로 조롱하였다.[13] 항론파의 관점에서 마코비우스는 반(Count-

---

12) John Hales, *Golden Remains of the Ever Memorables Mr. John Hales*, 138; W. Robert Godfrey, "Popular and Catholic: The *Modus Docendi* of the Canons of Dort," 247. 발칸꾸알은 이 발제가 1619년 3월 19일 121차 회의에서 있었던 일로 보고하는데, 도르트 총회의 회의록은 120차에 있었던 일로 기록하고 있는 점에 유의하라. *Acta*, 1:237.

13) J. V. Fesko, "Lapsarian Diversity at the Synod of Dort," in *Drawn into Controversie Reformed Theological Diversity and Debates Within Seventeenth-Century British Puritanism*, ed., Michael Haykin and Mark Jones (Gottingen: Vandenhoeck & Ruprecht 2011), 119.

er)-항론파인 개혁교회의 판단을 무력화하기에 아주 좋은 공격 대상이었다. 항론파는 마코비우스의 예정론은 어떤 것보다도 가혹하며 잔인한 명제들을 옹호하며, 모든 것이 다 필연적으로 일어난다는 결정론을 주장하고[14] 하나님을 죄의 조성자로 만든 다고 비판하였다.[15] 마코비우스의 신학방법론은 신학의 명제를 설명하는 목적을 위하여 철학을 이용하는 개혁파 스콜라주의 전통 안에 있었다.[16]

하지만 그는 스콜라적 언어를 과도하게 사용함으로써 비난 의 빌미를 제공하였다. 이를테면 마코비우스는 하나님의 선택 을 설명하기를, 가능태가 현실태가 되는 과정을 운동(motion)으 로 표현한 아리스토텔레스적 철학 개념을 사용하였다. 그리하 여 마코비우스는 말하기를, 하나님은 운동자(*movens*)이시고, 하 나님의 선택은 선택을 받은 자가 구원에 이르게 하는 운동(*motio*)이며, 사람은 운동이 이루어지는 대상(*mobile*)이고, 구원은 운 동의 결과(*res motu facta*)라고 설명했다. 이러한 철학적 개념을 이 용한 설명은 마코비우스가 윌리암 에임즈(William Ames)의 부탁

---

14) Willem J. van Asselt, "On the Maccovius Affair," in Aza Goudriaan & Fred van Lieburg eds., *Revisiting the Synod of Dordt (1618-1619)* (Leiden and Boston: Brill, 2011), 217-18.

15) J. V. Fesko, "Lapsarian Diversity at the Synod of Dort," 120.

16) 철학을 사용한 마코비우스의 신학방법론에 대하여서는 다음을 참조할 것. Martin I. Klauber, "The Use of Philosophy in the Theology of Johannes Maccovius (1578-1644)," in *Calvin Theological Journal* 30(1995), 376-91; Willem J. van Asselt, "the Theologian's Tool Kit: Johannes Maccovius and the Development of Reformed Theological Distinctions," *Westminster Theological Journal*, 68 (2006): 23-40.

으로 심사하게 된 토마스 파커(Thomas Parker)의 석사(M.Phil)논문에서도 나타나고 있다. 마코비우스와 마찬가지로, 파커는 그의 논문(「죄인이 생명에로 인도되는 것에 관하여」 *De Traductione Hominis Peccatoris ad Vitam*)에서 중생을 분석하는 실행의 원인(*exercitii causa*)에 대해 쓰면서 하나님을 운동자로, 사람을 운동의 대상으로, 하나님의 부르심을 운동으로, 믿음과 선행을 운동의 결과로 풀이하였다. 마코비우스는 이런 식의 설명이 하나님을 비인격체로 여긴다는 비난을 초래할 수 있다고 생각하고, 논문의 마지막 페이지에 이러한 용어들은 로마 카톨릭 예수회 신학자들과 토론하기 위하여 사용된 것이라고 밝히기도 하였다.[17]

그러나 개인적인 성격과 신학적 이유로 인하여 마코비우스는 결국 루베르투스에 의하여 프라네커 노회에 고소를 당하였다. 50개에 이르는 오류를 범하였다는 마코비우스의 죄목은 파커의 논문과 마코비우스의 글에서 발췌된 것이었다.[18] 마코비

---

17) Willem J. van Asselt, "On the Maccovius Affair," in *Revisiting the Synod of Dordt (1618-1619)*, 223; Martin I. Klauber, "The Use of Philosophy in the Theology of Johannes Maccovius (1578-1644)," 381-82; 김재윤, "도르트 총회와 신조에서 신학적, 목회적 측면의 균형," 32, 각주 45.

18) 오류로 지적된 사항들은 이를테면 마코비우스가 죄의 허용을 부인하며(art. 2: *Tollit permissionem Dei*), 철학적으로 "운동"의 개념을 사용하고(art. 16, 30, 33), 하나님께서 죄를 사용하여 사람으로 하여금 죄를 범하도록 예정하신다고 가르치며(art. 9: *Docet, Deum destinare hominem ad peccatum qua peccatum*), 예정의 대상이 타락한 사람이 아니라고 가르치고(art. 12: *Docet, obiectum predestinationis non esse hominem lapsum*), 그리고 두 가지 형태의 선택, 하나는 은혜를 향한 선택과 다른 하나는 영광을 향한 선택이 있다고 가르친다(art. 13: *Proposuit disputationem de electione in qua esse duas electiones*)는 것들이다. 이러한 것들에 더하여, 마코비우스는 수아레츠, 소시니안, 펠라기우스, 루터파, 로마 카톨릭 등을 옹호한다는 비난이 있었다. Willem J. van Asselt, "On the Maccovius Affair,"

우스는 프라네커 노회에서 정죄를 받은 후에 도르트 총회에 항소를 하였다. 그 결과는 총회는 1619년 4월 25일 138차 회기에서 안건을 다루기 시작하여, 5일 뒤인 4월 30일 145차 회기에서 마코비우스에게 어떠한 이단적 오류가 없으며 그의 주장은 모두 정통 개혁교회 안에 들어오는 것으로 판정하였다. 하지만 총회는 마코비우스에게 지나치게 스콜라적인 용어를 사용하지 말 것과, 벨라미누스와 수아레츠와 같은 로마 카톨릭 신학자들의 용어보다는 선지자 그리스도와 사도들의 성경적 용어를 사용할 것이며, 타락후선택설을 정죄하지 말도록 하였다.[19]

이러한 결과가 나오게 된 것은 도르트 총대들 가운데 비록 타락후선택설 지지자들이 많았음에도 타락전선택설을 배척하거나 정죄하지 않았으며, 마코비우스에 의해 조롱을 당하였던 루베르투스가 총회의 조정을 받아 마코비우스에 대한 총회의 판결을 받아들인 관용적이며 수용적인 태도의 결과이다. 그것은 타락후선택설을 지지하는 총대들이 타락전선택설도 하나님이 죄의 조성자임을 부인한다는 사실을 받아들였기 때문이다. 총회는 이러한 이해를 바탕으로 하여 예정론을 신중하게 다루라고 형제로서 권고한다.[20] 총회는 이러한 분위기를 의사록의 기록에도 반영하였다. 마코비우스의 이름은 드러내지 않고, 다만 네 곳에서 개별적 사안(*causa particularis*) 또는 프리시안 사안

---

in *Revisiting the Synod of Dordt (1618-1619)*, 224.

19) J. V. Fesko, "Lapsarian Diversity at the Synod of Dort," 122-23.

20) J. V. Fesko, "Lapsarian Diversity at the Synod of Dort," 118-19.

(*causa frisica*)으로 흐릿하게 표기가 되어 있을 뿐이다.[21]

III. 도르트신경의 기술 방식

도르트신경을 작성한 글의 기술 방식에서도 총회가 고민한 목
회적 성격을 볼 수 있다. 비록 도르트 총회를 소집하게 된 계기
가 항론파의 신학적 저항을 비판하고 개혁신학을 변증하기 위
한 데에 있다고 하여도, 그것 때문에 도르트신경이 학문적 성격
을 지닌 문서라는 결론이 내려져야 할 이유는 없다. 피터 드 용
(Peter Y. De Jong)이 바르게 지적한 바대로, 도르트신경은 학문적
인 "신학적" 언어로 작성이 되었기 보다는 오히려 "고백적" 언
어로 기록되었다는 것을 기억할 필요가 있다.[22]

물론 도르트 총회의 총대들이 총회에 제출한 항론파에 대한
판단문들은 각기 다양한 신학적 강조점들을 반영하는 학문적인
토론의 성격을 가진 것들이다. 이를테면 항론파의 논증을 신학
적으로 분석하여 비판하는 일은 거의 모든 총대들의 판단문의

---

21) Willem J. van Asselt, "On the Maccovius Affair," 217. 실제로 마코비우스와 관련
하여 기록된 의사록은 1619년 4월 25일 138차 회의록의 다음 한 줄뿐이며, 4월
30일 145차 회의록에는 아무런 언급이 없다. "프리시안에서 총회로 이송된 개
별적 사안이 다뤄졌다."(Acta est particularis causa, quae ex Frisia ad Synodum
transmissa erat.), *Acta*, 2:283.

22) Peter Y. De Jong, "Preaching and the Synod of Dort," in Peter Y. De Jong ed.,
*Crisis in the Reformed Church: Essays in Commemoration of the Great Synod of
Dort, 1618-1619* (MI: Reformed Fellowship, 1968, 2008), 153.

공통적인 것이었으며, 그 중의 어떤 것들은 이단적 교리와 정통 교리를 앞, 뒤에 놓거나, 아니면 나란히 배치하여 비교함으로써 서로의 차이를 드러내고, 정통 교리의 정당성에 대한 논증을 덧붙여 놓았으며,[23] 다른 어떤 것들은 전형적인 스콜라적인 학문의 형식을 따라 판단문을 제출하였다.[24]

이러한 판단문 양식은 네덜란드의 총대들의 판단문에서도 그대로 확인이 된다. 몇 가지를 살펴면, 신학교수의 자격으로 참여한 총대들은 선택과 유기에 관한 첫 번째 교리와 관련한 판단문에서 항론파의 주장을 먼저 싣고 이어서 정통신학의 명제를 제시하고 이를 논증하는 부분을 이어갔다. 이러한 형식은 항론파의 주장들을 계속적으로 다루어 가는 흐름을 따라가며 계속

---

23) 대영제국 총대들의 판단문은 정통 교리와 이에 대한 논증을 먼저 제시하고, 이어서 관련된 교리에 대한 그릇된 주장을 정리하여 제시하고 이를 비판한 형식을 지니고 있으며, 이와 달리 낫소-베테라우 총대들의 판단문은 두 칸을 나누어 한 편에는 거짓 명제들을, 다른 한 편에는 참 명제들을 나란히 두어 비교적으로 제시한 후에 참 명제가 옳음을 밝히는 논증을 덧붙이고 있다. 대영제국의 총대 판단문을 위하여서는 "*Theologorum Magne Britanniae Sententia, De primo Articulo*" in *Acta*, 2:3-14를 보고, 낫소-베테라우 총대 판단문을 위하여서는 "*Judicium de Primo Articulo, Nomine Orthodoxarum Ecclesiarum Nassovio-Wetteravicarum*," *Acta*, 2:38-46을 볼 것.

24) 이를테면 엠덴의 총대들의 판단문의 양식은 논제의 초점을 정리하고, 문제에 대한 반론(thesis contraria)을 제시한 후에 이에 대한 근거를 설명한다. 그 근거에 대하여 항론파가 이의를 제기하는 것에 대하여 다시 반박의 주장을 제시한다. 가능한 경우들을 일일이 제시하면서 반박을 한 후에, 항론파에 대한 반대 명제(antithesis)를 제시한 후에 이를 논증(probatio)하는 단계로 결론을 맺는다. 『하나님의 영원한 예정에 관한 엠덴 총대들의 판단문』(De aeterna Dei Praedestinatione Embdanorum Sententia) 가운데 특별히 다음을 볼 것. "Examen breve quaestionum potissimarum inter Contra-Remonstrantes & Remonstrantes controversarum, circa primum Articulum, de Praedestinatione" in *Acta* 2:63-74.

되었다.[25] 네덜란드 각 지역에서 참여한 총대들의 판단문들도 대체로 그러했는데, 예를 들어 항론파 첫째 교리에 대한 흐로닝엔의 총대들의 판단문은 전형적인 학문적 양식을 따르고 있다. 흐로닝엔의 판단문은 한 편에 올바른 교리를, 그 옆의 다른 한 편에는 항론파의 그릇된 이해를 지적하고, 이어서 그러한 판단의 이유를 논증하는 구성을 가지고 있다.[26] 종합적으로, 총회에 제출한 판단문들의 형식들은 대체로 당시 대학에서 사용하는 학문적 방법론에 일치하는 양식이었으며, 언어들도 간결하면서 전문적인 것들이었다. 사실 총대들이 학문적인 훈련을 받은 자들인 만큼 그들의 판단문은 당연히 학문적이었다.

그럼에도 도르트신경의 진술방식은 학문적 토론의 양식이 아니라 대중적인 양식의 형태로 최종적인 모습을 드러냈다. 그 까닭이 무엇일까? 두 가지 측면을 고려하여 답할 수 있겠다. 하나는 도르트 총회가 개최된 교회적 상황과 관련한 것이며, 다른 하나는 대중적 진술 방식을 따르는 결정과 관련한 총대의 의견에 관련한 것이다. 먼저 전자와 관련하여, 갓프리에 따르면 "항론파에 의해 제기된 문제들이 단지 신학자들과 목회자들만을 불편하게 한 것이 아니라는 사실을 네덜란드 교회의 지도자들

---

25) *Acta*, 3:1-24. 첫 번째 교리와 관련하여 제출된 신학대학 교수들의 판단문들은 세 개다. 모두 비슷한 학문적 양식으로 작성이 되었다. 이에 관련한 교수들은 도르트신경의 편집자인 Iohannes polyander를 비롯하여 Antonius Thysius, Antonius Walleus, Franciscus Gomarus, Sibrandus Lubbertus이다.

26) "De Primo Remonstrantium Articulo, qui est, De Praedestinatione; Deputatorum Synodi Civitatis Groningae & Omlandiae Iudicium," in *Acta*, 3:70-76.

이 인식하고 있었다는 것이" 분명 이 질문에 대한 한 가지 답이 된다.[27] 항론파가 야기한 논쟁은 지교회에 침투하였으며, 그 결과 지교회 회원들 가운데 심각한 물의를 일으키고 있었던 것이다. 그렇기 때문에 총대들은 이러한 상황을 잘 인지하고 있었던 만큼 실천적 관심을 가지고 있었으며, 총회의 결의가 학문적 양식이 아니라 대중적 방식으로 작성이 되면 더욱 널리 그리고 깊게 영향을 줄 수 있을 것이라고 생각하였다.[28]

후자와 관련하여 이와 같은 목회 실천적 측면에 대한 고려는 이미 외국 팔쯔의 총대들이 제출한 판단문의 의해 제안된 것이었다.[29] 팔쯔의 총대들은 항론파의 첫 번째 견해들을 판단하면서 선택과 관련하여 6개의 명제를, 또한 유기와 관련하여 4개의 명제를 제시하고 이에 대한 판단 의견을 달고 올바른 명제를 작성하였다.[30] 이 판단문은 구성에서 보듯이 명제와 이에 대한 반제, 그리고 판단의 이유를 제시하고 있는 학문적 양식에 따라 작성이 된 글이다. 그런데 흥미롭게도 팔쯔의 판단문은 마지막 부

---

27) W. Robert Godfrey, "Popular and Catholic: The *Modus Docendi* of the Canons of Dort," 246.

28) Ibid.

29) 이남규 교수는 도르트신경이 대중적인 아래로부터(a posteriori)의 측면을 반영하고 있는 점과 관련하여 팔쯔의 총대들의 영향과 더불어 도르트 총회의 의장인 보거만(Borgerman)이 하이델베르크에서 공부를 한 이력을 언급한다. "위로와 확신의 근거 – 하나님의 예정: 16세기 말 하이델베르크 신학자들과 도르트 신조의 예정론을 중심으로," 「성경과 신학」 58(2011), 306-07.

30) 선택과 유기에 관한 팔쯔 총대의 판단문은 다음을 참조할 것. "De Articulo Primo Distinctis propositionibus explicato, Iudicium Theologorum Palatinorum," in *Acta*, 2:15-21.

분에 선택과 유기에 대하여 어떻게 대중들에게 가르치면 좋을
것인지와 관련하여 "예정에 관한 교리를 대중적으로 가르치는
방식"(Modus docendi populariter doctrinam de Praedestinatione)이라는
제안서를 다음의 말과 더불어 덧붙였다: "예정에 관한 이단적
교리의 검토가 이루어지고 배격이 되었으므로, 이제 하나님의
말씀의 종들에게 예정을 가르치는 대중적이며 효과적인 방식에
대하여 알리도록 애를 써야 한다. 다른 사람들의 건전한 판단에
의거하여, 우리의 생각에 이것은 그러한 방법이라고 생각을 한
다."[31]

팔쯔의 총대가 제안한 방식은 보통의 사람들이 이해할 수 있
게끔 대중적인 방식으로 바른 교리들을 정리하여 가르치도록
하는 것이다. 실제로 팔쯔의 판단문은 "대중이 가르침을 받아야
하는"(Docendus est populus) 내용으로 선택에 관하여서는 11개 명
제를, 유기에 관하여서는 4개의 명제를 제시한다.[32] 갓프리가
잘 설명하고 있듯이, 이 명제들은 최종적으로 축조된 도르트신
경의 첫 번째 교리의 항목들과 언어, 표현, 내용의 흐름에 있어
서 상당히 유사하다.[33]

---

31) "Examinata & rejecta doctrina heterodoxa de Praedestinatione, illud porro vi-
dendum est, ut verbi Dei Ministri de populari & fructuosa eam docendi ratione
erudiantur: quam, salvo aliorum judicio, nos hanc esse arbitramur." 이것의 인용
은 다음을 볼 것. "Modus docendi populariter doctrinam de Praedestinatione,"
in Acta, 2:22.

32) 명제들은 다음에서 볼 수 있음. "Modus docendi populariter doctrinam de Prae-
destinatione," in Acta, 2:22-23.

33) 도르트신경이 얼마나 팔쯔의 제안서 "Modus docendi ..."와 유사한지에 대한 비교

신앙 명제를 기술함에 있어서 학문적인 양식과 대중적인 양식은 각각 장점과 단점을 갖는다. 학문적인 양식을 따라 기술을 할 경우, 논의를 정확하며 깊이 다룰 수 있는 반면에, 대중적인 양식을 따른 기술은 부드럽게 이해시킬 수 있다. 각각의 단점은 다른 편의 장점이 부족하다는 점이다. 곧 학문적인 글은 대중이 이해가 어렵고, 대중적인 글은 깊은 논의를 전개하는 데에 일정한 한계를 갖는다.

총회의 참관인이었던 헤일즈는 그의 보고 편지에서 팔쯔의 총대인 아브라함 스쿨테투스(Abraham Scultetus)가 회의 중에 판단문을 발제한 방식에 대해 다소 불평을 표현하였는데 이는 대중적 양식의 글이 가진 단점에서 비롯된 것이었다. 1619년 1월 25일에 열린 두 번째 회의였던 68차 회의에서 스쿨테투스는 선택과 그것의 확실성에 대해서 공개적으로 발표를 하였다. 스쿨테투스의 발제 이후에 선택과 구원의 확실성에 관련된 질문들이 모아졌고, 이어서 엠덴의 총대인 다니엘 아일쉬미우스(Daniel Bernard Eilshemius)가 스쿨테투스가 설명한 이 교리를 자신은 사십 년동안 엠덴의 동료들이 지지하는 가운데 해 왔으며 그 결과 교회를 세우는 데에 뚜렷한 유익이 있었다는 발언을 하였다.[34]

분석을 위하여서는 다음을 보라. W. Robert Godfrey, "Popular and Catholic: The *Modus Docendi* of the Canons of Dort," 248-253.

34) *Acta*, 1:194. "Reverendus & Clarissimus Vir, D.D. Abrahamus Scultetus publice de sensu Electionis eiusque certitudine peroravit: habitaque fuit de eadem quaestione collatio, in qua Reverendus Senex Daniel Eilshemius, declarabat, se istam de Electionis ac salutis certitudine doctrinam, quae a Clarissimo D. Sculteto explicata fuerat, per integros quadraginta quatutor annos in Ecclesia

헤일즈는 스쿨테투스가 은혜와 구원의 확실성에 대해 대체적인 발언을 하면서 각 사람이 자신의 구원을 확신하는 것은 필요한 일이라고 말하였다고 쓰고 있다. 그런데 헤일즈는 그의 강의가 설교에서 사용하는 것과 같은 연설의 방식이었으며, 학교에서 처럼 토론의 방식을 따르는 학문적인 것이 아니었고, 그로 인하여 주제를 깊이 다루지 못했으며, 강력한 논증도 이루어지지 못했다고 평가했다. 그리고 이것이 그 날 밤에 이루어진 모든 것이었다고 덧붙였다.[35]

그런데 대중적인 방식을 따른 글은 앞서 말한 바와 같이 그것이 가지고 있는 장점이 있으므로, 발칸꾸알은 헤일즈와는 대조적인 반응을 기록하였다. 총대들은 1619년 3월 6일 오후에 있었던 102차 회의에서 동료 총대들의 단체별 판단을 읽기로 하고, 먼저 항론파의 첫 번째 항목과 관련하여 대영제국과 팔쯔의 신학자들의 판단을 읽기 시작하였다.[36] 방청객들의 참여는 배제하였고, 모든 총대들은 총회에서 있었던 일에 대하여 할 수 있는 한 비밀로 하라는 부탁을 받았다. 발칸꾸알은 이 날 회의의

Emdensi, magno cum Collegarum consensu & Ecclesiae insigni aedificatione, docuisse."

35) John Hales, *Golden Remains of the Ever Memorables Mr. John Hales*, 92; W. Robert Godfrey, "Popular and Catholic: The *Modus Docendi* of the Canons of Dort," 246 and n.4.

36) *Acta*, 1:232. "Illustres DD. Delegati responderunt, consultius videri sibi, ut cum singulorum Collegiorum suffragia & iudicia prelegerentur, nulli omnino auditores admitterentur. Cui consilio Synodus acquievit. Inchoata fuit deinde judiciorum praelectione: ac primo quidem Clarissimorum Magnae Britanniae & Palatimorum Theologorum de primo Remonstrantium Articulo."

중요사항을 네덜란드에 영국 대사로 있던 칼톤에게 편지로 적어 보내면서, 대영제국과 팔쯔의 판단문은 둘 다 길이도 적당하였으며 내용도 알맞았다고 보고하였다. 그러면서 이어 말하기를, 팔쯔의 총대들은 대영제국과 달리 판단문 끝에 한 가지 조언을 - 그 조언은 바로 앞서 말한 "예정에 관한 교리를 대중적으로 가르치는 방식"(Modus docendi populariter doctrinam de Praedestinatione)의 제안이다 - 덧붙였는데, 팔쯔의 조언은 선택과 유기의 교리를 사람들에게 설명하는 건전하며 유익한 방식에 관한 것이었고, 그 조언은 필요한 것이었으며 매우 좋았다고 의견을 달았다.[37] 발칸꾸알이 대중적 양식에 따라 설명하는 것에 대하여 좋은 평가를 내리고 있다는 사실은 팔쯔의 총대가 발제한 이틀 후에 모인 106차 회의에서 제네바의 총대인 요한네스 데오다투스(Iohannes Deodatus)가 성도의 견인과 관련하여 설명에 대한 평가에서도 확인할 수 있다. 발칸꾸알은 데오다투스의 설명에 대하여 학교에서 하듯이 하지 않고 설교를 하듯이 하였으며, 아주 매끄럽고 좋았다고 평하고 있다.[38]

---

37) John Hales, *Golden Remains of the Ever Memorables Mr. John Hales*, 123; W. Robert Godfrey, "Popular and Catholic: The *Modus Docendi* of the Canons of Dort," 247. 발칸꾸알은 이 발제가 103차 회의에서 있었던 일로 보고 하는데, 도르트 총회의 회의록은 102차에 있었던 일로 기록하고 있는 점에 유의하라. *Acta*, 1:232.

38) John Hales, *Golden Remains of the Ever Memorables Mr. John Hales*, 125; W. Robert Godfrey, "Popular and Catholic: The *Modus Docendi* of the Canons of Dort," 246, n. 4. 여기서도 회의의 차수에 대하여 기록이 차이가 난다. 발칸꾸알은 107차 회의로, 총회 회의록은 106차 회의로 기록하고 있다. *Acta*, 1:232. 데오다투스의 이러한 전달 방식은 제네바의 총대들이 제출한 판단문들이 대중적 양식을 따르는 고백문의 형태를 가지고 있다는 사실과도 연결이 된다. 제네바의 총대들의 판

중요하게 보아야 할 것은 팔쯔의 총대들의 제안에 대한 발칸 꾸알의 이러한 평가는 단지 개인의 평가에 그친 것이 아니었다는 점이다. 그 회의에서 총대들은 팔쯔의 제안을 좋게 여기고 첫번째 교리에 대해서만이 아니라 다섯 번째 교리들까지 검토를 마친 후에 다섯 교리 모두를 같은 방식으로 대중에게 가르칠 방식을 조언하여 제출하기로 하였다.[39] 도르트 총회는 항론파의 견해들에 대한 판단문을 작성하고 이것들을 논박할 때는 전반적으로 학문적 양식을 따라 하였다. 그러나 도르트신경을 작성할 때는 팔쯔가 제안한 제안서의 유익을 인정하고 그러한 대중이 이해할 수 있는 양식을 따라서 고백문의 형식을 취하였다. 이것은 도르트 총회가 도르트신경을 작성하면서 근본적으로 교회의 상황을 염두에 둔 목회 실천적 방향을 뚜렷이 하였음을 보여준다.

Ⅳ. 도르트신경의 구조적 형식과 내용

도르트신경을 스콜라적인 학문의 양식을 따라 작성하지 않고 대중이 이해할 수 있는 고백문으로 작성하는 총회의 의지는 목회적 성격을 반영하는 구조적 형식을 도르트신경에 부여했다. 이러한 구조적 형식상의 특성과 관련하여 갓프리는 특별히 두

단문을 위해서는 다음을 보라. *Acta* 2:46-54, 100-103, 155-161, 225-232.

39) John Hales, *Golden Remains of the Ever Memorables Mr. John Hales*, 123.

가지 점을 지목한다.

하나는 총회가 도르트신경의 (항론파의 세 번째와 네 번째 교리에 대한 판단은 하나로 묶어서 다루므로 실제로는 네 개로 구성이 된) 다섯 교리들을 다른 교리들과의 연계나 참고를 하지 않은 채, 독립적인 고백문으로 작성하였다는 점이다. 이것은 교인들 가운데 어느 한 교리, 이를 테면 성도의 견인에 관하여 바른 고백을 알고자 할 때 그것에 관련한 항목들만으로 충분하게 알 수 있도록 하기 위함이다. 그렇기 때문에 설령 어떤 교리에서 이미 언급된 내용이 다른 교리와 관련하여 항목들에서도 다시 나타나는 반복되거나 중첩되는 경우가 종종 발견이 된다.[40]

이를 테면 하나님의 선택과 유기에 관한 도르트신경의 첫째 교리는 1항에서 모든 사람이 아담의 범죄로 인하여 저주 아래 있고 영원한 죽음을 받아 마땅하므로 하나님께서는 모든 사람들을 정죄하시기로 뜻을 세우셨다하더라도 불의하지 않다는 사실을 고백한다. 이러한 고백은 그리스도의 속죄의 죽음에 관한 둘째 교리에서도 반복된다. 둘째 교리의 1항은 하나님께서는 자비로우시면서도 또한 공의로우시기 때문에 우리의 죄는 반드시 형벌을 받아야 하는 것임을 말한다. 이러한 반복은 첫 번째 교리 4항에서 복음을 믿고 예수 그리스도를 영접하는 자는 하나님의 진노와 멸망에서 건짐을 받고 영생을 얻는다고 고백하고 있는 내용이 두 번째 교리 5항에서도 그리스도를 믿는 자마다 멸망하

---

40) W. Robert Godfrey, "Popular and Catholic: The *Modus Docendi* of the Canons of Dort," 246.

지 않고 영생을 얻는다고 고백되고 있다. 이러한 도르트신경의 노력은 교인들에게 부패한 인간의 절망을 계속적으로 일깨워 주면서, 그러한 인간이 의지할 유일한 소망이신 예수 그리스도 에게로 나가도록 하는 복음 사역의 노력을 담고 있다.

실제적으로 다르지 않은 내용이 반복적으로 고백되고 있음을 잘 보여주는 다른 한 예는 복음은 보편적으로 설교 또는 선포되어야 한다는 고백이다. 첫째 교리의 3항은 하나님께서 기쁜 소식을 전하는 사자들을 보내어 그리스도를 믿고 회개하라고 부르신다는 것을 고백하고, 둘째 교리 5항도 또한 하나님께서는 선하신 뜻에 따라서 복음을 보편적으로 차별없이 선포하도록 하신다는 것을 고백하며, 인간의 부패와 회심에 관한 셋째·넷째 교리를 설명하는 8항은 하나님께서 복음으로 부르시는 일은 진실한 것이므로 부르심을 받는 모든 이들은 이 청함에 응해야 한다고 고백한다. 이것은 죄인을 향한 하나님의 부르심에 응답하도록 복음을 선포하라는 하나님의 교훈적 명령에 대한 순종을 반영하면서, 복음적 초청의 진실함을 의심하지 않게끔 하는 세심함을 반영한다. 도르트신경은 이러한 반복을 통해서 예정론에 따라 이미 선택과 유기의 대상이 정하여졌으므로, 복음을 전하는 노력이 무슨 의미가 있겠으며, 그것이 과연 진실한 부르심일 수 있는가에 대한 의구심을 떨치도록 한다.

또 하나의 다른 예는 복음 사역을 통해 부르심에 불순종 하는 죄에 대한 책임이 하나님께 있지 않다는 사실과 관련한 고백이다. 첫째 교리의 5항은 믿지 않는 원인이나 책임은 다른 죄들과 마찬가지로 하나님께 있는 것이 결코 아니며 오직 사람에게 있는 것이라고 고백한다. 둘째 교리의 6항은 복음으로 부르심을 받았으나 회개하지 않고 그리스도를 믿지 않은 것은 전적으로 자신들의 책임이라고 고백한다. 셋째·넷째 교리의 9항도 또한 복음의 부르심을 거부한 책임이 오직 사람에게 있음을 고백한다. 여기서는 이처럼 반복되는 고백들 사이에 약간의 차이들이 있음도 발견된다. 그런데 그 차이는 각 교리의 주제를 반영하기에 나타나는 것이다. 즉 첫째 교리의 5항의 경우 하나님의 유기를 핑계로 할 수 없음을 말하고, 둘째 교리의 6항은 그리스도의 십자가 희생제사의 가치가 충분하지 못하다는 그릇된 이유를 들어 그리스도를 믿지 않는다고 핑계할 수가 없음을 말하며, 셋째·넷째 교리의 9항은 불신앙의 책임을 복음으로 부르시고 여러 은사를 주시는 하나님에게로 돌릴 수가 없음을 말한다.

이러한 설명은 항론파가 그릇되게 주장하기를 개혁파의 예정론이 하나님을 죄의 기원자 또는 조성자로 만든다고 한 말을 받아들이는 일이 없도록 교인들의 영혼을 보호하기 위한 것이다. 또한 이처럼 죄의 책임을 하나님께 돌리지 않도록 하는 교훈을 교리 주제별로 약간의 차이를 두고 반복하는 것은 비록 중생한 성도라 할지라도 마음에 남아있는 옛 사람의 흔적에 따라 지식의 오류와 감성의 무분별한 욕망이 작용하는 것을 단속하는 목회적 의지를 반영한다.

갓프리가 도르트신경의 구조적 형식이 보여주는 목회적 특성과 관련하여 말하는 또 다른 하나는 각 교리의 고백들에는 그 교리와 관련한 항론파의 오류에 대해 개혁파의 기본적인 정의를 제공하는 항목이 있다는 관찰이다. 예를 들면 첫째 교리의 경우 7항은 선택교리에 대한 정의를 보여주고, 15항은 유기교리에 대한 기본적인 설명을 준다. 또 둘째 교리의 8항은 그리스도의 죽으심의 효력이 적용되는 범위와 관련한 개혁파 설명을 풀어준다. 셋째·넷째 교리의 3항은 타락한 인간의 전적인 부패에 대한 이해를 정리해주며, 6항은 불가항력적인 은총에 관한 분명한 언급이다. 마지막으로 다섯째 교리는 성도의 견인과 관련하여 3항이 기본적인 개혁파 이해를 전달한다.[41] 명확한 정의를 풀어주는 전개는 이 도르트신경을 읽는 것만으로도 항론파의 오류에 빠지지 않고 개혁교회의 바른 가르침에 교인들이 따라오는 데에 어려움이 없도록 하는 세밀한 목회적 배려를 반영한다.

V. 도르트신경의 말씀 사역의 강조와 방향

도르트 총회는 1619년에 외국 총대들이 떠나간 이후에 네덜란드 교회의 통일된 교회법을 작성하는데 또한 상당한 시간을 사용하였다. 이 교회법에서 총회는 68조에서 목사가 행하여야 할

---

41) W. Robert Godfrey, "Popular and Catholic: The *Modus Docendi* of the Canons of Dort," 253.

일에 대해서 다음과 같이 명한다.

> 목사는 매 주일 통상적으로 오후 설교에, 현재 네덜란드교
> 회가 인정하고 있는 요리문답에 담긴 기독교 교리의 요점
> 을 간략히 설명해야 한다. 이 목적을 위하여 나누어져 있는
> 요리문답 자체의 구분을 따라서, 매년 마칠 수 있도록 해야
> 한다.

이처럼 설교를 통해서 개혁교회의 핵심교리가 전해져야 한
다는 의지를 교회법 안에 반영하고 있는 총회는 도르트신경을
작성하면서도 이러한 강조점을 반영하여, 설교에 대한 교훈을
각 주제별 교리 단락마다 넣어두었다.[42]

아울러 주의하여 볼 것은 도르트신경이 비단 설교의 중요성
을 반복적으로 강조할 뿐만 아니라, 그 설교의 내용이 지극히 복
음적이라는 사실이다. 이를테면 첫 번째 교리인 예정의 선택과
유기에 관한 단락에서 도르트신경은 1항에서 모든 인간을 다 정
죄하시고 벌을 내리셔도 하나님은 공의로우시다는 것과 2항에
서 하나님의 사랑이 그리스도를 보내시고 믿는 자를 구원하는
것으로 나타났음을 말한 이후에 바로 이어지는 3항에서 하나님
께서 복음 전도자를 보내어 믿어 구원에 이르도록 부르시는 긍

---

42) 박성환은 각 교리 주제 단락별로 설교에 관한 교훈이 어떻게 나타나고 있는 지를
    일목요연하게 제시하고 이를 토대로 설교자를 위한 설교작성과 전달에 대해 조
    언을 제시한다. "도르트 신조에 관한 설교학적 이해," 「한국개혁신학」 59(2018):
    48-84.

휼을 부각함으로 설교와 전도의 필요성을 교훈한다. 하나님의 예정에 따른 선택이 복음을 전하고 듣고 믿어야 하는 교훈을 무효화하지 않는다. 도리어 신경은 복음을 듣도록 전도와 설교사역의 중요성을 일깨운다.

이러한 흐름에서 신경은 하나님께서 설교자를 통해 들려주시는 복음에 대해 순종과 불순종의 두 가지 반응이 있음을 제시하고(4항), 이 불신앙의 근원은 사람에게 있는 반면에 신앙의 근원은 하나님께 있음을 밝히며(5항), 신앙의 은혜를 받거나 받지 못하는 일이 하나님의 작정에 의한 것임을 교훈하고(6항), 하나님의 변치 않는 목적에 따른 선택을 길게 설명하며(7항), 이 선택은 구약백성과 신약백성 모두에게 동일한 것임을 정리하고(8항), 선택은 인간이 보이는 신앙이나 신앙의 순종이나 거룩함에 근거하지 않고(9항), 도리어 하나님의 선하신 기쁨에 근거하는 것임을 강조하고(10항), 선택의 불변성(11항), 선택의 확신(12항)과 이 확신으로 말미암는 열매(13항)를 설명한 후, 이 선택을 적절하게 가르칠 것을 명령한다.(14항) 선택을 가르치는 말씀 사역을 통해 지극히 거룩하신 하나님의 이름을 높이고 하나님의 백성인 교인들에게 위로를 줄 것을 교훈한다. 이어서 성경에서 교훈하는 유기와 관련한 사실을 말하고 이것이 하나님의 결코 죄의 기원자로 만들지 않는다는 것을 말한 후에(15항), 이러한 유기에 대한 교훈을 근거로 교인들의 선택과 유기의 상태를 섣불리 판단하지 말아야 하며 도리어 계속적으로 은혜의 수단을 행하며 복음을 가르칠 것을 명한다.(16항) 여기에서 다시 설교의 중요성이 강조되는 셈이다. 이어서 유아기에 하늘의 부름을 받은 유아의 부모들의 위로를 전하고(17항), 선택과 유기의 교훈에 대한 마땅한 태도가 찬송임을 강조함으로(18항) 첫째 교리는 일단락된다. 전체적으로 첫째 교리는 최소한 3항과 16항에 걸쳐서 두 번 설교사역의 강조를 담고 있다.

두 번째 교리에서도 설교의 중요성은 계속하여 강조된다. 예를 들어 하나님의 공의는 값을 요구하며(1항), 이 값을 그리스도께서 갚으셨다는 사실을 말하고(2항), 그리스도의 죽음의 효력이 무한하다는 것을 말하고(3항), 그리스도의 죽음이 무한한 가치를 지니는 이유를 밝히며(4항), 이제 이 복음을 모든 이들에게 전하는 말씀 사역을 명한다.(5항) 그리고 이어서 불신앙의 책임은 인간에게 있으며(6항), 신앙은 하나님의 선물이라는 것(7항)을 거듭 강조하고, 그리스도의 죽음이 구원을 주는 효력이 있음을 말하고(8항), 선택을 받은 자들이 교회를 형성하는 일이 바로 하나님의 계획을 성취하는 것임을 밝힌다.(9항) 그리스도의 속죄의 효력과 범위를 밝히는 둘째 교리는 최소한 한 번 5항에서 말씀 사역을 강조한다.

셋째와 넷째 교리 단락에서는 복음의 필요성을 강조할 설교사역이 두드러지게 강조된다. 먼저 타락이 인간의 본성에 미친 영향으로 인한 죄의 비참함을 교훈하고(1항), 그 부패성은 자손 대대로 퍼져가며(2항), 그로 인해 인간은 영적 선에 대하여 전적으로 무능력하고(3항), 본성의 빛으로는 구원의 지식을 얻을 수가 없으며(4항), 부패한 인간이 구원을 얻기에 율법은 부적절하지만(5항), 반면에 복음은 구원의 능력이 있음을 밝히기 위해 말씀 사역을 통해 복음을 알려야 행하여야 할 것임을 강조한다.(6항) 복음을 제시할 대상을 정하실 주권적인 자유가 있으신 (7항) 하나님께서 선택한 자를 복음의 말씀 사역을 통해 하심을 확실하게 제시한다.(8항) 복음을 듣고도 거부하는 사람은 스스로 생명의 말씀을 믿지 않은 불신앙의 책임을 져야 한다.(9항) 그러나 복음을 듣고 회심하는 일은 복음 사역을 통해서 하나님께서 행하시는 일임을 다시 환기시킨다.(10항) 회심은 성령 하나님의 사역으로 나타나며, 성령의 사역으로 인한 회심은 다름 아닌 선포된 말씀의 사역으로 이루어진다.(11항) 중생은 초자연적인 역사이며(12항), 중생은 하나님의 초자연적 이해가 불가능한 신비한 일이며(13항), 하나님께서 믿음을 주시는 방식은 인간의 선택을 기다리는 제안이 아니라 실제로 주시는 것이라는 것을 말하고 (14항), 하나님의 은혜에 대한 반응은 오직 감사일뿐이며(15항), 중생으로 인한 효과는 신실한 순종과 영적인 회복이며 이것은 우리의 자유선택에 의한 것이 아니다.(16항) 하나님께서는 중생 안에서 여러 방편들을 사용하시므로 복음의 말씀 사역, 성례, 권징을 시행하여야 함을 교훈한다.(17항) 셋째와 넷째 교리에서는 6항, 8항, 11항, 그리고 17항 등에서 네 번 정도 말씀사역의 중요성과 필요성이 강조된다.

다섯째 교리는 성도의 견인을 다룬다. 어떻게 성도는 구원에서 떨어지지 않은 채 마침내 구원에 이르게 되는 것일까? 도르트신경은 먼저 중생자라 할지라도 죄에서 완전히 멀어지는 것이 아님을 말한다.(1항) 그리고 신자는 연약함으로 범하는 죄로 인하여 겸비함과 더욱 그리스도를 붙드는 반응을 보이며(2항), 하나님께서는 신자 안에 죄가 남아 있고 세상과 사탄의 시험이 여전하기 때문에 신자를 신실하게 붙들어 주신다.(3항) 신자는 이러한 유혹과 죄에 빠지지 않도록 깨어서 기도하여야 하며(4항), 시험에 들어 죄를 범할 경우 하나님을 진노케 하고 성령을 근심케 하여 일시적으로 은혜를 의식하지 못하게 된다.(5항) 그러한 경우라도 긍휼이 풍성하신 하나님께서는 택하신 자녀들에게서 양자의 지위를 빼앗을 정도로 타락하도록 내버려두지 않으시며(6항), 성도를 보존하시기 위하여 말씀과 성령으로 새롭게 하신다.(7항) 그리하여 성도를 확실하게 보존하시고(8항), 성도로 하여금 이 보존을 확신케 하신다(9항), 이 확신의 근거는 오직 하나님의 약속을 담고 있는 말씀에 있다.(10항) 이 확신을 의심케 하는 여러 유혹과 시험들이 있지만, 위로의 하나님께서는 감당하지 못할 시험을 주지 않으시며 성령으로 확신을 새롭게 하신다.(11항) 이 확신은 나태함이 아니라 경건함으로 이끌며(12항), 또한 이 확신은 부도덕과 경건의 나태함으로 이끌지 않는다.(13항) 하나님께서는 성도의 견인을 위하여 복음의 말씀을 듣고 읽고, 묵상하고, 권면하는 등 말씀 사역으로 사용하시며, 또한 성례를 사용하신다.(14항) 성도의 견인 교리를 확신하는 일은 마귀가 미워하는 일이지만, 그리스도의 신부인 교인은 성부, 성자, 성령 하나님께 영광과 존귀를 세세토록 돌린다.(15항) 이러한 맥락에서 다섯째 교리 단락은 적어도 세 번 7항, 10항, 14항에서 말씀 사역의 필요성을 강조한다.

이러한 복음의 말씀 사역, 곧 설교와 교육 그리고 전도의 중요성은 매 단락마다 앞서 말한 바처럼, 인간의 비참함에서 유일한 소망이신 그리스도로 나오는 맥락, 또는 인간의 죄로 인한 연약함에서 하나님의 긍휼과 보호하시는 은혜로 나오는 맥락을 따라서 강조되고 있다. 요컨대 도르트신경은 복음 설교를 통하여 인간의 비참함과 대조하여 하나님의 은혜를 설복하여 깊이 각인시키고 그리스도의 사랑과 성령의 위로 아래 무릎을 꿇게 하는 데에 목적을 둔다. 이러한 도르트신경의 네 구분으로 되어 있는 교리단락의 전개와 각 교리의 항목들의 흐름은 조금도 인간 편에서의 어떤 신앙이나 신앙의 순종이나 거룩을 내세우지 않도록 하며, 그것을 요구하거나 그것을 근거나 기준으로 삼는 시도를 열어두지 않는다. 도르트신경은 율법적 순종이 아니라 복음적 순종을 이끌어가는 설교를 가르친다. 이것은 하나님의 주권과 그리스도의 은혜, 그리고 성령의 자유로운 역사를 믿으며 인간의 전적 부패를 고백하는 개혁파 교회에게 있어서 본질적인 경건의 요체이며, 또한 목회의 실천적 근간이다.

VI. 도르트신경의 작성 목적과 목회 실천

이제 도르트신경의 목회적 특징들을 살피는 마지막 노력으로 먼저 도르트신경을 작성하면서 총회가 목적하고 있었던 바가 무엇인지를 살피고, 이어서 목적들에 담긴 목회적 의미를 정리한 후에, 도르트신경의 교리 진술에서 그러한 목적이 어떻게 실현되고 있는지를 살펴서 도르트신경에 반영되고 있는 목회적 특징들을 몇 가지 확인해보자.

우선 도르트신경을 작성하면서 총회가 인식하고 있었던 항론파로 인하여 야기된 문제들은 도르트신경의 결론에서 언급된 것을 토대로 정리하면 대략 일곱 개로 모아진다. 하나는 개혁교회의 예정론 교리가 (그리고 그것과 관련된 교리들과 함께) 교인들의 마음을 신실한 믿음과 경건함에서 벗어나게끔 한다는 주장, 둘은 예정론이 사탄의 보루이며 요새로써 많은 사람들을 상처를 입게 하여 절망케 하거나 안도감을 갖도록 한다는 주장, 셋은 예정론이 하나님을 죄의 조성자로, 불의한 분으로, 폭군으로, 위선자로 만들어 버린다는 주장, 넷은 예정론은 선택받은 자들로 하여금 어떻게 살든지 구원을 확신토록 만들어 지극히 악한 죄를 지어도 안전하다는 생각을 갖게 하며, 유기된 자들은 성도의 삶을 신실하게 산다고 할지라도 구원을 받는 일에 아무런 소용이 없게끔 만든다는 주장, 다섯은 하나님께서 죄를 고려하지도 않은 채, 단지 임의적인 뜻으로, 세상을 영원한 정죄 아래 있도록

예정을 하시고 창조를 하셨다는 주장, 여섯은 예정론이 하나님
께서 죄를 고려하지도 않은 채, 단지 임의적인 뜻으로, 선택은
신앙과 선행의 원인이 되게 하고, 유기는 불신앙과 불경건의 원
인이 되게 한다는 주장, 마지막으로 일곱은 예정론이 신자들의
자녀들을 죄책도 없음에도 어머니의 품에서 떼어내어 지옥에로
던져버린다는 주장 등이다.[43]

　이러한 문제들을 인식하면서 도르트 총회는 도르트신경을
작성함으로써 실행되기를 바라는 세 가지 목적이 있음을 도르
트신경의 결론에서 밝히고 있다. 하나는 우리 하나님의 영광이
며, 다른 하나는 생활의 거룩이며, 마지막 하나는 겁에 질려 두
려워하는 영혼들의 위로이다. 총회는 이 교리를 철저히 다룸에
있어서 말에 있어서나 글에 있어서나 이 목적들에 맞도록 학교
에서와 교회에서 신실한 믿음과 경건한 태도로 행하기를 그리
스도의 복음 안에서 함께 동역을 하는 모든 이들에게 격려한
다.[44] 이 세 가지 목적들을 이루기 위하여 알아야 할 것과 행하
여야 할 것들을 어떻게 가르치며 양육할 것인가의 질문은 곧 바
로 목회적 성격을 갖는다. 실제로 이러한 목적들은 단순히 신학
적 토론의 문제를 넘어서 신앙 정서에 직접적으로 영향을 주는

---

43) *Acta* 1: 270-271.

44) *Acta* 1: 271. "Postremo hortatur haec Synodus omnes in Evangelio Christi Sym-
mystas, ut in huius doctrine pertractione, in Scholis atque in ecclesiis, pie et
religiose versentur, eam tum lingua, tum calamo, ad Divini nominis gloriam,
vitae sanctitatem, et consternatorum animorum solatium accommodent."

것이므로 더욱 더 목회 실천적 성격을 갖는다.[45]

VII. 도르트신경의 목적: 하나님의 영광, 거룩한 삶, 그리고 영혼의 위로

도르트신경의 세 가지 목적, 곧 하나님의 영광과 거룩한 삶 그리고 영혼의 위로는 독립적이지 않다. 도르트신경은 이 세 가지 목적을 철저히 서로 연결하고 하나로 묶는다. 그리하여 하나님의 영광을 높이는 목회적 실천의 노력이 거룩한 삶을 열매로 이끌지 않거나, 영혼을 낙심하거나 절망케 하는 사역을 행해서는 안 된다. 거꾸로 말해서 겁을 먹고 두려워하는 영혼에게 하나님의 자비로우심을 바르게 전하여 그들을 살리고 격려함으로써 그들

---

45) 이 세 가지 목적들을 실천적으로 이루는 일들이 곧 목회 사역이라는 사실은 마르틴 부처(Martin Bucer)에게서도 지지를 받는다. 부처는 목회직과 영혼의 참된 돌봄에서 요구되는 사역으로 다음의 다섯 가지를 말한다. "첫째, 육신적인 부절제나 거짓 예배를 통해 주로부터 여전히 멀어져 있는 자들을 우리 주님에게로 인도하고, 그의 교제 안으로 들어오게 하는 것; 둘째, 한 때 그리스도에게로 왔고, 그의 교회 안으로 들어왔던 자이지만, 육신적 활동이나 잘못된 교리의 문제들을 통해 다시 길을 잃었던 자들을 회복시키는 것; 셋째, 그리스도의 교회 안에 남아 있으면서 심하게 타락하여, 죄를 지었던 자들을 참되게 개혁하는데 도와주는 것; 넷째, 그리스도의 교제 안에 있으면서 특별히 심하게 잘못된 일을 행하지 않지만, 기독교적 삶에서 어느 정도 약하고 병든 자들을 참 기독교적 강함과 건강 안에서 다시 세워주는 것; 다섯째, 그들의 기독교적 삶 속에서 심각하게 죄를 짓거나 약하고 병들지 않은 자들을 모든 불법과 실패로부터 보호하고, 그들이 계속적으로 모든 선한 일들을 행할 수 있도록 독려하는 것이다." Martin Bucer, *Von der waren Seelsorge und dem rechten Hirtendienst*, 최윤배 역, 『참된 목회학』(용인: 킹덤북스, 2017), 135-136.

로 하여금 삶의 거룩을 이루도록 권하며, 또한 이로써 하나님의 영광을 높인다는 관점을 놓치지 않아야 한다. 도르트신경은 바로 이러한 통합적인 관점에서 교회를 바라보고 교인들을 섬기도록 목회의 시각을 조정해준다. 따라서 도르트신경이 하나님의 영광을 높이는 방식은 영혼의 위로를 절실히 바라는 인간의 비참함과 상관없이 추상적이며 사변적인 신론을 전개하는 것이 아니다. 또한 신자의 삶의 거룩함을 가르치기 위한 노력에 있어서, 하나님의 자비에 따라 위로의 힘을 얻는 죄인의 상황을 무시한 채 신자를 규범의 정죄 아래 두는 율법주의 방식으로 목회를 하는 시각을 정당화 하지 않는다.

1) 하나님의 영광의 찬송

하나님의 영광을 찬송하기 위한 목적과 관련하여 도르트신경에서 관찰되는 이러한 사실들과 관련한 몇 가지 내용들은 이러하다. 먼저 하나님의 선택과 유기에 관한 첫째 교리는 죄로 인하여 저주 아래 있으며 영원한 죽음의 멸망을 당할 인간의 비참함으로부터 시작한다.(1.1) 그러한 인간을 하나님께서 어떻게 대하시는가를 통해 하나님의 영광을 높인다. 다시 말해서 자기의 독생자를 보내시므로 나타내시는 하나님의 사랑의 영광이며,(1.2) 그리고 그리스도의 복음을 죄인들에게 전파하고 회개를 요구하시는 하나님의 자비로우심의 영광이다.(1.3) 또한 복음을 믿지 않는 자들의 불신앙을 심판하시는 하나님의 공의의 영광과 복음을 믿는 자에게 구원의 선물을 주시는 하나님의 은혜의 영광이다.(1.4,5) 아울러 자신의 기쁘신 뜻에 따라 선택하시는 하나님의 주권의 영광이다.(1.6,7,8,9,10,11)

하나님의 영광과 관련한 이러한 교훈은 이어지는 교리에서도 동일하게 발견이 된다. 이를 테면 공의의 영광과 관련하여, 그리스도의 죽으심과 이를 통한 인간의 구속에 관한 둘째 교리는 하나님의 공의의 영광을 찬송하기를 하나님께서는 그의 무한한 위엄에 거슬리는 죄들을 반드시 형벌로 벌하시며, 공의가 만족되지 않고는 형벌을 피할 수 없는 분이시라고 고백한다.(2.1) 인간의 부패와 회심 그리고 회심의 방식에 관련한 셋째와 넷째 교리에서는 원죄로 인한 악한 본성의 유전이 일어나는 것인 하나님의 공의로운 심판에 따른 것임을 밝힌다.(3·4.2)

하나님의 긍휼 또는 자비의 영광과 관련하여서는, 인간은 누구도 하나님의 공의를 만족할 수가 없으므로 하나님께서는 무한한 자비로 독생자를 보내시어 우리를 대신하는 저주를 받게 하시어, 우리를 위하여 하나님의 공의를 만족하게 하셨음을 고백한다.(2.2) 특별히 둘째 교리는 그리스도의 피와 터 위에 세워진 교회를 언급하면서, 교회는 구원자 그리스도를 견고한 사랑과 신실한 심령으로 섬기며 그를 영원토록 즐거이 찬송할 것을 교훈함으로써 그리스도를 통하여 나타내 보이신 하나님의 은혜를 찬송한다.(2.9) 아울러 하나님의 주권적 은혜를 고백하면서 이르기를 사람은 은혜로운 복음을 받을 자격이 없으며, 오히려 정죄를 받아야 함에도 불구하고 하나님의 은혜로 복음을 받은 사람들은 하나님의 은혜를 찬송하여야 마땅하여야 하며, 동시에 하나님의 준엄하며 공의로운 심판을 찬송하여야 한다고 말한다.(3·4.3) 아울러 중생의 사역은 초자연적인 사역이며, 가장 기쁘고, 신비롭고, 말로 표현을 다 할 수 없는 하나님의 주권적 사역임을 지적한다.(3·4.4) 성도의 견인에 관련한 다섯째 교리에서는 앞서 말한 각 교리에서 진술한 것을 요약하여, 첫 번째 항목에서 언급하여 말하기를 하나님께서 그 분의 계획을 따라, 주 예수 그리스도 안에서 부르시고, 성령 하나님의 중생케 하시는 은혜를 베풀어 죄의 권세와 종노릇 하는 데에서 구원해 내신다고 교훈한다.(5.1)

2) 거룩한 삶

도르트신경은 성도가 마땅히 거룩한 삶을 살아야 할 것에 관련한 교훈을 다음과 같이 바르게 가르친다. 첫째 교리는 하나님께서 복음을 설교하게 하심은 그리스도를 믿고 회개하도록 하게 하심이며(1.3), 그것은 그리스도와의 교통 안에서 하나님의 말씀과 성령으로 부름을 효과적으로 받고, 참된 믿음으로 의롭다 하심을 받고 거룩한 삶을 살도록 하기 위함이라고 밝힌다.(1.7) 성도는 선택의 열매들, 곧 하나님에 대한 경외심, 죄에 대한 거룩한 슬픔, 의에 목마르고 주림과 같은 것들을 기뻐하고 거룩히 즐거워하는 모습을 맺는다.(1.12) 둘째 교리에서는 하나님께서는 그리스도의 죽으심이 성도를 구원하여 그들을 아무런 흠 없고 점 없이 영광스럽게 자기 앞에 서도록 하신 것임을 고백한다.(2.8) 이러한 구원의 목적은 셋째 · 넷째 교리에서도 그대로 언급된다. 즉 하나님께서는 성도들을 구원하시는 것은 어두운 데서 불러내어 그의 기이한 빛에 들어가게 하신 이의 아름다운 덕을 선포하게 하려는 것이며(3·4.10), 이러한 목적을 이루시기 위하여 하나님께서는 사람의 의지를 영적으로 살리시고, 순종하도록 하신다.(3·4.16) 마지막으로 다섯 째 교리에서 그대로 확인이 된다. 하나님께서는 말씀과 성령으로 확실하게 또한 효과적으로 죄인을 회개하도록 하시며, 죄를 경건한 마음으로 슬퍼하게 하시며, 통회함으로 중보자의 피를 믿어 죄사함을 구하고 또한 얻어 하나님의 은혜를 다시 경험하고, 그의 자비를 찬송하고, 그때로부터 더욱 부지런히 두렵고 떨림으로 구원을 이루게 하신다고 교훈한다.(5.7)

3) 영혼의 위로

이처럼 비참한 인간의 이해와 연결하여 하나님의 영광을 바라보게 하는 도르트신경은 하나님의 영광과 거룩한 생활이라는 교훈을 들어 죄인의 영혼을 정죄하지 않는다. 오히려 도르트신경은 겁에 질려 두려워하는 영혼을 위로해 주어야 할 것이라는 목회적 교훈을 전달한다. 이러한 목회적 교훈의 성격은 개혁신학의 가장 중요한 특징을 반영한다. 곧 거룩한 성도의 삶의 교훈을 가르칠 때 항상 죄인으로 상한 심령을 가진 영혼을 위로하는 것과 분리하지 않는다는 사실이다. 거룩한 삶은 한 편으로 성도가 마땅히 지켜야 할 규범이면서, 다른 한 편으로 이 땅에서 나그네 신앙 길을 가는 성도에게는 항상 지향할 목표이며 또한 목적이기 때문이다. 성령 하나님의 은혜로 중생한 성도는 죄를 범하지 않을 수 있는 자이면서도 또한 여전히 죄를 범할 수 있는 상태에 있는 자이다. 따라서 성도에게 요구되는 거룩의 교훈은 성도의 실제 신앙이 영적이며 도덕적으로 연약하며 결함이 있는 상태에 있음을 드러내며, 그리스도의 십자가만이 소망임을 더욱 확신케 한다. 개혁신학이 말하는 율법의 제 2 용도, 곧 '죄를 책망하며 또한 그리스도에게로 이끄는 몽학선생의 용도'(*usus elenchticus sive paedagogicus*)는 바로 이 진리를 반영한다. 아울러 그리스도의 속죄의 은혜를 계속적으로 각성하는 가운데, 성도는 거룩한 삶의 교훈을 순종하며 살고자 소망하고 성령 하나님의 도움을 구하며 거룩한 삶의 열매를 이루어간다. 개혁신학은 이러한 진리를 반영하여 율법의 제 3 용도, 곧 '교훈적이며 또한 규범적 용도'(*usus didacticus sive normativus*)를 말한다. 율법은 중생자의 삶에서 더 이상 정죄의 힘을 갖지 않기 때문에, 율법의 규범적 용도는 정죄로 절망케 하는 것이 아니라, 성도가 살아야 할 의의 길을 가리킨다. 개혁신학은 이러한 맥락에서 구원에 합당한 믿음은 선행의 열매를 맺게 됨을 강조하면서도, 연약한 영혼을 위로하는 일을 놓치지 않는다.

성도의 거룩한 생활에 대한 교훈과 연약한 영혼의 위로를 결코 분리하지 않는 개혁신학의 특징을 먼저 첫째 교리에 관한 항목들에서 살펴보면 다음과 같다. 이를테면 도르트신경은 목사로 하여금 복음이 죄인을 부르는 것이지 의인을 부르는 것이 아님을 잊지 않도록 일깨운다.(1.10) 따라서 목사는 교인들이 의인이 아니라는 이유로 교인들을 정죄하거나 그들에게 선택의 확신을 빼앗으려 해서는 안 된다. 하나님께서 택하신 자들은 자신들이 선택을 받았다는 확신을 가질 수 있으나 그 확신은 다양할 뿐만 아니라 확신의 정도도 다르다는 것을 명심해야 한다. 그래서 교인들을 정죄하려 하지 않고 도리어 신앙을 격려하여야 한다.(1.11,12) 이처럼 두려워하는 영혼을 위로함으로써 그 영혼으로 하여금 하나님의 자비를 찬송하게 하고, 은혜의 구원을 감사하면서, 새로운 삶의 거룩한 변화를 낳도록 이끌어 간다. 여기서 도르트신경은 하나님께서 선택이라는 주권적 사랑을 베푸신다는 것을 빌미로 하여 결코 나태와 안일에 빠져 육적인 평안을 즐기는 일이 없도록 목회를 하여야 할 책임을 일깨운다.(1.13) 그리고 하나님께서 선택이라는 주권을 행사하시는 일을 가르칠 때, 목사는 마땅히 경건한 태도로 하나님의 영광을 높이는 자세로 할 것이며, 호기심에서 캐내고자 하는 방자한 자세로 하지 않도록 하여야할 것임을 일깨운다. 선택의 교리를 사변적인 지식의 차원에서 가르치지 않고, 죄에 눌리고 두려워 하는 영혼에게 살아있는 위로를 전하기 위해 가르쳐야 함을 교훈한다.(1.14)

유기의 교리가 목회 실천적인 것이라고 할 만한 교훈을 줄 수 있을까? 연약한 성도의 영혼을 위로하여야 할 목회적 고려는 유기에 관한 항목에서도 뚜렷하게 반영이 되고 있다. 유기의 교리는 악인들을 반드시 정죄하고 영원히 멸망시키는 하나님의 공의를 가르치며, 죄인들 가운데 선택을 하지 않은 자들에게 하나님의 공의가 실현되도록 작정을 하셨음을 말한다. 이러한 유기의 교리를 통해 하나님이 두려우신 분이시며 흠이 없는 정의로운 심판주이시며 보응하시는 분이시라는 영광을 높이도록 해야 한다.(1.15)

그러면서 도르트신경은 유기의 교리로 인하여 놀라서 스스로를 유기된 자로 여기거나 낙심하지 않도록 교인들을 격려하여야 할 목회적 책임을 일깨운다. 도르트신경은 신자들의 영적 수준과 현실적 상태를 충분히 인정할 것을 전제한다. 곧 신자들이란 옛 사람의 흔적을 가지고 있는 연약한 자들이기 때문에 회심케 하시는 성령의 은혜로 말미암아 한편으로는 하나님께 마음을 돌이켜 하나님을 기쁘시게 하기를 바라고 하나님을 사랑하기를 바라며 또한 사망의 몸에서 건짐을 받기를 바라지만, 다른 한편으로 여전히 마음에서 갈망하는 바에 미치지 못하여 괴로운 자들임을 인정한다. 그러므로 도르트신경은 유기 교리로 인하여 심령이 눌리고 괴로워하지 않도록 이러한 신자들을 오히려 위로할 것임을 교훈한다.(1.16) 심지어 그리스도에 대한 살아있는 믿음, 영혼이 확신을 가지고 신뢰하는 일, 양심의 평안, 하나님께 순종하고자 하는 자녀의 노력, 그리스도로 인하여 하나님을 찬송하는 일이 아직 분명하고도 효과적으로 경험되고 있지 못한 사람들에게 조차도 유기 교리로 인하여 이들이 마치 버림을 받은 자인 양 판단하고 정죄하는 일이 없어야 할 것임을 교훈한다. 오히려 이러한 자들일지라도 은혜의 방편을 따라 부지런함으로 하나님의 때를 기다리도록 격려하는 것이 목회의 마땅한 태도이어야 함을 교훈한다.(1.16) 유기의 교리가 주는 이러한 목회 실천적 관점은 유아기에 죽은 자녀를 둔 부모를 향해서도 위로를 주어야 할 방향을 지시한다. 그것은 신자인 부모에게 그들의 자녀들은 언약에 따라 은혜로 거룩함을 입은 자임을 일깨우는 것이다. 그리고 그러한 자녀들은 선택과 구원을 의심하여야 할 이유가 없음을 주지시켜 부모들의 슬픔과 두려움을 돌볼 것임을 교훈한다.(1.17) 마지막으로 도르트신경은 선택과 유기의 교리는 하나님의 주권을 찬송하며 겸손히 인정하도록 교인들을 이끌어가며 목양할 책임을 일깨운다.(1.18)

영혼의 위로와 관련한 도르트신경의 목적은 성도의 견인과 관련한 다섯 째 교리에서도 뚜렷하게 드러난다. 예를 들어, 도르트신경은 회심한 사람들이라 할지라도 어떤 특정 행동에 있어서 육신의 정욕에 미혹되거나 굴복할 수 없는 것이 아니며, 실제

로 유혹에 이끌리는 일이 있음을 인정한다.(5.4) 회심한 참 신자
는 죄의 잔재와 세상과 사탄의 유혹 때문에 스스로의 힘으로는
구원의 은혜 안에 계속적으로 굳건히 서 있을 수가 없는 연약한
자들이기 때문이다.(5.3) 그러나 하나님께서는 한 번 주신 은혜
로 구원하신 신자들을 끝까지 권능으로 지키시며,(5.3) 결코 최
종적으로 완전히 구원에서 떨어지지 않도록 보존하심을 확실히
강조한다.(5.7) 더욱 더 위로가 되는 것은 이처럼 하나님께서 성
도를 보존하신다는 사실을 우리의 위로를 위하여 말씀 안에서
풍성하게 나타내셨다는 데에 있다. 성도는 반드시 믿음 안에서
구원을 받을 것이라는 견고한 위로와 영원한 영광에 대한 보증
을 이 세상에서 사는 동안 가질 수가 있다. 만일 그렇지 못하다
면 모든 사람 가운데 가장 불쌍한 자일 것이라고 덧붙인다.(5.10)
도르트신경의 목회적 성격은 구원의 확신을 갖는 일의 기쁨과
위로를 말하는 데에서 멈추지 않고 그 확신을 갖지 못하는 성도
의 영적 현실까지를 고려하고 있다는 데에서 더욱 더 특징적으
로 드러난다. 도르트신경은 밝히기를, 성도들은 이 세상에서 육
신의 의심들과 맞서 싸워야 하며, 또한 유혹들을 받고 있기 때문
에 구원의 확신을 충만히 갖지 못하며 또한 견인을 확실하게 느
끼지 못할 수 있음을 말한다. 그러나 동시에 감당하지 못할 시험
을 주지 않으시며, 또한 시험 가운데 피할 길을 내어 주시는 하
나님의 은혜가 있음을 강조한다.(5.11) 그리고 하나님의 말씀을
통해 말씀의 권고와 경고와 약속들을 듣고, 읽고, 묵상하는 일,

그리고 성례의 사용을 통해 교회에 은혜를 주시며, 그것을 통해 성도의 구원을 보존하시고 완성하신다고 말함으로써 일상적이며 보통의 신앙 가운데 있는 성도를 위로한다.(5.15)

VIII. 맺는 말

도르트신경은 항론파의 신학적 오류를 배격하고, 항론파가 일으킨 소란에서 교회를 보호하고 안정케 하며 더욱 성경의 진리 안에서 자라게 하기 위하여 작성된 신앙문서이다. 그것은 역사적으로 항론파의 주장을 다스리기 위하여 깊은 신학적 토론의 과정을 필요로 하였고 그 과정을 통하여 나온 신앙문서이므로 본질상 성격이 교리문서이다. 또한 그런 만큼 엄격하게 옳고 그름을 시비를 가리는 일과 관련하여 냉정한 정서를 줄 것이라는 오해나 편견을 가지고 도르트신경을 가까이 하지 않는 목회자들도 적지 않을 듯하다. 최소한 도르트신경에서 목회 실천적 의미와 교훈들을 구할 수 있을 것이라고는 생각지 못하는 목회자들도 많을 것이다.

그러나 피터 드 용(Peter Y. De Jong)이 바르게 지적한 바대로, 오늘날 도르트 총회가 단지 교리만을 진술했다고 생각하는 것은 잘못이다. 이러한 판단은 "총회의 관심 사항들과 실행들을 지나치게 단순화 하는 것일 뿐만 아니라 또한 두드러지게 그릇된 설명이다."[46] 도르트신경은 이러한 반응과는 전혀 다르게 지극히 목회적인 고려 가운데서 작성이 되었다. 도르트 총회는 도르트신경을 작성을 위하여 총대들과 토론을 할 때는 상당히 스콜라적인 학문의 양식을 따라 행하였다. 그러나 총대들의 일반적인 동의에 따라서 도르트신경은 교인들이 쉽게 접근하여 읽을 수 있도록 학문적 양식이 아니라 대중적 양식을 따라 작성이 되었다. 총대들에게는 항론파가 일으킨 소란 때문에 상처를 입은 교회를 싸매고 보호하며 지켜야 할 현실적 필요가 너무나도 강하고 뚜렷했던 것이다. 이러한 이유로 도르트신경의 문서 스타일을 대중적으로 했을 뿐만 아니라, 다섯 교리들을 각 교리 주제별로 독립된 고백문으로 만드는 노력을 기울였다. 어느 교리에 대하여 의문이 생기더라도 다른 교리들을 알아야 하는 학습의 부담을 덜어주기 위한 배려이었다.

무엇보다도 도르트신경을 작성한 도르트 총대들은 개혁신학에 정통할 뿐만 아니라 개혁교회의 목회적 실천에도 마음과 몸이 늘 같이 있었던 신학자이며 목회자들이었다. 도르트신경은 선택을 받은 신자들을 복음으로 위로하고 이들을 신앙 안에서 격려하여 거룩한 삶을 살아가면서 하나님의 자비로움의 영광을 찬송하는 일이 목회적 과제임을 각 항목의 고백을 통해서 충분히 교훈한다. 도르트신경을 바르게 읽는 목회자의 마음에

---

46) Peter Y. De Jong, "Preaching and the Synod of Dort," in Peter Y. De Jong ed., *Crisis in the Reformed Church: Essays in Commemoration of the Great Synod of Dort, 1618-1619* (MI: Reformed Fellowship, 1968, 2008), 150.

는 (바르게 읽었다면) 경직된 목양의 태도란 있을 수가 없다. 도리어 도르트신경에서 배어나오는 개혁교회의 영적 정서, 곧 부드럽고 포용하며 영혼을 깊이 사랑하고 위로를 나누는 겸손하며 따뜻한 목회적 교훈을 배우게 될 것이다.

목회

M
I
N
I
S
T
R
Y

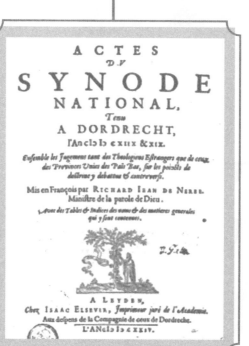

도르트신경과
교리 강설

이승진

I. 들어가는 말[1]

과거 2천년의 기독교 교회 역사를 설교의 관점에서 조망해 보면 분명한 사실이 하나 발견된다. 교회의 부흥과 쇠락은 하나님의 주권을 강조하는 '교리에 관한 강해 설교'(doctrinal expository preaching, 이하 교리 강설, 敎理 講說)에 달렸다는 것이다. 교회 강단에서 하나님의 절대적인 주권과 무조건적인 선택, 그리스도의 제한 속죄, 성령 하나님의 불가항력적인 은혜와 그 은혜 안에서의 성도의 필연적인 견인의 교리를 분명하게 선포할 때, 신자들은 회심과 영적 평안을 경험하며 교회가 활력 있게 부흥할 수 있었다. 반대로 강단에서 인간의 자유의지를 강조하고 그리스도의 구원을 인간의 믿음에 종속시키고 인간의 감각적인 확신과 인간의 종교심을 자극하는 수사들이 난무할 때면, 교회는 쇠락의 늪으로 빠져들고 말았다.

---

1) 이 원고는 필자가 합동신학대학원 제 22회 교수학술세미나(2018년 11월 29일)에서 발표했던 원고를 합동신학대학원출판부의 "도르트신경 400주년 기념 저술"의 편집 취지에 맞게 수정한 것임.

그렇다면 목회자·설교자들이 어떻게 하나님의 말씀을 올바로 선포함으로 개혁파 교회를 예수 그리스도의 반석 위에 우뚝 세울 수 있을까? 이 질문에 대하여 개혁주의 표준문서들에 관한 정기적이고 지속적인 교리 강설을 선포했던 과거 선례들은 분명한 해답을 제시한다. 예를 들어 "스코틀랜드 교회 총회는 1560년부터 모든 목회자는 매 주일마다 드리는 두 번의 공중 예배 가운데 두 번째 예배 시에는 항상 교리문답 설교를 통해 청년들과 성경에 무지한 자들을 가르칠 것을 결정하였으며, 1603년 잉글랜드 교회는 매주일 또는 휴일마다 30분 이상 십계명과 신경들, 주기도문 등을 철저하게 설교할 것을 결정하였다."[2]

1563년에는 하이델베르크 요리문답서가 출간되었고, 같은 해 11월에는 개혁파 교회 내에서 하이델베르크 요리문답서를 올바로 그리고 효과적으로 교육하고 설교하도록 안내하는 규정을 담은 팔츠(Pfalz) 교회법이 공표되었다.[3] 도르트 교회법 68조에서 다음과 같이 규정한다. "목사는 어느 곳에서든지 통상적으로는 오후 예배에서 매주일 하이델베르크 요리문답에 요약되어 있는 기독교 교리의 핵심을 설교할 것이다. 그 목적을 위하여 나눈 요리 문답의 구분을 따라 일 년에 한 번씩 마치도록 설교해야 한다."[4]

---

2) 윤종훈, "개혁주의 4대표준문서 활용을 위한 역사적 고찰: 개혁주의 교리교육 설교법 확립을 위한 제언", 「역사신학논총」 14 (2007): 241.

3) 이남규, "팔츠(하이델베르크)교회와 신앙교육", 「개혁교회와 신앙교육: 제 26회 정암신학강좌」 (2014, 11, 합동신학대학원 총동문회), 127-129.

4) 유해무, 김헌수, 『하이델베르크 요리문답의 역사와 신학』 (서울: 성약, 2006), 30-31.

이렇게 개혁주의 교회의 역사는 매 주일에 정기적으로 교리 문답을 강설했던 모범적 선례를 제시하고 있지만, 현대의 개혁파 교회 안에서 개혁주의 표준문서들에 관한 교리 강설이 점차 사라져가고 있다. 올해(2018-2019)는 개혁주의 신앙을 선명하게 제시하는 도르트신경이 작성된 이후 (1618-1619) 400주년을 기념하는 해이다. 그럼에도 불구하고 목회 현장에서는 교리 강설에 관한 필요성이나 관심이 점차 희박해지고 있으며, 도르트신경을 강설할 설교학적인 지침이나 규범도 빈약한 실정이다.

연구자는 이러한 배경을 고려하여 먼저 기존의 교리 설교가 주로 교리적인 내용이나 의미를 설명하는 데 집중했던 반면에 교리 설교나 교리 교육이 추구하는 신자의 성화라는 목적을 달성하는 데 효과적인 수사적인 전략이나 설교의 형식을 소홀했던 문제점을 지적할 것이다. 이어서 도르트신경의 목회적인 목적과 이를 달성하기에 효과적인 수사적 형식에 관하여 고찰하면서 화행론적인 교리 강설의 수사적인 문법에 관하여 고찰할 것이다. 이 과정에서 연구자는 화행론적인 교리 강설에 적합한 신앙의 문법과 내러티브 구조를 제시할 것이다. 이어서 교리 강설을 위한 청중의 상황화를 고찰하고 실천신학적인 인간론에 근거하여 신자를 구원의 서정 중에 있는 선택된 신자로 바라보면서 설교해야 함을 강조할 것이다. 마지막으로 목회 현장에서 튤립 교리(TULIP doctrines)를 효과적으로 설교하여 각각의 교리가 의도하는 설교학적인 효과를 얻을 수 있는 설교 개요(sermon outline)를 제시할 것이다.

II. 교리 강해 설교에 관한 선행연구들

도르트신경에 대한 교리 강설에 관한 연구는 크게 두 영역에서
진행되었다. 첫째 영역은 도르트신경이 작성된 역사적인 배경
과 그 내용에 관한 조직신학적인 관점의 연구다. 둘째 영역은 도
르트신경을 목회 현장에서 적용하고 가르칠 방안에 관한 실천
신학적인 관점의 연구다.

1. 도르트신경에 관한 조직신학 관점의 연구들

리차드 멀러(Richard Muller)는 *God, Creation, and Province in
the Thought of Jacob Arminius: Sources and Directions of Scho-
lastic Protestantism in the Era of Early Orthodoxy* (1991)에서 근
대 스콜라적인 개신교의 역사 속에 등장했던 야콥 아르미니우
스의 사상을 깊이 있게 분석하였다.[5] 클라랜스 바우만(Clarence
Bouwman)도 *Notes on the Canons of Dort*이란 제목으로 도르트

---

5) Richard Muller, *God, Creation, and Province in the Thought of Jacob Arminius:
   Sources and Directions of Scholastic Protestantism in the Era of Early Orthodoxy*
   (Grand Rapids: Baker, 1991).

신경에 관한 자세한 해설을 소개하였다.[6]

2018년에 한국개혁신학회(Korea Reformed Theology Society)는 도르트신경이 공표된 이후로 400주년을 기념하여 "도르트신경 400주년의 역사적 의미와 한국교회"라는 제하로 44차 학술심포지엄을 개최하였다. 이 심포지엄에서 김영한 박사는 "정통 칼빈주의와 온건한 알미니안주의의 대화"라는 제목의 기조강연을 발표하였고, 15명의 국내 신학자들이 "도르트신경 400주년의 역사적 의미와 한국교회"에 관한 소논문들을 각각 발표하였으며, 제 3부의 "도르트신경과 목회"라는 제목의 패널 토의 시간에는 3명의 신학자들이 도르트신경에 관한 실천신학적인 접근을 다룬 소논문들을 발표하였다.[7]

이 논문들 중에 실천신학 관점에서 주목할 만한 논문은 김병훈 박사의 "도르트신경의 목회적 성격과 교훈들"이다. 김병훈 박사는 이 논문에서 도르트신경은 개혁교회가 신앙하는 올바른 교리를 변증할 목적으로 작성되었지만, 그 신경의 기저에는 대중적인 설득을 위한 목회적인 성격을 담고 있음을 논증하였다. 또 도르트신경은 하나님의 영광을 높이며, 신자의 거룩한 삶, 그리고 신자의 영혼의 위로라는 세 가지 목회적인 목적을 달성하고자 학문적인 신학적 언어가 아니라 오히려 고백적인 언어로 기록되었음을 논증하였다.

---

6) Clarence Bouwman, *Notes on the Canons of Dort*, 손정원 역 『도르트신경 해설』 (서울: 솔로몬, 2016).

7) 한국개혁신학회, 『도르트신경 400주년의 역사적 의미와 한국교회: 한국개혁신학회 제 44차 학술심포지엄 프로시딩』, (2018년 5월 26일).

도르트신경이 공표된 이후 400년이 지나도록 이 신경에 관한 조직신학 관점의 해설서들과 연구 논문들이 많이 발표되었다. 하지만 목회 현장에서 도르트신경과 같은 개혁주의 표준문서들과 신앙고백서들을 설교할 수 있는 실천신학 관점의 연구나 해설서들은 조직신학 관점의 해설서들과 비교하여 그 연구의 분량이 매우 미약한 실정이다.

2. 도르트신경에 관한 실천신학 관점의 연구들

20세기 후반부에 북미권에서는 교리 설교에 관한 다양한 해설서들과 설교집, 그리고 연구 논문들이 발표되었다. 코넬리스 베네마(Cornelis P. Venema)는 *But for the Grace of God: An Exposition of the Canons of Dort*(1994)에서 목회 현장에서 도르트신경을 교인들에게 교육할 수 있는 기본적인 방향과 그 내용들에 관한 자세한 해설을 제시하였다.[8] 아서 반 시터스(Arthur Van Seters)는 "Dilemmas in Preaching Doctrine"(교리 설교의 딜레마, 1994)라는 소논문에서 교리의 목회적인 기능을 다음 네 가지로 제시하였다.[9] 교리는 교회를 대적하는 적대적인 세속 사회 속에서 신앙 공동체의 정체성을 결정하는 사회적인 경계 설정의 기능을 하며, 둘째로 교회는 신앙 공동체의 정체성을 규명하는 성

---

8) Cornelis P. Venema, *But for the Grace of God: An Exposition of the Canons of Dort*, (Grandville, Reformed Fellowship, 1994).

9) Arthur Van Seters, "Dilemmas in Preaching Doctrine", *Journal for Preachers*, 17/3 (1994): 31-40.

경적인 거대담론(biblical meta-narrative)을 해석할 기준과 규범을 제공하며, 셋째로 신자들과 신앙 공동체가 종교적인 경험을 해석하며 경험에 의미를 부여하는 인식론적인 프레임을 제공하며, 넷째로 옳고 그름에 관한 절대 진리의 규범과 주권을 제시한다.

이후에도 로버트 카이저(Robert Kysar)는 "New Doctrinal Preaching for a New Century"(1997)라는 소논문에서 교리 설교가 전통적인 교리와 청중의 현실 세계 사이의 신학적인 대화와 해석학적인 탐구를 촉진시켜야 할 것을 제안하였고, 다니엘 도리아니(Daniel Doriani)는 "Doctrinal Preaching in Historical Per-spective"(2002)라는 소논문에서 2천년 교회의 역사를 교리 설교의 관점에서 추적하면서 초대교회의 아타나시우스(Athanasius)와 어거스틴(Augustine), 안셀름(Anselm of Canterbury), 존 칼빈(John Calvin)을 대표적인 교리 설교가로 소개하였다.

총신의 최홍석 교수는 "도르트신경에 나타난 TULIP 교리의 정당성과 선교적 함축 : 전적 무능력과 무조건적 선택교리를 중심으로"(2002)라는 소논문에서 도르트신경의 다섯 항목 중에서 전적 타락과 무조건적 선택이라는 첫째 교리와 둘째 교리가 선교 현장에서 어떤 함의를 제공하는지를 연구하였다.[10] 최홍석에 의하면 도르트신경의 첫째와 둘째 교리는 다음 네 가지 선교적인 함의를 제시한다. 첫째로 "선교는 전적으로 하나님의 일"

---

10) 최홍석, "도르트신경에 나타난 TULIP 교리의 정당성과 선교적 함축" 「신학지남」 272 (2002,가을): 144-181.

이라는 것이고, 둘째는 "하나님은 복음전도와 선교에 인간을 기용하신다"는 것, 셋째는 복음의 이중 역사의 가능성, 즉 복음전도의 결과가 생명의 반응만이 아니라 사망의 대조적인 반응이 나올 수 있음을 항상 인정해야 한다는 것, 그리고 넷째로 이 교리는 교회와 신자들로 하여금 선교사역의 본질을 깊이 망각하지 않게 한다는 것이다.

이승진은 밀라드 에릭슨(Millard J. Erickson)과 제임스 헤플린(James L. Heflin)의 *Old Wine in New Wineskins: Doctrinal Preaching in a Changing World*(1997)를 『건강한 교회를 위한 교리설교』(2005) 라는 제목으로 국내에 번역 소개하였다.[11] 또 김세광은 윌리엄 칼 3세(William J. Carl III)의 *Preaching Christian Doctrine*을 『감동을 주는 교리설교』라는 제목으로 국내에 번역 소개하였다.[12]

윤종훈은 "개혁주의 4대표준문서 활용을 위한 역사적 고찰: 개혁주의 교리교육 설교법 확립을 위한 제언"(2007)이란 소논문에서 교리문답 설교법의 역사적인 배경을 소개하고 개혁주의 4대표준문서, 즉 벨직 신앙고백서(1561)와 하이델베르크 요리문답서(1563), 도르트신경(1619), 웨스트민스터 표준문서(1643-7)에 대하여 간략하게 설명한 다음, 개혁주의 표준문서를 목회 현장

---

11) Millard J. Erickson & James L. Heflin, *Old Wine in New Wineskins: Doctrinal Preaching in a Changing World*, 이승진 역, 『건강한 교회를 위한 교리설교』(서울: CLC, 2005).

12) William J. Carl III, *Preaching Christian Doctrine*, 김세광 역, 『감동을 주는 교리설교』(성남: 새세대, 2011).

에서 교리문답식 설교법으로 활용할 것을 제안하였다.[13]

이승진은 "성경적 설교의 회복을 위한 교리설교"(2013)라는 소논문에서 목회자들·설교자들이 목회 현장에서 교리설교를 기피하는 세 가지 원인을 분석하였고 교회를 위한 교리의 순기능과 교리설교 방법론을 제시하였다.[14] 목회자들·설교자들이 목회 현장에서 교리설교를 기피하는 이유는 교리 교육이 교회 성장에 큰 의미와 유익을 주지 못한다는 판단 때문이고, 개혁주의 교리와 신앙고백을 특정한 교파나 교단에게만 유의미한 교훈이나 관점 정도로 치부하는 상대주의가 오늘날 교회 현장에 팽배하기 때문이다.

황준호는 북미자유개혁교회의 코르넬리스 프롱크(Cornelis Pronk) 목사가 캐나다 개혁파 교회에서 강설했던 도르트신경 설교집(*Expository sermons on the Canons of Dort*, 1999)을 『도르트 신조 강해』(2012)라는 제목으로 국내에 번역 소개하였다.[15]

Joel R. Beeke(조엘 비키)는 "Catechism Preaching"(2015)라는 소논문을 통해서 요리문답에 관한 강해 설교의 역사적인 발전 과정을 소개한 다음 현대 교회 안에서의 교리 강설의 실종 현상을 비판하고, 요리문답 설교의 8가지 유익을 제시하고, 끝으로

---

13) 윤종훈, "개혁주의 4대표준문서 활용을 위한 역사적 고찰: 개혁주의 교리교육 설교법 확립을 위한 제언", 「역사신학논총」 14 (2007): 234-271.

14) 이승진, "성경적 설교의 회복을 위한 교리설교" 『교회를 세우는 설교목회』 (서울: CLC, 2013): 85-109.

15) Cornelis Pronk, *Expository sermons on the Canons of Dort*, 황준호 역, 『도르트 신조 강해』 (수원: 그 책의 사람들, 2012).

요리문답 강설을 위한 5가지 실제적인 방법을 제시하였다.[16]

III. 도르트신경의 목회적인 목적과 이를 위한 수사적인 형식

1. 성경 설교를 위한 브릿지 패러다임 VS 복음 설교를 위한 언어-사건 패러다임

에드워드 팔리(Edward Farley)는 "Preaching the Bible and Preaching the Gospel"(성경을 설교하기와 복음을 설교하기)란 제목의 소논문에서 성경 설교와 복음 설교의 설교학적인 패러다임을 서로 비교하면서, 오늘날 설교자들이 성경 본문을 주해함으로 설교의 책임을 완수한 것으로 착각하는 문제점을 지적하였다.[17] 에드워드 팔리는 성경을 설교하는 것(preaching the Bible)을 가리켜서 성경의 세계와 현대 청중의 세계 사이에 다리를 건설하는 브릿지 패러다임(bridge paradigm)으로 명명하고, 복음을 설교하는 설교의 패러다임을 인카운터 패러다임(또는 조우 패러다임, encounter paradigm)으로 명명한다. 에드워드 팔리가 말하는 설교의 '인카운터 패러다임'이란 설교자가 전하는 설교 언어를 통해서 회중이 하나님과의 인격적인 만남을 경험하는 언어-사

---

16) Joel R. Beeke, "Catechism Preaching", *Puritan Reformed Journal*, 7/2 (2015,June):215-242.

17) Edward Farley, "Preaching the Bible and Preaching the Gospel", *Theology Today*, 51/1 (1994): 90-103.

건(Word-event)을 의미한다.[18]

에드워드 팔리에 의하면 예수 그리스도의 사도들과 초대교회 성도들은 오늘날 설교자들처럼 기록된 구약성경 두루마리를 청중 앞에 펴서 그 본문을 주해하면서 설교하는 주해 설교 방식(exegetical preaching style)을 모든 설교의 가장 기본적이고 중요한 형식으로 따르지 않았다고 한다. 오히려 그들은 현대 설교자들과 달리 죄인과, 하나님의 임박한 심판, 예수 그리스도의 대속과 하나님의 은혜, 믿음으로의 초청과 같이 자주 반복되는 몇 가지 주제를 가지고 청중을 하나님과의 인격적인 만남의 사건으로 이끌었다. 이것이 설교의 인카운터 패러다임이다. 반면에 현대의 설교자들은 성경 본문을 주해하면서 본문의 논리를 따라가는 것을 설교 논리나 형식의 최우선 과제로 간주하다보니(성경설교의 브릿지 패러다임), 정작 회중에게 복음을 선포하여 그들을 하나님과의 만남이라는 말씀 사건을 성취하지 못하는 문제점이 발생한다는 것이다.

에드워드 팔리가 성경 설교와 복음 설교를 브릿지 패러다임과 만남의 사건 패러다임으로 비교하면서 복음 설교를 강조한 통찰이나 루시 로우즈의 변혁적 설교학(transformational homiletics)에 관한 관심은 도르트신경에 관한 교리 강설의 설교적인 지

---

18) Lucy A. Rose에 의하면 현대설교학에서 설교를 '말씀-사건'(Word-event)의 관점에서 이해하기 시작한 계기는 C.H. Dodd의 케리그마 신학이나 Karl Barth의 말씀 신학을 중시했던 케리그마 설교학에서부터 시작되었다고 한다. Lucy A. Rose, *Sharing the Word: Preaching in the Roundtable Church*, 이승진 역『하나님의 말씀과 대화설교』(서울: CLC, 2010), 84-106.

향점을 제시한다. 교리 강설의 목표는 단순히 청중이 해당 교리 항목을 조직신학의 관점에서 정확하게 이해시키는 차원을 뛰어넘어 그 교리가 본래 추구했던 '하나님께 영광'(soli Deo gloria)이나 신자의 거룩한 삶을 위한 동력 제공, 그리고 세상을 살아가는 신자의 위로와 같은 목적을 달성해야 한다.

2. 이신성화의 목적 달성을 위한 수사적인 형식

설교를 소통의 관점에서 이해할 때 설교자는 소통의 3요소인 내용과 형식, 그리고 목적의 3가지 차원을 종합적으로 고려하되 설교의 신학적인 내용 뿐만 아니라 목회적인 목적 달성에 효과적인 수사적 전략을 함께 고려해야 한다. 하나님의 말씀을 선포하는 설교는 성경 지식을 해설하는 강의가 아니라 하나님과 회중 사이의 영원한 언약을 갱신하는 '말씀-사건'이다. '말씀-사건'(Word-Event)이란 설교가 성경 본문의 의미를 해설하는 차원에 머무르지 않고 설교를 통하여 신자들이 살아계신 인격체 하나님과 마주하여 만나고 그 분 앞에서 자신의 죄인됨을 깨닫고 회개하며 더욱 주님만을 붙들고 살기로 결단하도록 유도하는 언어적인 소통 사건을 의미한다. 설교 행위를 말씀-사건의 관점에서 이해한다면, 설교 메시지가 성경 본문을 주해하고 교리적인 내용을 해설하는 여부가 중요한 것이 아니라, 설교의 목적과 효과가 하나님의 절대 주권과 은혜로 얻은 구원을 신자들이 감사하느냐, 아니면 신자 편에서의 선행이나 공로를 부각 시키느냐의 여부가 중요하다. 설교 내용이 아무리 성경 본문을 올바로 주해하더라도 그 설교의 효과가 하나님의 은혜로운 구원을 감사하고 찬양하지 않고 반대로 신자 편에서의 믿음이나 선행을 내세운다면 이는 잘못된 설교다. 결국 신본주의 교회와 인본주의 교회의 결과는 설교 내용에서 판가름 나는 것이 아니라 설교의 목적과 이를 위한 수사적인 전략 여부에서 판가름 난다.

설교를 포함한 모든 소통이 내용과 형식, 그리고 목적의 3차원으로 지탱되고 있음을 고려할 때, 에드워드 팔리가 제안하는 통찰이 시사하는 교훈은 더욱 선명해진다. 교리 설교도 설교의 내용과 형식, 그리고 목적의 3차원으로 형성된다면, 교리 설교에서 중요한 것은 단순히 특정 교리의 신학적인 의미나 배경을 논리적으로 설명하는 단계에 머물러서는 안 되고, 특정 교리가 추구하는 본래의 목회적인 목적이 효과적인 설교 형식이나 전략을 통해서 잘 실현되도록 설교해야 한다는 것이다.

3. 화행론적인 교리 강설

1) 팔츠 교회법과 교리 강설의 형식

교리 강설의 중요한 목적이 특정 교리에 관한 신학적인 설명의 차원을 뛰어넘어 그 교리가 추구하는 목회적인 목적을 달성하는 것이라면, 이를 위한 수사적인 전략을 모색하는 설교자들에게 '팔츠 교회법'(The Palatinate Church Order, 1563)은 모범적인 선례를 제시한다.[19] '팔츠 교회법'은 하이델베르크 요리문답서를 교육하는 개혁파 교회 목회자들·설교자들이 반드시 따라야 할 효과적인 설교 방안에 관한 규정을 담고 있다. 이남규 박사에 의하면 "설교는 팔츠교회법에서 가장 먼저 다루는 부분"이며, "팔츠 교회법은 하나님을 아는 지식과 영생을 전달하는 최고의 수단으로 설교를 주목한다.[20] 이남규 박사에 의하면 팔츠교회법은 하나님의 말씀이 우리 신자들에게 들려주려는 하나님을 아는 최고의 지식과 영생의 비밀이 하이델베르크 요리문답에 들어 있다고 보았다. 그렇다면 하이델베르크 요리문답을 설교하는 설교자의 입장에서 질문이 제기된다. '내 설교를 들은 신자들 설교를 통해서 하나님에 관한 최고의 지식과 영생에 도달할 수 있도록 설교하려면 요리문답을 어떤 방식으로 설교할 것인가?'

팔츠 교회법은 이 질문에 대한 해답으로 매우 탁월한 수사적인 형식과 이를 담은 내러티브 구조를 제시한다. 팔츠 교회법은 설교가 신자들에게 하나님을 아는 지식과 영생을 올바로 전달하여 그들이 구원을 얻는 거룩한 삶을 살도록 이끌기에 효과적인 수사적 전략으로 "비참-구원-감사"의 순차적인 논리 순서를

---

19) Bard Thompson, "The Palatinate Church Order of 1563", *Church History*, 23/4 (1954, Dec.): 339-354.

20) 이남규, "팔츠(하이델베르크)교회와 신앙교육", 159.

제시하였다.[21] 팔츠 교회법은 그 교리의 내용을 비참-구원-감사의 논리 형식을 따라서 제시할 때 그 교리가 추구하는 하나님을 아는 지식과 영생의 목표에 도달할 수 있다고 보았다.

이 교회법에 따르면 하나님의 말씀은 세 가지를 알려주는데, 첫째는 인간이 자신들의 죄와 비참함을 향하게 하고, 둘째 어떻게 모든 죄와 비참함에서 구원받을지 가르치며, 셋째 어떻게 그들이 하나님께 이 구원에 대해 감사할지 알려준다. 이것은 하이델베르크 요리문답서의 구성(비참-구원-감사)이다.[22]

이남규 박사에 의하면 "팔츠교회에서 요리문답서와 교회법을 분리해서 생각할 수 없다. 요리문답서가 그 내용이라면 그 실

---

21) ① Mans' Misery in Sin, ② Man's Deliverance through Christ, ③ Man's thankfulness for Deliverance by His Doing Good Works. Bard Thompson, "The Palatinate Church Order of 1563", *Church History*, 23/4 (1954, Dec.): 339-354.

22) 이남규, "팔츠(하이델베르크)교회와 신앙교육", 160. Bard Thompson에 의하면 팔츠 교회법이 하이델베르크 요리문답을 설교할 때 설교의 내러티브 구조로 제시한 '비참(misery)-구원(deliverance)-감사(thankfulness)'의 논리는 필립 멜랑히톤(Philipp Melanchthon, 1497-1560)이 1521년에 저술한 Loci Communes(『신학총론』)으로부터 영향을 받은 것이라고 한다. Bard Thompson, "The Palatinate Church Order of 1563", *Church History*, 23/4 (1954, Dec.): 347. Willem van't Spijker는 하이데베르트 요리문답의 '비참-구원-감사'의 3중 구조는 로마서가 제시하는 인간의 비참한 상태와 그리스도를 통한 구원, 그리고 은혜에 대한 감사의 삶의 패턴을 따른 것으로 해석한다. Willem van't Spijker, "The Theology of the Heidelberg Catechism," in *The Church's Book of Comfort*, Ed. by Willem van't Spijker (Grand Rapids, MI: Reformation Heritage Books, 2008), 96.

천의 방법을 규정한 교회법은 내용을 담는 그릇과도 같다."[23]
소통의 3요소인 내용과 형식, 그리고 목표의 관점에서 하이델베르크 요리문답에 관한 설교를 고찰해보면, 하이델베르크 요리문답에 관한 강설의 핵심적인 내용을 요리문답서 자체가 제공한다면, 이 교리 강설의 기본 형식은 비참-구원-감사의 패턴을 따라야 한다. 그래서 팔츠 교회법은 팔츠 지역의 교회에서 요리문답을 강설하는 모든 설교자들은 '비참과 구원과 감사'의 내러티브 구조를 따라서 설교하도록 규정하였다.[24]

조엘 비키에 의하면 팔츠 교회법이 규정한 이러한 내러티브 구조는 성경의 요약인 동시에 신자들로 하여금 하나님의 말씀 앞에서 먼저 자신들의 부패와 죄악을 깨닫고, 이어서 그런 죄악을 조건 없이 용서하시는 그리스도의 대속의 은혜의 필요성을 절감하게 만들고 자신들을 구원하신 그리스도의 무한한 은혜를 깨닫고 그 구원의 은혜에 기쁨과 감사 가운데 선행으로 반응하는 삶을 이끌어내기 위함이라고 한다.[25]

2) 화행론적인 교리 강설

교리 강설이 교리에 관한 조직신학 관점의 해설이나 설명에

---

23) 이남규, "팔츠(하이델베르크)교회와 신앙교육", 144.

24) 이남규, "팔츠(하이델베르크)교회와 신앙교육", 160.

25) Joel R. Beeke, "Catechism Preaching", *Puritan Reformed Journal*, 7/2 (2015, June): 231.

머무르지 않고 그 교리가 추구하는 목적을 달성해야 한다는 주장은 존 오스틴(John L. Austin)의 화행론(speech-act theory) 관점을 통해서 더 쉽게 이해된다. 영국의 언어철학자 존 랭쇼 오스틴(John Langshaw Austin, 1911-1960)에 의하면 사람의 언어 행위는 단순발화행위와 의미수반발화행위, 그리고 효과수반발화행위의 3차원으로 이루어졌다고 한다.[26] 단순발화행위는 사람이 입을 열어 발성하는 행위를 가리킨다. 어떤 발화자의 발성에서 시작되는 단순발화행위가 때로는 무의미한 소리 지르기에 불과할 수도 있다. 하지만 그 단순발화행위를 또 다른 차원에서 분석해 보면 그 발화 속에는 청취자에게 어떤 의미를 전달하는 행위일 수도 있다. 그리고 여기에서 한 걸음 더 나아가 청취자에게 어떤 효과를 가져 오거나 소통의 파장을 초래하는 효과수반발화행위일 수도 있다. 바람직한 발화행위는 발화자가 청취자에게 무의미한 소리만 발성하는 것도 아니고 단순히 어떤 정보만을 전달하는 것도 아니라 청취자에게 일정한 의미의 효과를 초래하는 것이다. 소통의 목적을 달성하는 언어활동이야말로 가장 가치 있는 언어활동이라는 것이다.

존 오스틴의 화행론을 교리 강설에 적용한다면, 설교자가 교리 강설을 통하여 회중에게 달성해야 하는 것은 특정 교리의 내용을 이해하는 차원을 능가하여 특정 교리가 추구하는 목회적

---

26) John L. Austin, *How to Do Things with Words*, 2nd. ed. (Cambridge: Harvard Univ. Press, 1975), ch.8-ch10, 94-132. Cf., John L. Austin, "Performative Utterance", *Philosophical Papers*, 3rd ed. (Oxford: Oxford Univ. Press, 1979), 233-252.

인 효과를 달성하는 것이다.

화행론의 통찰을 도르트신경에 관한 교리 설교에 적용해본다면 "하나님 앞에서 인간은 전적으로 타락하여 구원 받을만한 조건이나 자격이 전혀 없다"는 문장은 인간의 전적 타락에 관한 의미를 전달한다. 하지만 전적 타락에 관한 세부적인 의미를 해설하는 교리 설교가 인간의 자력 구원 불가능성이라는 의미의 이해와 수용에만 머무르거나 심지어 인간 구원 불가능성으로 인한 비관론적인 절망으로 귀결된다면, 이는 전적 타락에 관한 의미수반발화가 원래 추구했던 효과수반발화의 차원을 전혀 달성하지 못한 셈이다. 인간의 전적 타락의 교리가 효과수반발화의 효과를 신자의 신앙생활 속에 달성하려면 인간의 전적 타락과 부패의 문제를 해결해 주시는 하나님의 절대 주권적인 선택과 구원에 관한 은혜의 복음이 뒤따라 제시되어야 한다.

그렇다면 도르트신경에 관한 교리 강설이 신자들 편에서 성화의 목적, 또는 목회적인 목적을 달성하도록 설교하려면 어떻게 교리를 설교해야 할까? 목회 현장의 목회자들/설교자들은 도르트신경을 어떻게 설교해야 의미수반발화의 차원을 뛰어넘어 회중으로부터 효과수반발화의 효과를 거둘 수 있을까? 도르트신경에 관한 교리 강설이 특정 신경이 추구하는 목회적인 목적을 달성하려면 이를 위한 효과적인 수사적 형식이나 구조는 무엇일까? 이 질문에 대한 실제적인 해답을 얻기 위하여 연구자는 목회적인 효과를 이끌어내는 데 적합한 교리 강설의 신앙 문법과 내러티브 구조를 모색하고자 한다.

4. 화행론적인 교리 강설을 위한 신앙의 문법과 내러티브 구조

1) 도르트신경의 수사적인 문법

설교자가 강단에서 아무리 하나님의 예정에 관한 교리나 그리스도의 대속에 관한 교리적인 내용들을 설교하더라도 그 교리가 추구하는 목회적인 목적을 달성하기에 효과적인 설교학적인 문법에 맞게 설교하지 않으면 그 교리가 추구했던 본래의 목적을 달성할 수 없다. 왜냐하면 설교에서 설교자가 준행해야 하는 설교의 문법은 교리적인 내용과 그 교리가 신자에게 추구하는 교리의 실제적인 목적을 연결하는 수사적인 전략이기 때문이다. 소통의 상황에서는 수사적인 전략을 따르지 않고서는 수사적인 목적을 달성할 수 없듯이, 교리 강설에서도 교리가 담고 있는 수사적인 전략으로서의 신앙의 문법을 따르지 않고서는 교리가 추구하는 수사적인 목적, 곧 하나님과의 인격적인 언어–사건을 달성할 수 없다.

이승진은 "칭의론에 관한 설교학적인 문법"이란 소논문에서 신자의 칭의나 구원에 관한 율법주의 설교나 반펠라기우스적인 설교(semi-Pelagianism sermon)의 문제점을 비판하면서 개혁주의 칭의론에 부합하는 설교학적인 문법을 제시하였다.[27] 문법(文法, grammar)이란 언어의 구성 및 운용상의 규칙으로서 언어 활동을 통하여 의미를 소통할 때 소통에 참여하는 당사자가 효과적인 소통을 위하여 서로 따르기로 합의한 언어적인 규칙 체계이다. 이러한 언어적인 규칙 체계는 일반적인 언어 활동에만 적용되는 것이 아니라 도르트신경과 같은 교리적인 주제를 설교할 때에도 그대로 적용된다.

특정 교리가 추구하는 목회적인 목표에 부응하는 수사적인 문법의 효과는 항론파의 5개 조항과 이에 대한 도르트신경의 튤립 교리에서도 그대로 발견된다. 아르미니우스의 추종자들은 아르미니우스의 견해에 근거한 5개 조항을 작성하여 네덜란드 정부에 항의서를 제출하였다. 이들이 제시한 5개 조항은 다음과 같이 요약할 수 있다.

1) 하나님은 믿을지 믿지 않을지를 미리 아시고, 이들의 믿음 여부에 근거하여 선택하거나 유기하셨다.
2) 비록 믿는 자들만이 구원을 받을지라도, 그리스도는 모든 인류와 모든 사람을 위하여 죽으셨다.
3) 인간은 너무 부패하여 믿음이나 선행을 위해서는 하나님의 은혜가 필요하다.
4) 신자라 할지라도 하나님의 은혜를 거절할 수 있고 최종

---

27) 이승진, "칭의론에 관한 설교학적인 문법", 「신학정론」 33/1 (2015,06): 109-140.

적으로 유기될 수 있다.

5) 참으로 회심한 사람들이 모두 믿음 안에서 인내할지의
   여부는 유보적이어서 더 살펴봐야 한다.[28]

몇 년 후 아르미니우스주의자들은 성도의 견인을 부정하면서 참된 신자라도 여전히 멸망할 가능성이 있다고 덧붙였다. 항론파의 다섯 가지 주장을 칭의론이나 구원론, 또는 성화론의 관점에서 평가해보면, 하나님의 예정이나 구원이 인간의 자유의지에 따른 신앙·불신앙에 달렸다는 인본주의 구원론으로 귀결된다. 항론파가 주장했던 다섯 가지 조항 전체는 그 저변에 논리적인 일관성을 유지하면서 최종적으로 반펠라기우스주의 구원론으로 귀결된다.

반면에 도르트 총회가 제시한 TULIP 교리는 하나님의 절대 주권적인 선택과 그에 따른 그리스도의 대속과 성령의 적용사역에 근거한 신자의 절대적인 구원 성취로 귀결된다. 이를 한마디로 압축한다면 이신성화(sanctification by faith)다. 신자로 하여금 이신성화의 삶을 추구하도록 하는 목회적인 효과의 관점에서 도르트신경의 핵심적인 다섯 교리를 살펴보면, TULIP 교리 전체는 이 목적 달성에 효과적인 내러티브 구조를 일관성 있게 갖추고 있다. 도르트신경의 다섯 가지 교리가 하나님의 절대 주권에 근거한 구원론과 이에 따른 구원의 확신 성취에 적합한 내

---

28) Cornelis Pronk, 『도르트 신조 강해』, 27.

러티브 구조를 갖추고 있으며 그런 목적을 위한 수사적 일관성을 유지한다.

초점	알미니안 구원론	개혁주의 구원론
인간	부분 타락과 잔존하는 가능성	전적 타락과 전적인 불가능성
성부 하나님	(믿음의) 조건에 근거한 선택	무조건적이며 전적인 은혜의 선택
성자 하나님	모든 인류를 위한 속죄 사역	신자들만을 위한 제한적인 속죄
신자와 교회	하나님의 은혜를 거부하여 타락 가능함	하나님의 은혜는 신자 편에서 감히 거부할 수 없도록 강력하게 역사
성령 하나님	어떤 신자는 성령의 역사에도 불구하고 타락하여 지옥에 갈 수 있다.	성령 하나님의 역사로 신자는 고난 중에 견디며 반드시 천국에 도달함.

[알미니안 구원론의 내러티브 구조와 개혁주의 구원론의 내러티브 구조]

위에 나열된 다섯 가지 도르트신경을 내러티브 구조와 그에 따른 수사적인 효과의 관점에서 분석해보면, 하나님의 예정과 신자의 성화에 관한 다섯 가지 교리적인 내용은 삼위 하나님께서 절대 주권으로 신자들의 구원을 완성하셨음에 대한 흔들림 없는 확신의 자리에 도달하도록 하는 말씀-사건을 성취하고 있다.

반면에 항론파가 주장하는 다섯 가지 핵심 교리는 이를 수용하는 신자 편에서 자신의 구원을 위한 인간의 적극적인 의지를 부각시키는 효과가 있다. 항론파 설교에서는 신자 내면에 부각되는 적극적인 의지와 열정이 외면으로 나타나는 경건생활이나 사회적인 지위와 결합할 때, 그 신자는 다른 신자들에게 모범적인 신자로 부각될 것이다. 반면에 내면에 부각되는 적극적인 의지와 열정이 그에 부합하는 외면의 경건생활이나 사회적인 지위로 일치되지 않고 질병에 걸리거나 사회적인 지위의 추락을 경험하는 경우, 그 신자에게서 구원의 확신은 심각하게 흔들리거나 붕괴될 것이다.

2) 각각의 내러티브 구조에 따른 대조적인 효과

이렇게 대조적인 목적을 위한 동일한 내러티브 구조는 알미니안의 보편 속죄설과 칼빈주의의 제한 속죄에 관한 내러티브 구조를 비교해 봄으로써 더욱 분명하게 파악할 수 있다.

순서	알미니안의 보편 속죄의 흐름	칼빈주의 제한 속죄의 흐름
① 배경 설정	하나님은 모든 인류를 위하여 천지를 창조하시고 그리스도 안에서 모든 인류를 구원하시기로 작정하셨습니다. 그 계획을 따라서 그리스도께서 모든 인류의 범죄를 대신 심판 받으시고 십자가에서 죽으셨습니다.	우리는 그 분 앞에서 본질상 죄인입니다. 생각과 말, 그리고 행동 모든 것이 하나님을 대적할 뿐입니다. 그 분이 보내신 독생자를 대적하며 그를 십자가에 못 박아 죽였습니다.
	메시지의 긍정적 전망에 대한 기대감	청중의 죄악과 범죄를 노출시킴 / 비참

② 복음 선포	하나님은 당신을 구원하시고 행복한 세상으로 인도하시기를 기뻐하십니다. 그리스도께서는 당신을 위해서도 죽으셨습니다.	이런 죄인들을 구원하시고자 성부 하나님께서는 독생자를 이 땅에 보내셔서 이들의 죄에 대한 심판을 대신 감당하도록 하셨습니다.
	그리스도에 관한 복음 제시	그리스도에 관한 복음 제시 / 구원
③ 적용점 제시	이제 여러분이 그리스도를 구세주로 믿겠다고 결단하시면 하나님이 마련하신 행복은 여러분의 것이 될 것입니다.	오늘 여러분이 그리스도를 구세주로 믿으며 그 분의 은혜를 간절히 구하고 찾으면 주님은 결코 외면하지 않으실 것입니다.
	구원의 근거가 그리스도를 구세주로 선택한 인간의 자유의지에 집중되기 때문에 구원의 확신도 인간의 의지에 좌우됨	구원의 근거가 하나님의 절대 주권 임을 확신하게 되며 신앙생활의 결정적인 동력이 그리스도를 통한 하나님의 은혜에 대한 감사에 집중함 / 감사

[알미니안의 보편속죄설의 내러티브 구조와 칼빈주의 제한속죄설의 내러티브 구조]

위의 도표에서 알미니안의 설교와 개혁파 설교 둘 다 기본적인 내러티브 구조는 서론에서의 출발점 또는 배경 설정과 핵심적인 복음 선포, 그리고 이후의 적용적인 반응의 흐름으로 이어지는 논리적인 맥락을 취하고 있다.

① 그런데 알미니안 설교의 출발점은 인간의 전적인 부패와 타락에 대한 통렬한 지적이 아니라 청중을 위한 하나님의 예비된 사랑에 대한 긍정적인 기대감이다. 반면에 제한 속죄에 관한 교리 강설은 청중을 자신들의 범죄와 죄악에 노출시키고 여기에 직면하는 것으로부터 시작된다.

② 이어서 알미니안 설교와 칼빈주의 설교 모두 그리스도에

관한 복음을 선포한다. 알미니안 설교의 문제는 복음 선포 단계에서 제시된 그리스도에 관한 메시지가 서론에서 제기된 긍정적인 기대감의 연장선상에서 제시되는 반면에, 이미 그리스도에 관한 복음의 메시지 내용을 알고 있는 신자들 편에서는 메시지의 신선도가 떨어진다는 점이다. 자신들은 이미 그리스도에 관한 복음을 알고 있으며 그리스도를 이미 믿고 있다고 생각하기 때문이다. 반면에 칼빈주의 제한 속죄 설교의 흐름에서 그리스도에 관한 복음의 메시지는 서론에서 부각된 신자 자신들의 죄악에 대한 죄책감과 그에 따른 하나님의 무서운 심판을 피할 수 있도록 하는 하나님의 은혜로 부각될 수 있다.

③ 두 설교의 흐름에서 점차 부각되는 대조적인 심리는 셋째 적용점 제시의 단계에서 더욱 확연하게 구분된다. 알미니안 설교에서 적용점을 받아들이고 결단하는 주체는 신자 자신이다. 내가 믿겠다고 결단하면 하나님의 선물은 내 것이 될 수 있다. 하지만 결단하려고 할 때 크나큰 심리적 감동이 뒤따르지 않기 때문에 하나님의 선물은 멀게만 느껴진다.

칼빈주의 제한 속죄 강설에서의 적용점도 신자 편에서의 선택과 결단을 강조한다. 두 설교에서 조건문이 등장한다. 하지만 보편 속죄 강설에서 부각되는 조건문은 신자 편에서의 의지적인 결단이 강조된다면 제한 속죄 강설에서 부각되는 조건문은 삼위 하나님께서 신자들을 위하여 이미 성취하시고 베풀어 주신 구속 사역에 관한 분명한 이해와 의지적인 수납 여부이다. 이 두 가지 차이가 설교 이후에 인본주의 신앙과 신본주의 신앙으로 귀결된다. 그래서 앞서 살펴본 '팔츠 교회법'의 '비참-구원-감사'의 내러티브 구조는 칼빈주의의 제한 속죄에 관한 교리 강설의 저변에 그대로 나타나고 있는 셈이다.

IV. 교리 강설을 위한 청중 이해

1. 알미니안 설교에서 청중의 영적인 출발점을 긍정하는 문제점

현대 설교에서 개혁주의 교리가 제대로 선포되지 못하거나 설령 선포되더라도 그 교리가 추구하는 목회적인 효과를 거두지 못하는 문제점의 원인은 다양하다. 첫째는 교리 강설에 합당한 청중의 상황화 작업에 제대로 이뤄지지 않기 때문이다. 교리 강설을 듣는 청중을 삼위 하나님의 구속 역사의 관점에서 이해하지 못하고 설교 메시지에 당장 감동을 받고 결단해야 하는 대상으로만 좁게 이해하는 것이다. 둘째는 설교의 서론에서나 설교의 저변에 청중의 영적인 상황과 설교의 출발점을 이들의 죄악과 불가능성으로 확정하지 않기 때문이다. 알미니안 설교의 서론은 현재 청중의 영적인 상황을 긍정하는 분위기에서 설교가 시작되는 경우가 많다.

몇 몇 현대 신학자들이나 개혁주의 설교학자들은 이런 문제점을 자주 비판하였다. 마샤 위튼(Marsha G. Witten)은 *All Is Forgiven*(『모든 죄가 사해졌습니다』)라는 책에서 현대 북미권 개신교 강단에서 발견되는 인간의 죄악에 대한 전폭적인 사면을 제시하는 설교 메시지에 대하여 예리한 분석을 내놓았다. 마샤 위튼에 의하면 20세기 북미권 개신교 목회자들이 강단에서 인간의 죄악에 관한 메시지를 세속화(secularization)에 편승하여 다루는 네 가지 타협책이 발견된다고 한다.[29]

첫째는 인간의 실제적인 죄악을 다소 모호하고 추상적인 개념으로 다룸으로써 회중이 받을 심리적인 부담을 경감시키는 비인격화 기재(또는 비인격화의 수사학, device of depersonalization)이다. 둘째는 원죄설(doctrine of original sin)을 부정하는 수사적인 선별성(rhetorical selectivity)이다. 셋째는 인간의 죄악을 강단 앞의 청중에게 투사시키지 않고 교회 바깥의 불신자들에게나 사회적인 구조에게로 전가시키는 굴절의 수사학(rhetoric of deflection)이다. 넷째는 인간 각자가 책임을 져야 하는 실제적인 죄악의 문제를 태생적인 한계라거나 사회적인 상황에 굴복할 수 밖에 없는 인간의 한계로 묘사하는 치유적인 관용(therapeutic tolerance)이다. 청중의 죄악에 대한 이상의 타협책 문제가 제대로 해결되지 않으면 도르트신경에 관한 교리 강설은 본래의 효과를

---

29) Marsha Witten, *All Is Forgiven: The Secular Message of American Protestantism* (Princeton: Princeton University, 1993), 101; Idem, "Preaching About Sin in Contemporary Protestantism", *Theology Today*, 50/2 (2006): 243-253. Johan H. Cilliers, *The Living Voice of the Gospel*, 이승진 역 『설교 심포니』 (서울: CLC, 2014), 17-48.

거두기 어렵다.

2. 도르트신경 강설에 합당한 설교학적인 인간론

기존의 교리 강설이 목회적인 효과를 제대로 달성하지 못한 중요한 원인을 분석해 보면, 설교자가 설교를 듣는 청중의 설교학적인 위치를 충분히 고려하지 않았거나 또는 청중의 신학적인 정체성을 구속 역사적인 관점으로 바라보지 않고 좁게 이해하기 때문이다. 따라서 개혁주의 교리를 효과적으로 설교하여 교리의 목회적인 목적을 달성하려면, 교리 강설을 경청하는 청중의 상황을 고려하고 청중의 특정한 상황에 부합하는 방향으로 메시지를 선포해야 한다. 설교자가 교리 강설의 과정에서 청중의 상황을 고려하여 설교 메시지를 선포하는 과정을 설교의 상황화(contextualization)라고 한다. 설교의 상황화는 설교자가 전하는 설교의 핵심 사상과 메시지가 설교를 듣는 청중의 고유한 역사적, 문화적, 및 심리적인 상황에 적실하게 선포되어서 그들의 삶의 정황 속에서 설교의 중심사상이 적용되고 실천되도록 설교의 형식과 내러티브 구조를 설교의 적용적인 목적에 최적화하는 과정이다. 설교를 듣는 청중은 자신들만의 고유하고도 독특한 시간과 공간, 문화와 역사, 그리고 사회적이고 공동체적인 상황을 교회 강단 앞으로 끌고 와서 설교를 듣는다. 설교를 듣는 청중의 상황이 설교 시점마다 독특하고도 고유한 방식으로 형성되어 있기 때문에 설교자는 자신의 설교를 듣는 청중의 상황을 외면할 수 없고 오히려 그들의 상황에 설교 메시지가 부합될 뿐만 아니라 그들의 상황 속에서 설교 메시지가 적용성을 발휘하도록 설교해야 한다.

설교의 상황화 작업은 청중의 정체성에 관한 신학적인 인간 이해[30]와 설교 전달 과정에서나 서론에서의 수사적인 상황화로 구분된다. 먼저 청중의 정체성에 관한 신학적인 인간 이해, 또는 설교학적인 인간론에 대해서 살펴보자. 이승진은 "칭의론에 관한 설교학적인 문법"이란 논문에서 신인협력설 설교(synergistic preaching)나, 율법주의 설교(legalistic preaching), 또는 반-펠라기우스적인 설교((semi-pelagianism preaching)의 문제점을 지적하고 그 대안을 제시하였다. 이러한 설교의 문제점을 극복할 수 있는 한 가지 설교학적인 대안은 설교자가 설교를 듣는 회중을 '구속사에 기초한 설교학적인 인간론'의 관점에서 파악하는 것이다.

항론파의 주장의 저변에는 하나님의 주권을 온전히 인정하지 못하는 신학적인 문제, 즉 인본주의적인 문제점이 깔려 있다. 항론파의 주장을 설교신학의 관점, 특히 설교를 듣는 청중에 대한 설교학적인 관점으로 분석해보면, 이들의 주장이나 설교 속에는 성화의 과정에서 하나님의 말씀과 성령의 조명의 중요성 이상으로 인간의 자유의지의 역할을 지나치게 긍정하는 문제점이 있다. 신자의 신앙생활과 성화의 성패는 곧 신자 편에서의 의

---

30) 이승진, "청중에 대한 설교학적 이해" 「복음과 실천신학」 복음과 실천신학, 6(2003): 60~86.

지적인 선행 여부에 달렸다는 것이다. 뿐만 아니라 설교를 듣는 청중을 하나님의 절대 주권에 의하여 진행되는 구속 역사의 관점에서 이해하는 설교학적인 인간론이 빈약하다.

따라서 도르트신경을 효과적으로 설교하여 이 신경이 추구하는 목회적인 효과를 달성하려면, 그 설교자와 설교 메시지의 저변에는 도르트신경이 염두에 두고 있는 신자에 관한 구속 역사적인 시각이 확보되어야 한다. 도르트신경이 염두에 두는 신자는 삼위 하나님이 절대 주권으로 주도하시는 구원의 서정(ordo salutis)의 전체 과정이 반드시 실현되는 대상이다. 신자 개개인에게 반드시 적용되는 것으로 이해하는 '구원의 서정'은 내재적 삼위일체론과 인간론, 기독론, 구원론, 성령론, 교회론, 그리고 종말론과 같은 조직신학의 전체 맥락을 염두에 두고 있다. 그래서 설교자는 "설교를 듣는 신자를 그리스도 중심의 계시된 구속역사(revealed redemptive history)가 개인적으로 그대로 신자 개개인의 구원의 서정(ordo salutis)의 전체 과정을 통해서 그대로 적용되는 대상(applied redemptive history)으로 이해하고 설교해야 한다."[31]

---

31) 이승진, "칭의론에 관한 설교학적인 문법", 「신학정론」 33/1 (2015,06): 130.

천지창조와 인간의 범죄, 구약 시대에 이스라엘의 역사를 통하여 계시된 하나님 나라, 이스라엘의 배반과 바벨론 포로 심판, 새언약의 예언, 그리스도의 초림과 십자가 죽음, 부활, 승천, 오순절 성령 강림, 교회의 탄생, 선교, 그리고 재림으로 이어지는 거대한 그리스도 중심의 구속 역사는 삼위 하나님만의 구속 역사가 아니라 이런 내용을 설교 메시지로 경청하는 신자들 개개인의 구원의 서정을 통해서 그대로 적용되고 실현된다. 도르트 신경에 관한 교리 강설은 이런 목적을 위해서 선포된다.[32]

도르트신경에 관한 교리 강설을 위해서 설교자가 먼저 염두에 둬야 하는 설교학적인 인간론은 신론과 인간론, 기독론 뿐만 아니라 구원론과 성령론, 교회론, 그리고 종말론 전체를 아우르는 그리스도 중심의 구속역사가 신자 개개인의 구원의 서정을 통해서 실현되는 대상으로 이해하는 인간론이어야 한다. 결국 설교의 상황화 작업에서 매우 중요한 부분은 교리 강설을 듣는 청중을 구원의 서정의 관점에서 바라보는 것이다.

---

32) 이와 유사하게 Peter Stuhlmacher나 Fred M. Jensen은 칭의사건(justification)을 그리스도나 신자만을 배타적으로 연관지어 이해하는 것을 거부하고 기독론과 인간론 양쪽의 시각으로 또는 구속사적인 관점에서 통전적으로 이해할 것을 주장하기도 한다. "Justification as Paul teaches it has salvation-historical dimensions. This can be seen both christologically and anthropologically." Peter Stuhlmacher, *Revisiting Paul's Doctrine of Justification : A challenge to the new perspective* (Downes Grove: IVP, 2001), 62; Fred M. Jensen, *A Study of the Foundation of Justification*, (Illinois: Tyndale House Publishers, 2010), 6.

V. 도르트신경에 관한 교리 강해 설교의 방법

1. 교리 강설에 관한 연속 설교의 계획 세우기

튤립 교리를 설교하려고 할 때 주제별 연속설교를 계획하는 방법은 다양하다. 첫째는 다섯 가지 튤립 교리를 5회에 걸쳐서 순차적으로 설교하는 것이다. 이러한 방식은 설교 서론에서 알미니우스와 항론파의 주장을 먼저 언급하고 성경적인 오류를 지적한 다음에 도르트신경이 제시하는 올바른 교리와 그 적용점을 제시하는 순서로 진행된다.

① 인간의 부분 타락 VS 전적 타락
② 하나님의 조건적인 선택 VS 무조건적인 선택
③ 그리스도의 보편 속죄 VS 제한 속죄
④ 신자가 거부할 수 있는 하나님의 은혜 VS 거부할 수 없는 은혜
⑤ 신자라도 타락하여 지옥에 갈 수도 있다 VS 믿음으로 인내하도록 도우시는 성령님

위의 순서보다 좀 더 자세하고도 길게 도르트신경을 연속 설교할 수 있는 방법은 59개 조항으로 구성된 도르트신경을 같은 교리 항목으로 구분하여 자세하게 강해하여 설교하는 것이다.

연구자는 두번째 방법을 따르되 각각의 교리 항목들을 다음과 같이 네 가지 교리의 범주로 구분하고 각각의 교리를 강설할 수 있는 실제적인 개요를 제시하고자 한다.

① 성부 하나님의 선택과 유기,
② 그리스도의 대속사역과 구원
③ 전적 부패와 회심의 은혜,
④ 성령의 역사와 성도의 견인

이상의 네 가지 교리의 범주는 한편의 설교로 다 다룰 수도 있고, 설교의 상황을 고려하여 좀 더 세부적으로 나누어서 자세하게 연속적으로 설교할 수도 있다. 본 논문에서는 네 가지 항목으로 나누어서 해당 교리에 관한 설교의 개요를 제시하고자 한다. 각각의 교리에 관한 강설의 기본적인 구조는 서론에서 문제를 제기하는 단계로 시작하여 해당 문제와 관련된 성경 본문을 주해하는 단계와, 본문 주해에 근거한 교리 확정과 복음 선포, 그리고 설교의 결론부에서 해당 교리가 지향하는 적용점을 회중에게 제시하는 단계로 진행된다.

2. 교리 강설의 효과를 위한 서론의 문제점 설정

앞서 확인한 바와 같이 교리 강설이 목회적인 목적을 효과적으로 달성하려면 반드시 청중을 실천신학적인 인간론의 관점에서 이해해야 할 뿐만 아니라 설교 서론에서 청중의 상화화에 근거하여 청중의 문제점, 특히 범죄와 부패, 그리고 죄악으로 인하여 하나님의 뜻을 대적하고 거스르는 문제점을 분명하게 지적할 수 있어야 한다.

개혁주의 설교학자인 브라이언 채플(Bryan Chapell)은 이 과정을 가리켜서 타락한 상황에 초점 맞추기(Fallen Condition Focus, FCF)라고도 한다.[33] '타락한 상황에 초점 맞추기'는 설교의 핵심 사상이 청중의 (죄악된) 상황을 향하여 정조준하도록 설교에서 청중의 상황을 고려하는 단계를 가리킨다.[34] 특히 설교의 서론에서 청중의 죄악과 부패, 하나님 앞에서의 불가능성의 문제를 지적하는 단계를 의미한다.

서론에서 청중의 상황화 작업은 2가지 방식으로 진행된다. 첫째는 설교 주제에 관한 청중의 관심을 유발하기 위하여 설교 주제에 관한 문제제기의 단계이고, 둘째는 복음 선포를 준비하기 위하여 인간의 죄악을 고발하는 것이다. 도르트신경에 관한 교리 강설의 서론에서 문제를 제기하는 방법으로는 항론파의

---

33) Bryan Chapell, Redeeming the Expository Sermon: Christ Centered Preaching, 김기제 역 『그리스도 중심의 설교』 (서울: 은성, 1999), 51-56.

34) Robert Kysar, "New Doctrinal Preaching for a New Century," *Journal for Preachers* 20:3(1997), 19. 교리가 신자들의 삶과 무관한 추상적 정보 전달의 차원에 머무르지 않도록 하기 위하여 교리 설교는 필연적으로 상황화(contextualization)의 과정을 거쳐야만 한다. 설교의 상황화에 관한 더 자세한 설명은 다음을 참고. 밀라드 에릭슨 & 제임스 헤플린, 『건강한 교회를 위한 교리 설교』 (서울: CLC, 2005), 229-255.

주장을 풀어서 설명하는 방법과 항론파의 주장의 저변에 깔려 있는 논리를 신자들의 신앙생활에 대입하여 설명하는 방법으로 나뉜다. 이 두 가지 방식을 별도로 진행할 수도 있고 하나로 통합해서 진행할 수도 있다.

VI. 도르트신경에 관한 교리 강설의 개요

1. 성부 하나님의 선택과 유기

성부 하나님의 선택과 유기에 관한 교리 강설의 목적은 신자로 하여금 하나님 앞에서 자신의 전적인 부패의 문제점을 심각하게 깨닫고, 그 죄악을 회개하며 그리스도의 대속의 은총의 필요성을 강하게 인지하고 그런 과정을 통해서 얻은 구원의 은혜와 그 절대적인 확실성을 감사하도록 하려는 것이다. 이를 위해서 설교자는 서론에서 청중의 상황에 맞게 문제를 제기하여 그 문제 상황 안에서 청중을 포획해야 한다.

1) 서론의 문제 제기

설교자가 '성부 하나님의 선택과 유기'에 관한 교리를 신자들에게 설득력 있게 설교하고 교육하려면 먼저 신자 편에서 이 주제와 관련하여 고민함직한 문제를 제시해야 한다. 그 방법으로는 알미니우스의 잘못된 입장을 그대로 소개하거나, 신자들이 겪는 고난이나 불신앙의 원인을 하나님의 무관심이나 유기의 책임으로 돌리는 경우를 지적하는 것, 그리고 신자 자신이 행복한 삶을 영위하는 이유를 자신의 노력과 선행 때문이라고 자만하는 문제를 지적하는 방법이 있다.

① 알미니우스의 잘못된 견해를 소개하는 방식

알미니우스와 항론파들은 (첫째 교리의 2번 오류에서) 창세전 하나님의 선택에는 불완전하며 철회될 수 있고 확정적이지 않으며 조건적인 선택이 있다고 생각했습니다. 이들은 (첫째 교리의 4번 오류에서) "믿음으로 선택받으려면 선수 조건으로서 사람이 본성의 빛을 바르게 사용할 뿐 아니라 경건하고 겸손하고 온유하며 영생에 합당한자가 되어야 하며 선택은 이런 것들에 어느 정도 의존한다"고 주장했습니다.

알미니우스와 항론파들은 하나님이 창세 전에 신자들을 선택하신 이유는 누가 예수를 믿을 것인지 안 믿을 것인지를 미리 아셨기 때문이라고 생각했습니다. 이것을 가리켜서 '예지 예정'이라고 합니다. 신자가 나중에 예수를 믿을 것을 미리 아신 하나님은 그 신자 편에서의 믿음이라는 좋은 성품과 조건을 미리 내다보시고 그 좋은 성품과 자질에 근거하여 그를 신자로 예정하셨다는 것입니다.[35]

---

35) Cornelis Pronk, 『도르트 신조 강해』, 66, 348.

② 신자들이 겪는 고난이나 불신앙의 원인이 하나님의 무관심 때문이라고 오해하는 경우

어떤 사람들은 이렇게 오해합니다. 내가 아직도 구원 받지 못한 이유는 하나님이 나를 적극적으로 구원하시려는 계획이나 의지가 없기 때문이라고.. 내가 이렇게 고난을 당하는 이유는 하나님이 나를 구원하시기로 창세 전에 선택하지 않으셨기 때문이라고 생각합니다. 나는 나름대로 하나님을 찾으려고 노력하고 성경책도 읽어보고 교회도 나와서 성의를 표시했지만 그 때도 하나님은 침묵하시고 전혀 나를 만나주지도 않고 찾아와 주시지도 않고 오히려 내 문제를 외면하셨다고 생각합니다.[36]

③ 신앙생활의 가시적인 행복의 근원을 자신의 선행이나 노력에 두는 경우

오늘날에도 일부 신자들은 자기가 예수를 믿어 구원을 받은 것이 자신의 경건심과 영적인 일에 대한 차원 높은 관심 때문이라고 생각합니다. 이들은 교회에 나와서도 예배를 드리고 신앙생활을 감당하고 또 기도에 응답을 받는 이유가 자신의 경건과 선행, 그리고 남보다 더 간절하게 금식하며 기도하는 덕분이라고 생각합니다. 말하자면 자기가 하나님에게서 은혜의 선물을 받고 복을 받으며 기도응답을 받는 것은 자기가 다른 신자들에 비하여 그럴만한 자격과 조건을 더 많이 갖추었기 때문이라고 생각합니다.

---

36) Cornelis Pronk, 『도르트 신조 강해』, 42.

2) 성경적인 논증과 복음 선포

예를 들어 프롱크 목사는 신자가 본성상 하나님의 계명에 순종할 수 있는 능력을 가지고 태어나는지의 여부에 관한 질문을 던지고 성경적인 논증을 전개한다.

"성경은 많은 부분에서 우리에게 믿고 회개하라고 권고하지 않나요?" 예 맞습니다. 하지만 그것이 우리에게 믿고 회개할 수 있는 능력이 있다는 것을 의미하지는 않습니다. 하나님께서 우리에게 믿고 회개하라고 명령하신다는 사실 자체가 사람이 믿고 회개할 본성상의 능력이 있음을 의미하지는 않습니다. 아르미니우스주의자들은 "해야 한다"고 규범을 제시하는 구절에 근거하여 신자는 "할 수 있다"고 결론을 내립니다.... 우리가 "해야 한다"는 것에 대해서 성경은 풍성하고도 명백히 증언합니다. 하지만 성경은 또한 우리가 스스로 행할 수 없다고 가르칩니다."[37]

이외에도 다음과 같은 방식으로 성경적인 논증을 전개할 수도 있다: 하나님 앞에서 우리 자신의 모습을 생각할 때 일차적으로 가장 먼저 기억할 것은, 저와 여러분은 본질적으로 하나님의 말씀을 거스르고 대적하며 온갖 죄악을 일삼기를 즐기는 죄인이라는 사실입니다. 성경은 분명히 말씀합니다. "의인은 없나니 하나도 없으며 깨닫는 자도 없고 하나님을 찾는 자도 없고 다 치우쳐 함께 무익하게 되고 선을 행하는 자는 없나니 하나도 없다"(롬 3:10-12)고 말씀합니다.[38]

---

37) Cornelis Pronk, 『도르트 신조 강해』, 66.

38) Cf., "그러나 너희가 영생을 얻기 위하여 내게 오기를 원하지 아니하는도다"(요

저와 여러분은 때로는 애굽의 바로처럼 반복적으로 주님의 말씀을 거역했습니다. 또 때로는 젊은 부자 관원처럼(눅 18:18-23) 주님이 분명 진리를 말씀해 주심에도 불구하고 우리 마음 속의 탐욕 때문에 그 말씀을 따르기를 거부했던 자들입니다. 주님은 우리 인생 속으로 들어오셔서 여러 방법으로 우리를 지배하는 악한 귀신들을 분명 쫓아내 주셨음에도 불구하고, 오히려 주님이 내 인생으로부터 떠나주시기를 바랬던 패역한 사람들이었습니다(Cf. 마 8:28-34).

모든 죄인은 하나님 보시기에 같은 수준입니다. 죄인들은 모두 저주 아래 있습니다. 모두가 하나님 보시기에 정죄 받았기에 죄인들은 모두 같은 자리에 서 있습니다. 이것은 우리를 매우 겸손하게 합니다. 그리고 우리를 겸손하게 하는 것이 바로 선택 교리가 의도하는 바입니다.[39]

3) 예증을 통한 교리의 확증

다음 예화의 수사적인 목적은 하나님의 예정이 신자의 선한 조건에 근거한다는 항론파들의 주장의 반대편에서 인간의 전적 타락을 실감나게 확인하려는 것이다. 항론파들은 하나님께서 창세 전에 우리 신자들을 미리 예정하실 때 우리 신자들 편에서의 믿음이나 경건과 같은 선한 조건을 미리 보시고 그런 선한 조건에 근거하여 우리를 예정하셨고 주장했다. 그러나 도르트

5:40); "모든 사람이 죄를 범하였으매 하나님의 영광에 이르지 못하더니"(롬 3:23).

39) Cornelis Pronk, 『도르트 신조 강해』, 74.

신경은 인간의 전적인 타락을 교훈한다. 신자가 성화의 과정에서 계속 그리스도의 십자가 공로를 의지하면서 자신의 연약함과 죄성, 그리고 사탄 마귀의 유혹을 극복하려면 매일 매 순간 순간 신앙적인 논리의 출발점에서는 내 자신의 전적 부패와 타락을 인정해야 한다. 그리스도가 아니고서는 내 인생에 그 어떤 해답이나 소망이 전에도 없었고, 지금도 그러하고, 앞으로도 그러하다. 다음 예화는 이 점을 실감나게 확인시켜 준다.

예전에 TV 방송 중에 '화해'라는 프로그램이 있었습니다. 이 프로그램에 60대 엄마와 40대 아들이 출연했는데, 이 아들은 10여 년 전에는 아주 유명한 가수였습니다. 많은 인기를 모으면서 잘 나가다가 그만 자만심에 빠져서 가벼운 마음에 음주운전을 했고, 음주단속에 걸렸고 언론에 공개되는 바람에 그만 그 인기가 땅으로 추락을 하고 말았습니다. 더 이상 방송에도 출연할 수도 없고 사람들이 찾아주지도 않습니다. 할 수 없이 유흥업소 밤무대 가수로 근근이 버티는데 그 부모님들 입장에서는 자식이 그렇게 힘들게 사니까 얼마나 마음이 안타깝겠습니까? 엄마의 마음도 참 너무 힘들겠지요. 엄마가 자식을 버리다시피 했지만 엄마는 결코 자식을 버릴 수 없기 때문에 두 사람이 서로 화해하기 위해서 방송에 출연했습니다. 동남아 여행을 가면서 길거리에서 엄마가 아들에게 간절한 심정으로 권면합니다. 마침 아들도 연예 프로그램에 다시 출연도 하면서 조금씩 실력을 쌓아가고 있는 중입니다. 이름이 승진이라고 합시다.

"승진아! 너 예전에 절제하지 못해서 그렇게 고생했는데 이제 앞으로는 잘 해야 한다. 인생을 막 살려고 하면 안 돼." 엄마의 그 안타깝고 간절한 마음이 저한테도 느껴집니다. 그러자 아들이 대답합니다. "그래 엄마! 그동안 10년을 고생했으니까 앞으로는 잘 할게." 아들이 그렇게 진지하게 대답하는데 엄마는 맘 속에 그동안 고생한 것이 잊어지지 않으니까 이렇게 잔소리를 이어갑니다. "너의 문제는 대답을 너무 쉽게 하는 것이야. 너 인생이 그렇게 쉬어 보여? 아직도 너 인생을 그렇게 막 살려고 하는거야?" 엄마의 마음에는 10년 동안 아들이 그렇게 사회 밑바닥에서 고생하면서 아들이랑 같이 고생한 세월이 마음 속에서 쉽게 지워지지 않습니다. 그래서 아들한테 계속 잔소리를 하는 것입니다.

그 이야기를 듣고서 아들이 좀 짜증스럽다는 듯이 대꾸합니다. "엄마! 또 잔소리야. 아니 그럼 지금 내가 말이라도 그렇게 할 수 밖에 없는데, 엄마는 내가 말을 쉽게 한다고 하면 지금 어쩌자는 거야?" 그러니까 엄마가 더 화를 냅니다. "아니, 지금 이 상황에서 화를 낸다면 누가 내야 하는 거니, 네가 어떻게 나한테 화를 낼 수 있어." 이 두 사람이 모자 관계임에도 불구하고 서로 화해하지 못하는 모습을 지켜보면서 아무리 피를 나눈 모자 관계이고 또 화해를 하고 싶더라도 두 사람의 힘으로는 결코 화해할수 없는구나 하는 것을 깨달았습니다. 이것이 바로 우리 인간의 근본적인 한계입니다. 아무리 자식을 사랑하더라도 엄마는 자기 힘으로 사랑하는 아이의 미래를 행복의 관점에서 바라볼 수 없습니다. 네 미래가 희망으로 가득 찼다고 확신을 가지고 말해 줄 수 없습니다. 그 미래 행복은 오직 하나님의 말씀, 하나님의 계시로만 가능합니다.

4) 결론의 적용점 제시

① 자만심에 대한 회개

지금 하나님 앞에서 우리의 형편과 처지를 생각할 때 우리에게 무슨 선한 성품이나 열심을 먼저 떠올린다면 그것은 잘못된 것입니다. 우리 자신을 다른 사람과 비교해서 판단하는 수평적인 사고 때문입니다. 수평적인 사고로는 절대로 하나님을 제대로 만날 수 없습니다. 신자라면 반드시 수평적인 사고에서 수직적인 사고로 전환해야 합니다.

오직 거룩하시고 공의로우신 하나님만을 먼저 생각하시기 바랍니다. 그 분 앞에 서 있는 내 모습을 생각해 보시기 바랍니다. 무한히 밝고 거룩한 불꽃같은 눈으로 나를 지켜보고 계시는 하나님의 시선으로 내 자신의 내면을 내려다보시기 바랍니다. 하나님의 시선으로 내 자신을 내려다본다면 우리는 결코 그 분 앞에서 그 어떤 좋은 성품이나 능력, 어떤 열심을 내세울 수 없을 것입니다.

② 전적 타락을 인정하며 은혜를 구함

나의 불신앙이나 고난의 책임을 하나님과 연관지어 생각할 때 절대로 그 책임을 하나님께 떠넘기지 마시기 바랍니다. 오히려 거룩하시고 공의로우신 하나님, 이 세상의 모든 눈보다 더 희고 이 세상의 모든 빛들보다 더 밝으신 하나님을 거울삼아서 그 앞에 엎드리시기 바랍니다. 그 분 앞에서 분명히 드러나는 우리 내면의 추악한 죄악을 인정하시기 바랍니다. 그리고 이렇게 기도하시기 바랍니다. "주님 이 세상의 모든 사람들이 주님으로부터 구원의 선물을 받고 천국에 다 들어가는데도 나 혼자만 못 들어 가더라도 그것은 지극히 당연한 일임을 인정합니다.[40] 나는 생각과 말과 행동으로 하나님을 대적했기 때문에 이 모든 범죄 때문에 지옥에서 영원토록 형벌을 받을 수 밖에 없는 그런 죄인인 것을 인정합니다." 이토록 추악한 죄인인데도 불구하고 과연 나는 구원 받을 수 있나요? 주님 나를 불쌍히 여겨 주시옵소서. 이런 나를 긍휼히 여겨 주시옵소서. 이렇게 간절히 주님의 은혜를 구하는 자들을 우리 주님은 결코 외면하지 않으십니다.

2. 그리스도의 대속사역과 이에 대한 믿음

그리스도의 대속사역과 그 대속에 관한 믿음에서 항론파와 도르트신경의 입장 차이는 그리스도의 대속사역의 범위에 집중된다. 항론파는 그리스도의 대속 사역의 범위가 모든 사람들을 위한 것으로 이해하는 반면에, 도르트신경은 그 범위를 신자들의 범위로 한정한다. 속죄의 범위가 제한적인가 보편적인가의 입장 차이는 교리적인 견해의 차이로 끝나지 않고, 하나님의 절대 주권에 따른 구원을 강조하는 신앙과 보편 속죄에도 불구하고 이를 받아들여 믿는 신자와 그렇지 못한 불신자의 자유의지의 책임으로 이어진다. 말하자면 제한 속죄의 교리는 구원 받은

---

40) "스펄전은 자신이 회심했을 때, 맨 처음 깨달은 것은 하나님께서 온 세상을 받으시고 자신은 거부하셨을지라도 전혀 놀랄 것이 없다는 것이었다고 말했습니다. 이것은 옳은 태도입니다." Cornelis Pronk, 『도르트 신조 강해』, 353.

신자 자신을 향한 하나님의 은혜를 부각시키는 반면에, 보편 속죄 교리는 그리스도를 믿기로 선택한 신자 편에서의 자유의지와 그 선택의 가치를 부각시켜서 마음 속으로 이를 의지한다.

그리스도의 제한 속죄 교리를 설교하는 화행론적인 목적은, 신자로 하여금 자신이 누리는 구원의 가치가 그리스도의 대속적인 희생과 죽음에 철저하게 기초하고 있음을 인정하도록 하려는 것이다. 또 성화의 과정에서도 그리스도의 십자가 보혈의 은혜에 대한 기억과 확인에서 우러나오는 하나님을 향한 감사의 마음으로 성화의 과정을 감당하도록 독려하려는 것이다.

교리적인 내용으로서의 제한 속죄가 목회적인 목적으로서의 이신성화의 효과를 가져오도록 하는데 효과적인 수사적인 전략은, 언약 신학의 법정적인 논리를 활용하는 것이다. 법정적인 언약 신학은 죄인이 공의의 하나님 앞에서 그 분의 자비로운 구속의 은혜로 말미암아 의인으로 바뀌는 과정을 옛언약과 새언약의 대조법으로 서술한다. 옛언약은 공의의 하나님이 이스라엘과 맺은 언약에도 불구하고 범죄한 이스라엘을 심판하신 과정을 서술한다면, 새언약은 성부 하나님이 그리스도의 대속 사역을 통해서 신자들에게 무조건적인 은혜를 베풀어서 그의 신분을 근본적으로 바꾸어 놓은 과정을 서술한다. 옛언약과 새언약의 연결고리를 형성하는 것이 그리스도의 제한속죄이다.

1) 서론의 문제 제기

그리스도의 속죄에 관한 잘못된 이설로는 초대교회 교부 오리겐이 제안했던 사탄 배상설이나, 중세 사상가 피터 아벨라드 (1079-1142)가 주장했던 '도덕적 영향 이론'(moral influence theory)이다.[41] 이런 이론들은 그리스도의 속죄의 성격과 범위를 하나의 추상적인 이론으로 제시하려는 것으로, 화행론의 관점에서 소통의 당사자에게 삼위 하나님과의 언약 관계에 법적인 변화를 초래하는 그리스도 속죄의 본연의 목적을 달성하지 못한다.

그리스도의 속죄에 대하여 오해하는 신자들의 문제점은 자신들의 죄악에 대한 하나님의 처벌이 독생자가 십자가에 죽어야 할 정도로 막대하고 심각하다고 생각하지 않는 것이다. 또는 예수 그리스도의 속죄에 대한 인식과 기억은 그리스도를 처음 믿을 때만 필요하지, 교회에서 직분을 받고 열심히 봉사활동을 하면서 신앙생활을 할 때에는 그리스도의 은혜에 대한 믿음보다는 오히려 주님을 사랑하는 표시로 열심을 다하여 봉사하고 선행을 베푸는 것이 더 중요하다고 오해한다.

따라서 그리스도의 속죄에 관한 교리를 설교하려는 설교자는 이 교리가 추구하는 신앙적인 목적이 그리스도의 특별한 속죄로 인하여 하나님과 신자 자신의 언약 관계가 근본적으로 변화하였음을 깨닫고 그 언약 관계의 질적인 변화의 근본인 그리

---

41) Cornelis Pronk, 『도르트 신조 강해』, 154.

스도의 속죄와 보혈의 공로를 참으로 소중하게 인식하며 그 받은 은혜에 감사하는 자리까지 안내하도록 해야 한다.

제한속죄에 관한 교리를 설교하려고 할 때, 서론에서 문제를 제기하는 방법으로는, 알미니우스와 항론파가 주장했던 보편 속죄 이론을 액면 그대로 소개하는 방법과 도덕적 영향 이론의 논리를 소개하는 방법이 있다.

① 알미니안의 보편 속죄론

알미니우스와 그의 항론파, 그리고 오늘날의 알미니안들은 그리스도께서 제한적인 신자들만을 위해서 십자가 위에서 죽으셨음을 인정하지 않고 오히려 모든 사람들을 위해서, 즉 생애 동안에 그리스도를 믿기로 거부하고 죽어서 지옥에 간 사람들을 포함하여 모든 사람들을 위하여 십자가에서 죽으셨다고 생각합니다.

이들이 이렇게 생각하는 이유는 창세 전에 삼위 하나님이 인류의 구원을 계획하실 때 어떤 사람들은 구원 받기로 예정하시는 반면에 또 어떤 사람들은 구원 받지 못하고 유기되도록 예정하실 이유가 없다고 생각했습니다. 그렇게 하는 것은 하나님을 이 세상 악의 조성자로 만드는 것이라고 생각했습니다. 예수님은 모든 사람들을 위해서 십자가에 죽으셨음에도 불구하고 실제로 어떤 이들은 믿는 반면에 또 어떤 이들이 믿지 않고 지옥에 가게 되는 것은 예수님의 속죄사역에도 불구하고 그 사람의 불신앙 때문이라고 생각했습니다.

보편 속죄설은 한편으로 생각하면 이 세상에 가득 찬 죄악과 불신앙의 책임을 하나님에게 지우지 않고 신자 또는 불신자 당사자에게 지우는 것처럼 보입니다. 하지만 보편 속죄설의 치명적인 약점은, 저와 여러분의 운명이 하나님께 범죄한 죄인에서 하나님께 은혜를 받은 의인으로 바꾸어 놓는 최고의 수단인 그리스도의 보혈, 그 가치를 인격적이고 개별적으로 적용하지 못하고 하나의 보편적인 도덕 원리로 일반화시킨다는 것입니다.

② 도덕적 감화설

"그리스도의 속죄를 설명하는 데 '도덕적 영향 이론'(moral influence theory)이라는 오래된 이론이 있습니다. 알미니안들은 이 이론을 그리스도의 속죄를 설명하는 설득력 있는 이론으로 받아들입니다. 이 이론에 따르면 그리스도의 죽으심은 그리스도의 탁월한 도덕과 윤리를 본받으려는 사람들에게 죽음까지도 불사할 정도의 수준 높은 이타적인 사랑의 본을 제시한다는 것입니다. 바르게 살려는 사람들은 십자가에서 죽으시기까지 자신의 삶을 온전히 하나님께 제사로 드린 그리스도의 이타적인 삶에 대해서 감동을 받아서 자기도 그리스도처럼 희생적인 삶을 살려고 노력하게 되고 또 죽기까지 자기를 부인하려는 의지의 모범을 그리스도께로부터 배울 수 있다는 것입니다.

하지만 도덕적 영향 이론은 언뜻 생각하면 상당히 세련된 가르침처럼 보이고 인간에 대한 최고의 신뢰를 바탕으로 하는 휴머니즘의 극치처럼 보입니다. 그리고 도덕적 감화설의 일부분에는 저와 여러분이 참고할 만한 가르침이 전혀 없는 것도 아닙니다만, 그러나 그 저변에는 하나님 앞에 우리 인간 자신의 부패와 범죄, 그리고 패역을 애써 외면하려는 반역적인 교만함이 깔려 있습니다. 우리 인간이 그렇게 대단한 존재가 아님에도 불구하고 도덕적 감화설은 우리 인간의 경건심과 능력, 그리고 그 열정을 오직 그리스도께서 혼자서만이 가능하신 십자가 사역의 가치를 희석시키는 문제가 있습니다.

2) 속죄사역에 관한 설득의 문제점

그리스도의 속죄사역에 관한 교리 강설을 통하여 신자들에게 믿음을 재촉할 때 주의할 사항이 있다. 프롱크 목사에 의하면 개혁파 목회자들은 보편 속죄 교리의 입장에서 보편적인 청중에게 믿음을 권유하는 방식의 설교를 하지 않았다고 한다.

오늘날 많은 사람들이 다음과 같이 설교합니다. "그리스도께서 모든 이를 위하여 죽으셨습니다. 따라서 당신을 위해서도 죽으셨습니다. 이것을 믿으면 당신은 구원 받을 것입니다." 그러나 "우리 선조들은 자신들의 설교를 듣는 사람들에게 "그리스도께서 당신을 위하여 죽으셨다"고 말하거나 "그리스도께서 모든 사람들을 위해 죽으셨고, 그러니 당신을 위해서도 죽으셨다"고 말해야 한다고 생각하지 않았습니다. 사도들도 이렇게 설교하지 않았습니다. 성경 어디를 찾아봐도 사도들이 이렇게 말하는 부분은 없습니다. 사도들은 그리스도께서 자신들을 위하여 죽으셨다는 것을 믿으라고 죄인들을 부르지 않았습니다. 사도들은 그리스도를 믿으라고

죄인들을 불렀습니다. 이것은 아주 큰 차이입니다.[42]

여러분은 "그리스도께서 나를 위해 죽으셨는가?"하고 질문합니까? 저는 이 질문에 현대적인 방식으로 답을 하지 않겠습니다. "예 그리스도께서는 모든 사람들을 위해 죽으셨습니다. 그러므로 당신 역시 구원받았습니다" 하는 식으로 말입니다. 대신 먼저 몇 가지 질문을 하고자 합니다. "당신은 구주를 원합니까? 구주가 필요합니까? 죄에 대해 확신하나요? 당신은 잃어버린 자라고 성령님께서 가르치십니까? 당신의 행위로는 하나님의 공의를 만족시킬 수 없다고 느끼나요? 당신 안에 있는 자신감을 모두 포기했나요? 마음을 다해 다음과 같이 말할 수 있나요?" '주여 저를 구원하소서! 그렇지 않으면 저는 영원히 죽습니다.'

그렇다면 저는 당신을 위해 그리스도께서 죽으셨다고 말 할 수 있습니다. 당신의 이름은 생명책에 기록되어 있습니다 저는 그리스도께서 당신을 위해 십자가상에서 죽으신 것을 믿으라고 그리스도의 이름으로 초청합니다. 당신에게 청합니다. 당신에게도 열려 있는 만세반석으로 들어가라고 말입니다. 만일 유일한 소망이신 그리스도를 믿는다면 두려워하지 마십시오. 그리스도 안에서 영원히 안전합니다. 당신 안에서 시작된 구원 사역은 은혜로 완전하게 성취될 것입니다.[43]

그리스도의 속죄사역에 관한 교리 강설에서 설교자는 인간

---

42) Cornelis Pronk, 『도르트 신조 강해』, 170.

43) Cornelis Pronk, *Faith of Our Fathers*, 김동환 역 『은혜교리: 우리가 믿고 남겨야 할 유산』 (수원: 그 책의 사람들, 2012): 77-78.

의 전적인 부패와 타락, 그리고 이에 대한 하나님의 무서운 심판과 그럼에도 불구하고 그리스도를 통해서 베푸시는 하나님의 지극하신 자비와 은혜를 아주 자세히 그리고 충분히 설교해야 한다. 그렇지 않고 이런 내용은 간단히 언급한 대신에 그리스도를 믿어야 하는 신자편에서의 의지적인 결단을 위한 감동을 자극하는 데 집중하면 설교가 끝났을 때 신자들은 신앙생활에서 중요한 것은 그리스도께서 이루신 대속 사역에 관한 인격적인 신뢰보다도 자신의 의지적인 결단과 헌신이 더 중요하다고 착각한다. 따라서 설교자는 그리스도의 십자가를 믿어야 하는 필요성을 언약 신학과 법정적인 대속의 관점에서 해설해야 한다.

3) 언약 갱신에 관한 논증

"여러분은 그리스도의 고난과 죽으심을 그리스도께서 나를 대신해서 감당하신 대리 사역으로 이해하며 성경을 읽은 적이 있습니까? 여러분이 직접 가야바와 빌라도 앞에 서 있고 십자가로 향하는 그 길을 여러분이 걸어가야 했는데 그리스도께서 대신 감당하고 계심을 인정하면서 복음서를 읽어보신 적이 있습니까?"[44]

우리 주님은 빌라도의 법정에서 자신을 참소하는 무리들 앞에서 조용히 침묵하셨습니다. 우리는 아무런 죄가 없으신 하나님의 아들 그리스도께서 자신을 고소하는 무리들 앞에서 왜 그토록 침묵하셨는지 그 이유

---

44) Cornelis Pronk, 『도르트 신조 강해』, 161.

를 물어야 합니다. 그 이유는 그리스도께서는 죄인들의 대리인으로 그 자리에 서 계시기 때문입니다. 그래서 그리스도께서는 그들의 고소에 아무 답도 할 수가 없으셨습니다. 그 모든 고소는 그리스도께는 개인적으로 참이 아니지만 우리에 대해서는 모두 참이기 때문입니다. 우리는 신성모독을 저질렀습니다. 그렇기에 그리스도께서는 신성모독을 저질렀다는 거짓 고소에 침묵하셨습니다. 그 고소는 그리스도께는 참이 아니지만 그 분이 하나님 앞에서 우리를 대신하시고 계시기 때문에, 성부 하나님의 심판대 앞에 무릎 꿇고 있는 우리를 바라보시기 때문에 그 고소는 우리에게 참입니다.[45]

4) 예증을 통한 교리의 확증

언약의 역사는 창조 언약(또는 아담 언약) 이후에, 노아 언약과 아브라함 언약, 모세 언약, 그리고 다윗 언약까지 일관되게 이어집니다. 이 언약의 역사에서 거듭 반복적으로 드러나는 현상은 이스라엘 백성들은 하나님의 무한하신 자비에도 불구하고 언약을 파기하는데, 그럴 때마다 하나님은 다시 찾아오셔서 심판하시고 은혜를 베푸시며 다시 언약을 갱신해 주신다는 사실입니다.

그런데 다윗언약이 채결된 이후 솔로몬 왕조 시대 이후로 분명히 드러나는 것은 무엇인가 하면, 이스라엘 백성들은 자기 스스로의 힘으로는 결코 이 언약의 조건을 제대로 지키지 못한다는 것입니다. 언약의 역사를

---

45) Cornelis Pronk, 『도르트 신조 강해』, 161.

옛언약과 새언약으로 나눈다면 옛언약의 역사에서 이 한 가지가 분명해 집니다. 이스라엘 백성들은 하나님과 맺은 언약의 관계를 유지하기 위한 법정적인 책임을 이행할 능력이 전무하다는 사실입니다.

그 사실이 분명히 드러나자 하나님은 선지자들을 통하여 새언약을 예고하십니다. 새언약의 핵심은 두 가지입니다. 첫째는 이스라엘 백성들이 하나님과 맺은 언약을 이행하지 못하니까 하나님이 이스라엘 편에서 직접 언약의 법정적인 의무를 이행하도록 하시겠다는 것입니다. 성부 하나님이 그의 아들 메시아를 보내서 하나님이 직접 이스라엘 편에 서서 이 언약의 법정적인 의무를 이행하시겠다는 것입니다. 둘째는 그동안 옛언약에서는 이스라엘 백성들이 언약의 증표를 마음 중심에 가지지 못했는데, 하나님이 언약의 증표를 이스라엘 백성들 마음 중심에 새겨 넣어 주시겠다는 것입니다. 그것이 바로 성령 하나님의 불도장입니다.

이를 쉽게 설명하자면, 애완견 주인이 자기 마음 속으로 애완견과 언약을 맺습니다. 네가 내 말을 잘 듣고 배변을 지정된 장소에 잘 이행하면 내가 너를 사랑하고 밥을 주겠다. 그러나 지정된 장소, 지정된 시간, 지장된 방법을 어기면 내가 너를 징계하겠다. 애완견으로서는 이 주인이 도대체 무슨 생각을 가지고서 자기를 이렇게 대우하는지 알 수 없습니다. 때로는 밥을 주고 또 때로는 굶기고 학대를 하기도 하고... 개로서는 주인과 맺은 언약을 이행할 능력이 없습니다. 이와 마찬가지로 사람으로서는 하나님과 맺은 언약을 이행해서 약속된 복을 받아낼 능력이 없습니다. 그래서 애완견 주인이 마지막에 선택한 방법이 무엇인가 하면 애완견 주인이 직접 애완견의 모습으로 애완견 대신 모든 벌을 다 짊어지고 징벌을 감당하고 속죄의 죽음을 죽어준 것입니다.

마찬가지로 하나님이 선택하신 마지막 방법이 무엇인가? 그것은 자기 백성들이 더 이상 언약을 파기하는 일이 일어나지 않도록, 하나님이 언약을 이행하지 못하는 사람의 죄값과 그 책임을 전부 다 뒤집어쓰기로 작정하시는 것입니다.

5) 결론의 적용점 제시

저와 여러분이 예수 그리스도를 구세주로 믿는 것은 단순한 지식을 이해하는 수준도 아니고 십자가와 같이 끔찍하고 자극적인 이미지를 생각하면서 어떤 초월적인 느낌을 추구하는 것도 아닙니다. 예수 그리스도를 구세주로 믿고 그 분이 나를 죄악에서 구원하시기 위하여 십자가에서 모든 고통을 친히 감당하신 것을 믿는 것은 이 세상의 법률적인 용어로 표현하자면 내가 감당해야 할 모든 법적인 책임을 갑자기 그리고 완전히 단 한 번에 영원토록 탕감 받은 것입니다. 이는 달리 말하자면 내가 살아왔던 과거의 신분과 소속이 사탄의 나라에서 하나님의 나라로 바뀐 것이고, 내가 영향을 받았던 세속적인 사고방식이 나에게서 완전히 사라지고 이제 거룩한 하나님의 말씀이 나를 하나님의 영원한 평강의 세상으로 이끌어가도록 내 인생의 목적지도 바뀐 것이고 그 목적지에 도달하도록 하는 방법이나 능력도 이 세상의 방법에서 하나님의 방법으로 이 세상의 지혜와 능력에서 하나님의 지혜와 능력으로 바뀐 것입니다.

이 모든 일들이 무엇 때문에 가능해졌는가? 한 마디로 말씀드리자면 우리 주님 예수 그리스도께서 이 죄인을 위하여 십자가에서 그 극한의 고통과 저주를 대신 감당하셨기 때문입니다. 그러므로 어떤 상황에서든 항상 우리 주님이 나를 위하여 흘리신 그 놀라운 보혈을 기억하시기 바랍니다. 아들을 십자가에 죽이기까지 사랑하신 하나님의 사랑은 이 세상의 그 무엇으로도 변개될 수 없음을 기억하시기 바랍니다. "내가 확신하노니 사망이나 생명이나 천사들이나 권세자들이나 현재 일이나 장래 일이나 능력이나 높음이나 깊음이나 다른 어떤 피조물이라도 우리를 우리 주 그리스도 예수 안에 있는 하나님의 사랑에서 끊을 수 없으리라"(롬 8:38-39).

3. 전적 부패와 회심의 은혜

인간의 전적인 부패와 하나님의 무조건적인 선택의 은혜에 관한 교리를 강설할 때의 화행론적인 목적은 신자로 하여금 자신이 얻은 구원이 신자 편에서의 경건한 열심이나 노력 덕분이 아니라 삼위 하나님의 일방적이면서도 무조건적인 은총의 신비 때문임을 확실하게 깨닫도록 하기 위함이다. 하지만 알미니안 신자들이나 반펠라기우스주의 신앙에 익숙한 신자들은 자신이 얻은 구원을 확신하는 근거를 하나님의 무조건적인 은총의 신비에 두지 않고 자신의 의지적인 선행이나 경건 생활, 또는 그로 인한 감정적인 고양(高揚)에 두는 경우가 있다.

이러한 견해 차이는 항론파의 주장과 도르트신경의 입장 차이로 잘 나타난다. 인간의 부패와 죄인을 구원하시는 하나님의 은혜와 관련하여 항론파와 도르트신경의 입장 차이는 사람이 하나님의 은혜를 거부할 수 있는가/없는가의 여부에서 발견된다. 항론파는 타락한 죄인의 전적인 부패를 인정하고 또 하나님의 전적인 은혜의 필요성을 긍정하면서도, 죄인들에게 공급하시는 하나님의 은혜를 사람이 거부할 수 있다고 생각했다. 반면에 도르트신경은 하나님이 말씀을 통해서 공급하시고 깨닫게 하시는 하나님의 은혜는 감히 무시하거나 거부할 수 없을 정도로 강력하고 확실함을 주장했다.

신자들의 마음에 회심의 은혜에 관한 항론파의 견해를 무너뜨리고 회심의 은총에 관한 신비를 '말씀-사건'의 차원에서 경험하도록 하려면 '비참-구원-감사'라는 교리 강설의 수사적인 전략을 충실히 밟으면서도, 중간의 '구원'에 관한 메시지에 구원의 세계를 경험하도록 하는 반전의 깨달음을 담아내야 한다.

1) 서론의 문제 제기

① 항론파의 입장을 소개하는 방식

알미니우스와 항론파들은 하나님 앞에서 사람들이 전적으로 부패하여 자기 힘으로 스스로 구원 받을 수 없음을 인정하면서도 이들을 구원하시려고 말씀을 통해서 찾아오시는 하나님의 은혜를 사람들이 때로는 거부할 수 있다고 보았습니다. 여러분은 어떻게 생각하십니까? 하나님이 사람들에게 구원의 은혜를 베풀어 주시면 사람들은 그것을 거부할 수 있을까요? 만일에 거부할 수 있다고 생각한다면 그 이유는 다양합니다. 첫째는 복음의 말씀을 일종의 깊이 있는 지식으로만 들었지 인격적인 만남의 사건으로 경험하지 못했기 때문입니다. 둘째는 거듭나지 않았음에도 불구하고 자기는 신자라고 생각했던 사람이 중도에 타락한 것을 목격했기 때문입니다. 저 신자가 저렇게 타락하는 것을 보니 신자라도 하나님의 은혜를 거부할 수 있고, 타락할 수 있구나. 그렇게 생각합니다.

② 구원의 확신에 관한 근거를 자신의 믿음에 두는 문제

내가 그리스도를 구세주로 믿는 신앙은 내게서 나온 것일까요? 아니면 하나님께서 은혜로 주신 것일까요? 내 신앙은 내가 그동안 교회에 출석하면서 만들어낸 일종의 학습의 결과일까요? 아니면 좋은 가정에서 태어나고 경건한 부모님 밑에서 자라면서 신앙의 양육을 받은 결과일까요? 그러한 고민을 해 보는 것은 나쁜 것이 아닙니다.[46]

하지만 자신이 구원 받았다는 확신이나 그 근거, 그리고 신앙의 기초를 잘못 세우는 것은 마치 모래 위에 집을 짓는 것처럼 매우 어리석은 일입니다. 저와 여러분은 내가 전에 죄인이었으나 하나님의 자녀로 구원을 받았다는 그 구원의 근거와 기초를 어디에서 확보해야 합니까? 내가 여전히 죄악에서 자유롭지 못함에도 불구하고 그리스도 안에서 구원받았다고 확신하는 근거는 무엇입니까?

---

46) Cornelis Pronk, 『도르트 신조 강해』, 341.

2) 성경적인 논증과 복음 선포

① 혈루증을 앓던 여인이 치유에 대한 기대감으로 예수님의 옷자락을 만졌을 때 예수님은 그 여인을 향하여 "네 믿음이 너를 구원하였다"고 선언하신다(마 9:22; 막 5:34; 눅 7:50). 만일 설교자가 이 구절을 알미니안 신학의 관점에서 해석한다면 '신자 편에서의 믿음의 결단을 통해서 구원이 완성된다'고 주장할 수 있다. 하지만 마태가 마태복음 9장에서 혈루병 여인의 치유에 관한 내러티브를 이미 사망한 관리의 딸의 부활에 관한 내러티브 속에 배치한 수사적인 목적은 예수님이 자신을 부활의 주님으로 계시하고 있음에도 불구하고 당시 유대인들이 그 계시에 영적인 눈을 뜨지 못하고 있음을 지적하려는 것이고 그토록 패역한 시대임에도 불구하고 혈루증을 앓던 여인은 예수님의 겉옷만 만지는 믿음의 표현을 통해서 즉시 구원에 도달했음을 비교하려는 것이다.

② 복음서를 읽다보면 예수님께서 유대인들 앞에서 많은 기적을 베푸시고 축귀를 행하시고 오병이어의 기적으로 그들을 배불리 먹여 주십니다. 마태복음 9장에 보면 예수님께서 중풍병자를 고쳐주십니다. "네 침상을 가지고 집으로 가라 하시니 그가 일어나 집으로 돌아갔다"(마 9:6-7)고 합니다. 복음서에서 이런 내용의 말씀을 읽다보면 어떤 성도님들은 이렇게 생각합니다. 만일에 주님이 나에게 이런 기적을 베풀어 주시고 내 질병을 즉시로 고쳐주신다면 나는 당장 주님을 따랐을 것입니다.

하지만 이렇게 생각하시는 성도님들은 기적이 일어난 다음에 당시 유대인들의 반응이 이렇게 기록된 것을 잘 이해하지 못하실 것입니다. "무리가 보고 두려워하며 이런 권능을 사람에게 주신 하나님께 영광을 돌리니라"(마 9:8). 이 구절의 의미는 무엇입니까? 당시 예수님의 치유를 목격했던 사람들이 예수님을 사람들의 죄를 사하시고 구원으로 인도하시는 하나님의 메시아로 인정하고 구세주로 영접해다는 의미입니까? 인정하지 않았다는 의미입니까?

오늘날 상당수의 성도님들은 8절 말씀의 의미를 당시 유대인들이 예수님의 치유 사건을 목격하고 예수님을 구세주로 인정한 말씀이라고 생각합니다. 하지만 이 본문을 기록한 마태가 8절에서 말하려는 의도는 옛날이나 지금이나 예수님을 선지자나 교사로 인정하는 것은 쉬워도 그 분이 내가 하나님께 범죄한 모든 추악하고 부패한 죄악을 용서하시고자 십자가에서 나를 대신하고 모든 고난을 당하신 구세주이심을 인정하는 것은 죽도록 싫어한다는 것입니다. "무리가 보고 두려워하며 이런 권능을 사람에게 주신 하나님께 영광을 돌리니라." 자기들이 언약의 하나님으로 믿는 여호와 하나님께 박수를 치면서 결국은 자신들이 그토록 잘난 선민들이라고 자부심을 갖는 것입니다. 자신들이 죄인인 것도 전혀 인정하지 않고, 그러니 그 앞에서 이적을 행하신 예수님을 사죄의 권세를 발휘하시는 구세주로 영접하지도 않는 것입니다. 이렇게 복음서는 예수님이 온갖 이적을 베풀어도 거듭해서 예수님을 배척하는 모습을 반복적으로 묘사하고 있습니다. 이렇게 성경은 "의인은 없나니 하나도 없다"고 말씀합니다. 이런 우리를 하나님은 어떻게 구원하실까요? 하나님이 이렇게 해답이 없는 사람들을 구원하시는 최고의 방법은 하나님의 복음을 들려주는 것입니다.

3) 예증을 통한 교리의 확증

몇 해 전 KBS 1TV에서 "강연 100도씨"라는 프로그램에 대구에서 공방을 운영하는 김희아 씨가 나와서 스타강사 오디션에서 아주 감동적인 연설로 스타강사 우승을 차지한 적이 있었습니다. 이 분은 태어날 때부터 얼굴에 손바닥만한 검은 점을 갖고 태어나서 부모로부터 버림을 받아서 보육원에서 살았습니다. 어렸을 때는 사람들이 자기를 보면 얼굴을 찡그리면서 피하고 수군거리고 손가락질 하는 이유를 잘 몰랐습니다. 그러다가 초등학교에 들어가서 미술 시간에 준비물을 챙겨오지 않아서 미술 선생님이 벌로 자기를 앞으로 불러내서는 아이들한테 자기 얼굴을 그려보라고 했습니다. 그런데 그 반에 자기 얼굴을 그린 학생들의 도화지에 그려진 얼굴은 예쁜 아이의 얼굴이 아니라 마치 복사기로 복사라도 한 듯이 한결같이 얼굴에 흉칙한 검은 반점이 온 얼굴을 뒤덮고 있는 일그러지고 흉칙한 얼굴이었습니다.

하지만 구세군 교회 선생님을 만나서 복음을 전해 듣고 신앙생활을 시작하면서 그 마음 속에 하나님 은혜에 대한 감사를 고백하기 시작했습니다. 나의 참 모습은 흉칙한 반점을 가진 김희아가 아니라 하나님의 은혜로 구원받고 그 은혜를 기뻐하고 감사하는 김희아로 자신에 대한 인식을 고쳐먹은 것입니다. 그래서 길거리에서 사람들은 흉칙한 얼굴 일그러지고 시커멓게 변색된 얼굴을 보면 서로 피하기 바쁘지만 김희아씨는 그 마음속에 사람 얼굴을 보지 않으시고 그 마음 중심을 살피시는 하나님께 감사하기 시작했습니다. 그리고 기적적으로 결혼하여 두 명의 아이까지 낳아서 키웁니다.

그러던 어느 날 첫째 딸이 아마도 예닐곱 살이 되었을 때 집에서 소꿉장난을 하게 되었습니다. 그런데 이 엄마가 자기 예닐곱 살 어린 딸아이에게 이렇게 배고프다고 말을 합니다. "엄마 나 배고파!" 자기 딸 앞에서 김희아 엄마가 아기 흉내를 내보는 것입니다. 그런데 "엄마! 나 배고파!" 그러니까 이 엄마 역할을 맡은 딸이 깜짝 놀랄 말을 해 줍니다. "아이고 우리 애기! 엄마가 맘마 줄께 잠깐만 기다려"

"엄마가 맘마해 줄께 조금만 기다려"라는 아이의 말 속에서, 김희아 씨는 처음으로 자기를 낳고서 자기를 끔찍히도 사랑해 주었을 자기 엄마의 심정을 처음 느끼게 됩니다. "엄마가 맘마 해줄께 조금만 기다려"라는 그 말 속에서 자기를 사랑했을 그 엄마에 대한 감사의 마음과 사랑하고 싶지만 현실적으로 사랑하지 못해서 정말로 가슴이 찢어지도록 아파했을 그 엄마의 심정을 이해하게 됩니다. 그렇게 자기에게 사랑을 베풀고 싶지만 사랑을 베풀지 못해서 안타까워했을 그 엄마가 자기를 몰래 길바닥에 버린 엄마를 이해하고 용서하기로 결심합니다. 그리고 더 나아가서 이렇게 흉측한 얼굴이지만 자기를 낳아 주셔서 엄마에게 감사하는 사람으로 변화하게 됩니다.

4) 결론의 적용점 제시

그리스도를 믿기 이전에 저와 여러분의 인생에는 아무런 해답이 없었습니다. 더럽고 추악한 죄악 속에서 마음속에 가득한 욕망을 달성하는 것이 인생의 최고 행복인 줄 알고 그렇게 욕망이 이끄는 대로 살아왔습니다. 그런 우리를 하나님이 불쌍히 여기셔서 복음전도자와 설교자, 그리고 목회자를 통해서 하나님의 말씀을 들려주시고 들려오는 말씀에 성령 하나님의 조명이 함께 역사하도록 하셔서 복음을 통해서 삼위 하나님을 만나도록 하셨습니다. 그리스도를 구세주로 믿도록 우리 마음을 감화 감동하셨습니다. 예수님이 십자가에서 죽으실 때 우리 옛사람도 함께 죽었습니다. 옛사람의 욕망과 의지도 함께 죽이셨습니다.

그리고 그 빈자리에 하나님은 하나님을 아버지라고 부를 수 있는 새로운 생명을 탄생시키셨습니다. 그리스도께서 십자가에서 죽으신 이후 3일만에 부활하신 부활 사건 속에서 우리 각자의 심령에 새사람을 함께 부활시키셨습니다. 뿐만 아니라 우리 마음에 성령 하나님을 부어주시고 성령 하나님의 불도장을 찍어 주시고 성령 하나님으로 가득 충만하게 채워주셔서 하늘에 속한 사람으로 살아갈 수 있도록 인도하고 계십니다.

이 전체 과정을 가리켜서 '구원의 서정'이라고 합니다. 이 모든 구원의 서정은 전적으로 하나님의 은혜로 이루어진 것이고, 이 과정에서 우리가 주도적으로 할 수 있는 것은 하나도 없습니다. 우리를 부르신 소명도 하나님의 전적인 예정과 선택으로 이루어진 일입니다. 복음의 말씀이 선포되는 과정에서 저와 여러분이 그 하나님의 부르심에 반응하여 우리가 중생하게 된 것도 하나님의 전적인 주권이고 전적인 은혜입니다.

하나님은 복음의 말씀을 통해서 우리가 죄인인 것을 깨닫게 하시고 우리 내면의 모든 죄악에 대해서 통회하며 자복하게 하십니다. 이러한 회심과 회개는 비록 우리 마음에서 우리 입술을 통해서 일어나지만 그러나 회심과 회개의 주체는 우리가 아니라 하나님이십니다. 우리의 의지에 앞서서 우리 내면 속에서 하나님이 말씀을 통해서 우리로 하여금 죄악에 눈이 떠지게 하시고 그 죄를 혐오하도록 심령에 압박을 가하시고 그 죄악을 미워하여 떠나도록 압력을 행사하시는 분이 바로 하나님이십니다. 그래서 회심과 회개는 저와 여러분이 입을 열어 내 죄를 회개하기 이전에 내 죄를 미워하고 혐오하는 마음을 주시는 하나님의 역사입니다.

성령 하나님은 회심과 회개 이후에도 멈추지 않으시고 계속해서 우리 마음에 삼위 하나님의 구원을 액면 그대로 믿도록 믿음을 부어 주시고 또 그 믿음에 근거하여 우리를 의롭다고 칭의해 주시고 하나님의 자녀로 받아주십니다. 그리고 오늘도 저와 여러분의 인생 속에서 계속해서 우리가 주님을 닮아서 거룩한 삶을 살도록 성화시키십니다.

4. 성령의 역사와 성도의 견인

성도의 견인에 관한 설교의 화행론적인 목적은 신자로 하여금 자기 속에서 새롭게 태어난 새사람이 내주하시는 성령의 역사로 말미암아 옛자아가 도저히 생각할 수도 없고 성취할 수도 없는 거룩한 삶을 살아내도록 새로운 힘을 공급해 주고 있다는 사실을 깨닫도록 하는 것이다. 이를 위해서 신자들이 분명하게 의식해야 하는 것이 신자의 내면 세계 안에는 이미 죽어버린 옛 사람의 잔존하는 부정적인 영향력과 그리스도의 부활에 관한 말씀을 수납한 이후 성령의 내주하심으로 새롭게 태어난 새사람의 거룩한 영향력 사이의 갈등에 관한 것이다. 성화의 과정에서 신자는 이러한 갈등의 문제에도 불구하고 이미 얻은 구원에 대한 감사와 감격 때문에 보상을 바라지 않는 '무조건적인 열정'(unconditional passion)으로 하나님을 사랑하고 형제자매를 사랑하며 섬기는 삶을 살 수 있다.

성화의 과정에서 신자가 자신의 구원을 확신할 뿐만 아니라 은혜로 얻은 구원에 대한 감사의 삶을 살기 위해서 반드시 필요한 것이, 보이지 않는 하나님의 사랑과 구원을 가시적으로 확인할 수 있는 증표다. 존 칼빈(John Calvin)은 신자가 구원 이후의 성화의 과정에서 하나님의 은혜로 얻은 구원에 대해서 확신을 가지는 것이 꼭 필요하고 또 신앙생활에 여러 모로 유익함을 강조하였다. 신자가 자신의 구원을 확신할 수 있는 수단으로 동원되는 것이 거룩한 삶과 선행이다.

하지만 거룩한 삶과 선행을 어떤 신학적인 논리 구조 속에 배치하느냐에 따라서 거룩한 삶과 선행은 인본주의 신앙의 지표로 악용될 수도 있고 반대로 신본주의 신앙의 지표로 선용될 수도 있다. 칼빈이 보기에 로마 가톨릭 교회는 평생의 신앙생활 속에서 결코 자신의 구원을 확신할 수 없다. 그럼에도 불구하고 가톨릭 교회는 신자들에게 요구하는 선행과 거룩한 삶을 실천할 것을 요구하였고, 만일에 그들이 이를 실천한다면 이에 근거하여 미래에 성취될 구원을 기대하며 기다릴 수 있다고 보았다. 인간 편에서의 선행을 조건으로 정해 두고 그 인간 편에서의 선행에 근거하여 미래에 주어질 하나님의 구원을 기대하게 만드는 것이다. 이것이 바로 인본주의 종교다.

하지만 칼빈은 신자의 선행과 공로에 근거하여 하나님과 다른 신자들 앞에서 자신의 의를 주장할 그 어떤 근거도 될 수 없으며, 천국에서의 최종 구원을 확정하는 어떤 근거로 작용할 수 없다고 주장한다. 오히려 신자는 평생의 과정에서 자기 바깥으로부터 제기되는 온갖 불신앙의 유혹과 평생의 싸움을 계속 해야 한다.[47] 그러나 신자가 평생 계속되는 불신앙과의 투쟁에서 그리스도의 은혜에 관한 복음의 말씀에 근거하고 또 그 말씀을 조명하시는 성령의 능력을 통해서 나타나는 여러 선행과 경건한 삶에 근거하여 자신의 구원을 확신할 수 있다. 이 때 확신하는 구원의 근거는 자신의 노력이나 경건한 삶이 아니라 그 저변에 깔린 삼위 하나님의 은혜와 이에 대한 감사의 삶이다. 이 과정에서 신자는 자기 안에서 옛사람으로서는 도저히 기대할 수도 없고 성취할 수도 없는 거룩한 삶과 선행을 성령 하나님께서 그리스도에 관한 복음의 말씀을 감화감동하도록 역사하시고 그리스도를 닮아가도록 거룩한 열망을 자극하고 계심을 깨닫는

---

47) John Calvin, Institutes, III, ii, 17/18.

다. 이는 자기 혼자만의 힘으로는 도저히 기대할 수도 없고 성취할 수도 없다. 그럼에도 불구하고 그 거룩한 일을 자기가 이뤄내고 있다. 성화의 삶을 사는 주체는 자신이지만 그러나 그 동력은 자신의 능력이 아니라 위로부터 주어지는 은혜이며 은혜를 깨닫게 하시는 성령의 역사임을 깨닫는다.

그래서 성화의 과정에서 인내하는 신자는 자신의 개인적인 노력이나 열심의 차원을 넘어선 하늘의 하나님으로 말미암은 영적인 은혜와 능력으로 선행과 경건을 실천하며, 이러한 선행과 경건의 삶을 통해서 자신이 장차 얻을 미래 구원을 분명하고도 충분히 확신할 수 있다.

그래서 개혁파 칭의론은 이상의 논리에 근거하여 다음과 같이 구원의 확신에 관한 실천적 삼단논법(*syllogisumus practicus, practical syllogism*)을 발전시켰다.

① 선택된 사람은 그 선택의 결과로 확실한 선택의 표징을
　나타낸다.
② 나는 그러한 표징을 갖고 있다.
③ 그러므로 나는 선택된 자이다.[48]

---

48) A. E. McGrath, *A Life of John Calvin*, 241. Cf., 김재성, 『개혁신학의 광맥』(서울: 이레서원, 2001), 542; 유정우, "칼빈의 실천적 삼단논법: 구원의 확신문제", 『복음과 신학』 4 (2001, 8월): 114-134. Richard A. Muller는 칼빈의 저술과 신학사상으로부터 '실천적 삼단논법'을 유추할 수 있다고 주장한다. Richard A. Muller, *Christ and the Decree: Christology and Predestination in Reformed Theology from Calvin to Perkins* (Michigan: Baker Book House, 1986), 25-27.

앞서 확인한 바와 같이 알미니안 교리 강설과 칼빈주의 교리 강설의 후반부 공통점은 조건문이 등장한다는 것이다. 그러나 중요한 차이점은 조건문이 지시하는 대상이 인간의 심리적인 결단, 혹은 삼위 하나님의 구속 사역에 관한 진술 여부에서 구분된다. 알미니안 교리 강설의 후반부에 등장하는 조건문은 강설을 듣는 신자 편에서의 의지적인 결단이나 감성적인 체험을 이후에 뒤따르는 하나님의 은총에 관한 선결요건으로 제시한다. 반면에 칼빈주의 교리 강설의 후반부에 부각되는 조건문은 강설을 듣는 신자가 자신의 전적인 부패와 타락을 분명하게 인지하고 있는지, 그리고 그 문제를 해결하시는 그리스도의 대속의 은혜를 간절하게 간구하고 있는지, 그리고 그리스도를 자신의 구세주로 영접하려는 의지가 있는지의 여부에 집중된다.

1) 서론의 문제 제기

신자의 견인에 관한 교리 강설의 서론은 매우 설득력 있는 질문으로 시작할 수 있다. 신자는 성화의 과정에서 중도에 타락할 수 있을까? 없을까? 하나님께서 구약 시대 이스라엘의 초대 군왕으로 세우신 사울 왕은 왜 중간에 하나님의 뜻을 대적하고 타락했을까? 그는 과연 천국으로 들어갔을까? 주변에 교회 직분자들이나 목회자들 중에서 성적인 범죄를 저지른 사람들은 과연 구원을 받은 사람인가? 그들도 천국에 들어갈 수 있을까?

2) 성경적인 논증과 복음 선포

이 문제와 관련하여 알미니우스와 항론파는 신자라도 중간에 타락하여 구원을 버리고 지옥에 갈 수도 있다고 보았다. 하지만 도르트신경은 이전의 하이델베르크 요리문답 21주일 54-56번의 교훈, "하나님의 아들께서 세상의 시작에서 끝까지 모든 인류 가운데 영생으로 선택하신 교회를 그 분의 성령과 말씀으로 참된 믿음의 일치 안에서 자신께로 모으시고 보호하시고 보존하십니다. 나는 그 교회의 살아 있는 지체며 영원히 그러할 것입니다"는 가르침을 그대로 뒤따라서 성도가 신앙 안에서 끝까지 인내하도록 역사하시는 삼위 하나님의 인도하심을 가르쳤다.

성도의 견인에 관한 성경적인 논증은 다양한 방식으로 제시될 수 있다. 알곡과 가라지 비유나 열 처녀 비유는 일반적으로 알려진 바와 같이 신자 편에서 의지적인 결단을 강조하는 비유가 아니라 오히려 선택된 자는 반드시 인내할 수 밖에 없는 견인의 필연성을 강조하며 이를 통해서 그들을 위로하려는 목회적인 목적을 달성한다.

성도의 견인을 성경적으로 논증하려고 할 때 효과적인 논증 방법은 신자로 하여금 자기 안에 그리스도의 죽음과 함께 옛사람이 죽어버렸고 그리스도의 부활을 믿을 때 자신 안에서 새사람이 부활하였음에도 불구하고 여전히 두 사람이 서로 대립하고 있음을 인지하도록 하는 것이다. 이러한 영적인 대립과 갈등을 깨닫도록 하는데 효과적인 성경 논증이 시편 42편이다.

시편 42편 5절에서 시편 기자는 자기 마음 속에 두 자아가 있음을 말씀합니다. 시편 42편 5절의 말씀을 다 함께 읽겠습니다. "내 영혼아 네가 어찌하여 낙망하며 어찌하여 내 속에서 불안하여 하는고 너는 하나님을 바라라 그 얼굴의 도우심을 인하여 내가 오히려 찬송하리로다." 이 찬송의 말씀은 누가 누구에게 하는 말씀입니까? 5절 말씀에서 누구에게 명령합니까? 내 영혼아! 내 영혼에게 명령합니다. 그러면 내 영혼에게 명령하는 쪽은 누구입니까? 바로 나입니다. 내 안에 내가 하나가 있습니까? 둘이 있습니까?

하덕규씨의 <가시나무>라는 가사에는 이런 구절이 있습니다. "내 속엔 내가 너무도 많아 당신의 쉴 곳 없네." 내 속엔 내가 너무도 많고 복잡해서 주님이 감히 찾아오셔서 쉴만한 곳이 없음을 탄식합니다. 시편 42편 5절 말씀에는 내 안에 내가 둘이 있음을 보여줍니다. 하나는 낙심하며 불안해 하는 내 영혼입니다. 성공해야 행복하다고 말하는 경험자아가 있습니다. 이러한 속된 경험자아를 향해서 하나님의 말씀을 기억하는 기억자아는 명령합니다. "네가 어찌하여 낙망하며 어찌하여 내 속에서 불안하여 하는고 너는 하나님만을 바랄찌어다." 성도 여러분! 우리 마음 속에는 옛 자아는 죽어 없어지고 여호와 하나님이 그리스도 안에서 허락하신 새로운 생명, 하나님의 생명만이 자라나고 있는 줄 믿습니다.

3) 예증을 통한 교리의 확증

성도의 견인에 관한 교리 강설에서 신자로 하여금 자신의 구원을 확신하도록 하는 최고의 예증은 교회의 두 번째 표지인 가시적인 성례의 시행이다. 개혁파 교회가 신자들과 함께 시행하는 세례와 성만찬은 신자들의 귀로 선포된 하나님의 절대주권적인 구원이 그들의 눈 앞에서 실제로 가시적으로 성취되고 있음을 눈으로 보여줌으로써 하나님의 절대 주권적인 구원을 액면 그대로 가시적이고 실제적인 모습으로 확증하는 것이다.

따라서 '신자의 견인'에 관한 교리 강설의 예증 단계에서 설교자는 신자들이 함께 모여 드리는 예배와 찬송, 기도생활, 거룩한 가정생활, 거룩한 신앙생활 전체가 신자 안에서 일하시는 성령 하나님의 임재의 결과임을 선포해야 한다. 이를 통해서 신자들로 하여금 갈라디아서 2장 20절의 말씀이 자신들의 신앙생활과 교회생활 속에서 실제로 실현되고 있음을 확인하도록 해야 한다.

신자의 견인을 예증으로 확증하는 또 다른 방법은 신자의 내면에서 일어나는 옛사람과 새사람의 대립과 갈등 양상을 심리적으로 논증하는 것이다. 한 가지 방법은 죽어버린 옛사람을 경험자아나 자존심에 비유하고, 새롭게 태어났으나 발휘하는 영향력이 아직은 미미한 새사람을 기억자아나 자존감에 비유하는 것이다. 다음의 내용은 다니엘 카너먼의 경험자아와 기억자아의 대립에 관한 설명이다.

현재 미국 프린스턴 대학교에서 심리학을 가르치는 다니엘 카너먼 (Daniel Karneman) 교수가 있습니다. 이 분의 전공은 인간의 심리를 연구하는 심리학자인데, 심리학자로서는 유일하게 2002년에 노벨 경제학상을 수상한 독특한 학자입니다. 이 분이 심리학자로서 경제학에 끼친 중요한 공헌 중에 하나가 바로 행동경제학인데, 이 행동경제학 이론으로 기존의 고전 경제학의 한계를 무너뜨렸습니다. 기존의 고전 경제학에서는 사람이 무슨 물건을 산다거나 중요한 의사결정을 할 때, 나름대로 매우 합리적이고 정확하게 이해타산을 따져가면서 결정을 내리는 것으로 이해했습니다. 그런 사람을 가리켜서 경제학에서는 호모 이코노미쿠스라고 하는데, 다니엘 카너먼 교수는 인간의 심리를 연구하면서, 고전 경제학의 근간인 호모 이코노미쿠스를 무너뜨립니다. 사람은 그렇게 이성적이고 합리적인 존재가 아니라는 것입니다.

카너먼 교수의 이론에 의하면 한 인간의 마음 속에는 두 자아가 있다고 합니다. 경험하는 자신인 경험자아와 과거를 기억하는 자신인 기억자아라는 뚜렷히 구분되는 두 존재가 공존한다고 합니다. 경험자아는 현재에 관심을 가지고 현재의 고통은 무조건 피하려 하고 현재의 행복과 쾌락을 추구하는 자아입니다. 당장 현재 내 앞에서 행복과 기쁜 일이 일어나기를 원하는 자아이고 당연히 당장 현재 내 앞에서 고통이나 괴로움은 피하고 싶어하는 자아입니다.

그런데 우리 사람의 마음속에는 또 다른 자아로 기억자아도 있습니다. 기억자아는 과거의 경험에 대한 기억 속에서 살아가는 자아입니다. 객관적인 경험이 중요한 것이 아니라 자기 생각에 불행하다고 생각하면 그 불행한 기억을 가지고 살아가는 자아입니다. 또 다른 사람이 보기에 고통스러울 수도 있는데 만일 자기가 행복하다고 생각하면 그 행복한 기억을 가지고 오늘을 행복하게 살아가는 자아입니다. 자기 생각이 중요한 것입니다.

카너먼 교수가 밝혀낸 매우 흥미로운 세번째 사실이 뭔가 하면, 모든 사람들은 생활할 때 지금까지 살아온 자기의 인생에 대한 마음속의 기억에 근거해서 행동을 하는데, 그 때 사람들은 객관적인 경험과 객관적인 상식에 근거해서 행동하는 것이 아니라, 자기만의 주관적인 판단과, 자기만의 주관적인 느낌과, 자기만의 주관적인 기억을 가지고 행동하더라는 것입니다.

예를 들어 카너먼 교수는 대장내시경 검사를 받은 환자들 20명을 두 그룹으로 나눕니다. 혹시 대장내시경 검사를 받아보신 분들은 아실런지 모르겠습니다만 내시경을 전신마취가 아니라 부분마취한 한 상태에서 입으로든 항문으로든 밀어 넣으면 상당히 속이 역겹고 고통스럽습니다. 카너먼 교수는 첫 번째 그룹의 환자들 10명에게는 약 8분 정도 대장 검사를 합니다. 내시경이 항문 속으로 들어와서 뱃속에 내장을 들쑤시는 고통이 느껴집니다. 그러다 8분이 지나서 대장 검사가 끝남과 동시에 내시경을 바깥으로 끄집어냅니다. 그러면 고통이 순간적으로 사라집니다. 그런데 또 다른 B그룹에게는 대장 내시경 검사가 끝났음에도 불구하고 내시경을 즉시로 환자 몸속에서 **빼내지 않고**, 한 15분 정도 연장하여 그 내시경을 그대로 놔둡니다.

그리고 검사가 다 끝난 다음에 두 그룹에게 대장내시경 재검사를 받을 수 있겠느냐고 물었습니다. 그런데 참으로 이해가 되지 않는 것은 어느 쪽이 재검사 더 받을 수 있겠다고 응답했는가? 우리 생각에는 A그룹은 고통이 잠깐이었고 B그룹은 고통이 오랫동안 유지되었기 때문에, 당연히 고통을 잠깐 겪은 A그룹이 더 많이 재검사를 지원할 것 같은데 정반대의 결과가 나타났습니다.

그 이유가 뭔가? 대장내시경에 대한 느낌이나 생각을 결정하는 자아가 누구인가? 또 재검사를 할 것인가 말 것인가를 결정하는 자아가 누구냐? 그것은 경험자아가 아니라 기억자아입니다. 고통 시간을 객관적으로 비교해보면 어느 쪽이 고통을 더 많이 더 오래 겪습니까? 두 번째 그룹입니다. 하지만 고통을 기억하는 기억자아의 입장에서 보면, 마음속에 남아 있는 고통은 어느 쪽이 더 큰가 하는 것입니다. 마음속에 남아 있는 기억으로 보자면, 첫 번째 A그룹의 마음속에는 대장내시경이 배 속으로 꾹 파고 들어올 때 강한 고통을 느낍니다. 그러다가 검사가 끝나자마자 내시경을 제거하는 순간에 고통이 사라졌습니다. 그래서 마음속에 대장내시경은 아주 고통스러운 것이라는 기억이 강하게 남아 있습니다.

반면에 두 번째 B그룹의 마음속에서 대장내시경에 대한 고통은 맨 처음에는 A그룹과 똑같이 강하게 느껴집니다. 하지만 오랜 시간 동안 내시경이 계속 뱃속에 남아 있으면서 마음속에 그 고통을 이기려는 저항의지가 만들어집니다. 그래서 처음에는 고통스럽지만 시간이 흐르면서 마음속에 저항 의지도 강해지면서 점점 그 고통을 느끼는 정도도 줄어들더라는 것입니다. 고통이 완전히 사라지지는 않지만 견딜만하다는 생각을 하게 됩니다. 그렇게 편안해진 상태에서 내시경을 제거합니다. 그러면 마음

속에 내시경에 대해서 고통스런 느낌보다는 어느 정도 친숙해진 듯한 느낌이 남습니다. 그래서 다음에 건강이 궁금해지면 '또 다시 할 만하구나' 그렇게 생각하더라는 것입니다.

성공했기 때문에 행복합니까? 아니면 행복하니까 성공이 뒤따라오는 것입니까? 경험자아는 자꾸만 뭐라고 말하는가? 하면 '지금 내가 성공해야만 행복하다'고 말합니다. 하지만 기억자아는 반대로 말합니다. '지금 내가 행복하면 성공은 저절로 뒤따라온다'고 말합니다. 그래서 현실과 관점이 서로 줄다리기를 한다면 누가 이깁니까? 눈 앞에서 일어나는 이 현실과 내가 그 현실을 어떤 생각을 가지고 바라보고 대하느냐의 관점이, 서로 줄다리기를 하면 누가 이깁니까? 바라보는 관점이 고통스런 현실을 이긴다는 것입니다.

4) 결론의 적용점 제시

알미니안은 자신이 구원 받은 증거와 표지를 자신의 신앙생활 속에서 찾으려고 했습니다. 자기가 얼마나 열심을 내고 있는가? 자기가 얼마나 거룩한 삶을 잘 살고 있는가? 잘 살고 있으면 자기는 구원을 받은 것이고 그렇지 않다면 자기는 버림 받은 사람이라고 생각했습니다. 하지만 도르트신경은 하나님의 말씀에서 이 표지들을 찾아야 한다고 말합니다.[49]

"우리는 우리가 서 있는 반석과 우리를 그 반석 위에 서게 하는 믿음을 구별해야 합니다. 이 둘은 서로 다른 것입니다. 그 반석은 흔들리지 않

---

49) Cornelis Pronk, 『도르트 신조 강해』, 84.

습니다. 그러나 우리 믿음은 너무 잘 흔들립니다. 우리 믿음은 파도를 따라 이리저리 움직입니다. 만일 제가 제 믿음의 자질이나 일관성이 어떤지를 보고, 이런 연약한 믿음으로 제 상태를 결론 내려야 한다면 저는 우울해질 것입니다. 하지만 제가 저의 구주 반석은 흔들리지 않으시며 그 반석께서 저의 유일한 소망이심을 바라보는 순간, 저는 제가 안전하게 서 있음을 알고 확신과 위로를 누립니다."[50]

"청교도들은 믿음의 확신과 감각의 확신 사이를 구별했습니다. 믿음의 확신은 믿음의 대상, 즉 복음 안에 있는 그리스도를 바라봅니다. 감각의 확신은 그리스도를 믿는 것의 증거들이나 마음 안에 있는 그리스도를 바라봅니다. 전자가 있는 곳에서도 후자가 부족할 수 있습니다. 많은 하나님의 백성이 믿음의 대상이신 그리스도를 바라봅니다. 오직 그리스도만이 하나님 나라 백성의 유일한 소망이시지만, 자기의 내면을 바라볼 때 그 백성들은 내세울 것이 없습니다. 하나님의 백성은 감각의 확신을 가지고 있지 못합니다".[51] .... "우리는 믿음의 열매에 의지할 수는 없습니다. 왜냐하면 믿음의 열매는 날마다 때로는 순간마다 요동치기 때문입니다."[52]

---

50) Cornelis Pronk, 『도르트 신조 강해』, 86.

51) Cornelis Pronk, 『도르트 신조 강해』, 208.

52) Cornelis Pronk, 『도르트 신조 강해』, 209.

VII. 나가는 말

데이비드 웰스(David Wells)에 의하면 근대 이전 청교도 시대까지 신자들은 하나님께서 자신들의 구원을 절대주권으로 책임지신다는 사실에 의심하지 않았다. 하지만 가시적인 기독교 국가 체계가 무너진 현대에 와서 현대의 신자들은 자신의 구원을 스스로 책임져야 하는 시대를 살아가고 있다. 현대의 계몽주의 후손은 신자의 구원을 책임졌던 하나님의 절대주권에 관한 신앙의 자리에 자신의 주관적인 감정이나 체험, 혹은 합리적인 논증을 앉혔다.[53] 그 결과 지금 우리는 우리의 구원을 책임지시는 하나님의 절대주권에 자신의 구원의 확신을 의탁하지 못하고 스스로 구원의 확신을 만들어내야 하는 무신론의 시대를 살아가고 있다. 이런 무신론의 시대에 얼핏 생각해 보면 알미니안 구원론은 적절한 해답을 제공하는 것처럼 보인다. 미래 운명을 스스로의 노력과 선행, 경건한 삶으로 개척하면서 살아가야 하는 시대에 자신의 구원은 자신의 믿음과 헌신에 달렸다는 논리는 매우 합리적이고 설득력 있게 들리며 인간의 자유의지를 강조하는 시대정신과도 부합해 보인다.

하지만 알미니안 구원론의 저변에는 구원의 확신으로 인도하는 합리적인 논증의 동력을 인간의 경건과 선행으로부터 끌어내야 하는 인본주의 종교관이 깔려 있다. 알미니안 구원론이

---

53) David Wells, 김재영 역 『신학실종』 (서울: 부흥과개혁사, 2006), 229.

구원의 확신이라는 설득력의 동력을 발휘하기 위해서는 그 논리의 구조에 신자 자신의 노력과 열심의 기름을 끊임없이 부어 줘야 한다. 알미니안 구원론에 길들여지다 보면 구원의 확신과 그 확신의 근거로 제시되는 자신의 선행 사이를 끊임없이 오가는 인본주의 구원론의 쳇바퀴에 빠져버릴 수밖에 없다. 인본주의 구원론의 논리적인 쳇바퀴에 빠져든 신자들은 자신의 선행과 노력이라는 무한동력에 대한 신화가 살아 있는 동안에는 구원의 확신은 계속 유지될 것이다. 하지만 선행과 경건을 제공하지 못하면 그 쳇바퀴는 더 이상 회전을 멈추고 무너지고 말 것이다.

도르트 총회는 알미니안 항론파의 주장 속에 깔린 이러한 반펠라기우스주의 구원론의 심각한 폐해를 직시하고, 도르트신경을 대안으로 제시하였다. 도르트 총회가 공표한 신경은 인본주의 구원론의 쳇바퀴의 심각한 신학적 오류를 반박할 뿐만 아니라 무엇보다도 개혁파 교회가 초대교회 이후 계속 믿어왔던 성경적인 교리, 그리고 그 이전에 공표된 하이델베르크 요리문답의 성경적인 근거를 다시금 새롭게 천명해 주었다.

필자가 생각하기에 도르트신경에 관한 교리 강설이 순례의 도상에서 흑암의 권세와 투쟁하면서 그리스도의 경건을 추구하는 신자들에게 제공할 수 있는 최고의 유익은, 삼위 하나님을 향하여 보상을 바라지 않는 무조건적인 열정(unconditional passion), 즉 하나님이 절대 주권적으로 공급하시는 사랑에 믿음과 소망, 그리고 사랑으로 응답하려는 헌신의 삶이다. 도르트 교리 강설

을 통해서 21세기 한국의 장로교회 목회자들/설교자들이 신자
들에게 하나님 사랑과 이웃 사랑의 최고 동력을 전달함으로 교
회 본연의 거룩한 능력과 영광이 이 땅에서 찬란하게 빛을 발할
수 있기를 기대한다.

목회

M
I
N
I
S
T
R
Y

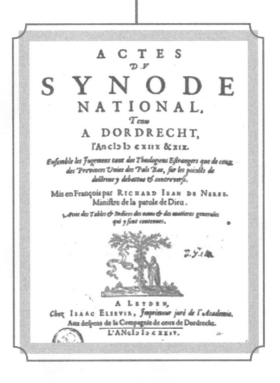

도르트신경을
어떻게 가르칠 것인가

도지원

도르트신경을 가르칠 때 중요한 점은 신경의 내용을 잘 이해시키는 것과 함께 신경에 대한 관심을 유지시키는 일이다. 신경의 내용을 잘 이해시키기 위해서는 먼저 이 신경의 특징을 알 필요가 있다. 여기에는 형식상 특징과 내용상 특징이 있다. 또한 신경에 대한 관심을 유지시키기 위해서는 신경이 복잡하고 어렵다는 인상을 주지 않도록 교육 방법에 주의를 기울여야 한다.

I. 형식상 특징

도르트신경은 항론서에서 제기된 주장에 대한 답변으로서 작성된 것이다. 항론서(Remonstrance)는 알미니우스가 죽고 그 이듬해 1610년에 그를 따르던 43명의 목사들이 자신들의 견해를 다섯 항목으로 정리하여 네덜란드 국회에 제출한 것이다. 그들의 주장은 조건적 선택(1조), 보편 속죄(2조), 중생의 필요성(3조), 저항할 수 없는 은혜(4조), 불확실한 인내(5조)로 요약된다.

따라서 도르트신경은 항론서의 순서에 따라 네 부분으로 된 93개의 항목을 담고 있다. 각 부분이 다루는 교리는 순서대로 하나님의 선택과 유기, 그리스도의 죽음과 그로 인한 인간의 구속, 인간의 부패 및 하나님께로의 회심과 그것이 일어나는 방식, 성도의 견인 등이다. 이렇게 네 부분으로 된 것은 항론서의 3조가 그 자체로는 반대할 것이 없지만 4조와 분리할 수 없는 것이기에 그 둘을 함께 다룬 결과이다. 각 부분은 먼저 개혁 신앙의 교리를 설명하고(총 59개 항목), 이어서 항론파의 잘못된 주장을 반박하는(총 34개 항목) 내용으로 되어 있다.

도르트신경은 흔히 칼빈주의 5대 강령으로 불린다. 그 내용은 무조건적 선택(unconditional election), 제한 속죄(limited atonement), 전적 타락(total depravity), 불가항력적 은혜(irresistible grace), 성도의 견인(perseverance of the saints) 등이다. 이것은 항론서의 순서에 따른 것이지만, 논리적인 순서는 전적 타락이 맨 앞에 온다. 그래서 이 순서에 따라 영어 머리글자를 배열하면 TULIP이 된다.

II. 내용상 특징

도르트신경은 항론서에 대응하여 작성된 것으로서 구원이라는 성경의 중심적 주제를 다룬다. 이 점은 개혁 신앙 전체를 요약한 벨직 신앙고백이나 하이델베르크 요리문답, 그리고 웨스트민스터 신앙고백 등과 다르다.

도르트신경은 구원을 설명함에 있어서 하나님의 주권적 은혜를 부각시킨다. 싱클레어 퍼거슨은 그 점을 이렇게 묘사한다. "간단히 말해서, 신경의 주제는 고안된 주권적 은혜, 공덕이 된 주권적 은혜, 요구된 그리고 적용된 주권적 은혜, 보존된 주권적 은혜이다."[1] 이와 관련하여 도르트신경은 몇 가지 중요한 특징을 갖는다.

1. 전적 타락의 강조

도르트신경은 하나님의 주권적 은혜를 부각시키기 위해 인간의 전적 타락을 강조한다. 에롤 헐스는 "타락한 인간은 하나님과 불화 속에 있고, 소망 없이 상실된 상태에 있으며, 스스로 도울 수 없기 때문에 하나님이 주도권을 가지셔야 한다는 결론

---

1) Joel R. Beeke and Sinclair B. Ferguson, *Reformed Confessions Harmonized* (Grand Rapids: Baker Books, 1999), xi.

이 당연히 이끌어져 나온다"[2]고 말한다. 그래서 도르트신경의 네 부분은 각각 전적 타락과 그 결과에 대한 언급으로 시작한다. 여기서 공통으로 발견되는 논리는 이런 것이다. 인간은 구원을 위해 아무것도 할 수 없으므로, 하나님께서 주권적으로 인간을 구원하신다.

1) 하나님의 선택과 유기를 다루는 첫째 부분은 1조에서 죄로 인해 멸망할 수밖에 없는 인간에 대해 설명한다.

모든 사람은 아담 안에서 죄를 지어 저주 아래 있고 영원한 죽음을 받아 마땅하므로, 하나님께서 그들 모두를 멸망하도록 내버려 두시고 그들을 죄로 인해 정죄 받게 하실지라도, 아무런 불의를 행하시는 것은 아니다.

이처럼 인간이 스스로 구원할 수 없는 상태에서 구원을 시작하신 분이 하나님이시다. 그래서 바로 이어서 2조에는 이런 내용이 나온다.

그러나 이렇게 하나님의 사랑이 나타났으니, 그분은 자기의 독생자를 세상에 보내셔서 그를 믿는 자마다 멸망하지 않고 영생을 얻게 하셨다.

---

2) Erroll Hulse, *Who Saves, God or Me*, 김귀탁 역, 『칼빈주의 기초: 누가 구원하는가 하나님인가 나인가』 (서울: 부흥과개혁사, 2012), 46.

2) 그리스도의 죽음과 그로 인한 인간의 구속을 다루는 둘째 부분은 1조에서 인간의 죄에 대해 하나님의 공의가 요구하는 형벌을 언급한다.

하나님은 지극히 자비로우실 뿐 아니라 또한 지극히 공의로우시다. 그분의 공의는 (그분이 말씀에서 자신을 계시하신 대로) 그분의 무한한 위엄을 거슬러 지은 우리의 죄들을, 현세만이 아닌 영원한 벌로, 몸과 영혼에, 반드시 벌할 것을 요구한다. 하나님의 공의가 만족되지 않으면 우리는 이 벌들을 피할 수 없다.

그런 다음, 2조에서 우리가 이룰 수 없는 공의의 만족을 하나님께서 이루신 사실을 말한다.

그러나 우리는 스스로 그 만족을 이루거나 우리 자신을 하나님의 진노에서 건져낼 수 없으므로, 하나님은 그분의 무한한 자비로 자기의 독생자를 우리에게 보증으로 주셨고, 그는 우리를 위하여 만족을 이루시려고 십자가에서 우리를 위하여 그리고 우리를 대신하여 죄와 저주가 되셨다.

3) 전적 타락과 그 결과에 대한 구체적 설명은 인간의 부패 및 하나님께로의 회심과 그것이 일어나는 방식을 다루는 셋째

부분에 나온다. 3조는 인간의 전적 타락을 이렇게 설명한다.

그러므로 모든 사람은 죄 가운데 잉태되고, 진노의 자녀들
로 태어나고, 구원의 선을 행할 능력이 없고, 악으로 기울
어져 있고, 죄 가운데 죽었고, 죄의 노예이다. 성령의 중생
하게 하시는 은혜가 없이, 그들은 하나님께로 돌아오거나,
그들의 부패한 본성을 개혁하거나, 자신들을 개혁하게 하
는 것을 할 수도 없고 원하지도 않는다.

이와 함께 4조와 5조는 인간이 본성의 빛에 의해서나 율법
에 의해서 구원에 이를 수 없음을 말한다.

그러나 사람에게는 타락 후에도 본성의 빛이 희미하게 남
아 있어, 그것에 의해서 그는 하나님과 자연의 사물들과 선
악의 차이에 대한 얼마간의 지식을 갖고 있고, 덕과 외적
질서에 대한 약간의 열의를 나타낸다. 그러나 이 본성의 빛
은 사람을 하나님께 대한 구원하는 지식과 그분께로의 회
심으로 이끌 수 없고, 그는 그것을 자연과 사회의 일들에조
차 바르게 사용할 수 없다. 대신에, 그는 여러 방법으로 이
빛을 그 정확한 특성이 무엇이든 완전히 왜곡시키고, 그것
을 불의로 막는다. 그럼으로써 그는 자신을 하나님 앞에 변
명할 수 없게 만든다.

본성의 빛에 대한 이러한 진실은 또한 하나님께서 모세를 통해 특별히 유대인들에게 주신 십계명에도 적용된다. 왜 냐하면 비록 그것은 죄가 크다는 것을 드러내고, 그로 인해 사람에게 죄를 점점 더 깨닫게 하지만, 치료책을 제시하거 나 비참에서 벗어날 힘을 주지 않고, 육신으로 말미암아 연 약하여 범죄자를 저주 아래 남겨 두므로, 사람은 이 율법에 의해서 구원하는 은혜를 얻을 수 없다.

그런 다음, 6조는 하나님께서 성령의 능력으로 복음을 통해 구원하시는 것을 말한다.

그러므로 본성의 빛도 율법도 할 수 없는 것을, 하나님은 성령의 능력으로 말씀이나 화해의 사역을 통해 성취하신 다. 이것이 메시아에 관한 복음이고, 이것을 통해 하나님은 새 언약뿐 아니라 옛 언약 아래에서 믿는 자들을 구원하시 기를 기뻐하셨다.

4) 성도의 견인을 다루는 넷째 부분은 1조에서 중생한 사람 들 안에 내재하는 부패성을 말한다.

하나님께서 그분의 목적대로 그분의 아들 우리 주 예수 그 리스도와의 교제로 부르시고, 성령에 의해서 중생하게 하

신 자들을, 그분은 또한 이 생애에서 죄의 지배와 노예 상
태로부터 건지신다. 하지만 그들이 이 세상에 계속 있는 한
죄의 몸과 육신의 연약함으로부터 완전히 건지시는 것은
아니다.

그런 다음, 3조에서는 이러한 부패성 때문에 이룰 수 없는
견인을 하나님께서 이루신다고 말한다.

내재하는 죄의 이러한 잔재들과 세상과 사탄의 유혹 때문
에, 회심한 사람들은 그들 자신의 힘에 남겨진다면 이 은혜
에 계속 서 있을 수 없다. 그러나 하나님은 신실하셔서, 그
들에게 한 번 주신 은혜 안에서 그들을 자비롭게 확증하시
고 그 안에서 끝까지 그들을 능력 있게 보존하신다.

이처럼 도르트신경은 인간의 전적 타락을 강조함으로써 하
나님의 주권적 은혜를 부각시킨다.

2. 하나님의 주권과 인간의 책임에 관한 균형의 유지

도르트신경은 인간의 구원에 있어서 하나님의 주권을 강조
하면서도 인간의 책임을 배제하지 않는다. 코르넬리스 프롱크
는 그 점을 이렇게 설명한다.

도르트신경의 탁월한 점은 도르트의 개혁주의(칼빈주의) 선조들이 하나님의 절대주권을 부인하는 알미니안주의적인 극단과 인간의 실질적인 책임을 부인하는 하이퍼칼빈주의적인 극단을 거부하면서 성경적인 균형을 유지했다는 사실입니다. 그렇게 함으로써 도르트신경은 인간의 이성으로는 일치에 이르게 할 수 없는 역설적인 두 가지 강조점들을 하나의 성경적 신학으로 확정했습니다.[3]

1) 선택은 하나님의 주권적인 선하신 기쁘심에 따른 것으로 전적인 은혜이다. 첫째 부분 7조에서는 이렇게 말한다.

선택은 변하지 않는 하나님의 목적인데, 이에 의해서 창세 전에 그분은 순전한 은혜로, 그분의 뜻의 주권적인 선하신 기쁘심에 따라, 그들 자신의 잘못을 통해서 원래의 옳은 상태에서 타락해 죄와 멸망에 빠진 모든 인류로부터 일정한 수의 특정한 사람들을 그가 영원부터 중보자와 택하신 자들의 머리와 구원의 근원으로 정하신 그리스도 안에서 구원으로 택하셨다. 본성상 다른 이들보다 나을 게 없고 더 자격이 있는 것도 아니면서 그들과 하나의 공통된 비참에 빠져 있던 이 택한 사람들의 수를 하나님께서는 그리스도에게 주시며, 그로 말미암아 구원을 받게 하시며, 그들을

---

3) Cornelis Pronk, *Synod of Dort*, 마르투스 역, 『도르트 종교회의』 (부천: 마르투스, 2017), 17.

그분의 말씀과 성령에 의해서 그의 교제 가운데로 효과적으로 부르시고 이끄시며, 그들에게 참된 믿음과 칭의와 성화를 주시며, 그분의 아들의 교제 안에서 그들을 능력 있게 보존하셔서 마지막으로 그분의 자비의 나타남과 그분의 영광스러운 은혜의 찬송을 위하여 그들을 영화롭게 하시기로 작정하셨다.

그렇지만 이러한 선택이 믿지 않는 것에 대한 변명이 될 수 없다. 도르트신경은 하나님의 주권에 의한 선택과 함께 불신에 대한 인간의 책임을 말하기 때문이다. 그 내용이 5조에 나온다.

이러한 불신의 원인이나 책임은 다른 모든 죄와 마찬가지로 결코 하나님께 있지 않고 사람 자신에게 있다.

2) 그리스도의 죽음이 지니는 가치는 무한하다(둘째 부분 3조). 그렇지만 이어서 8조에서는 이 죽음의 효력이 특정한(한정된) 사람들에게 미치는 것으로 말한다. 이것은 하나님의 주권적 은혜에서 비롯된 것이다.

이는 그분의 아들의 가장 귀한 죽음이 지닌 살리고 구원하는 효력이 그분이 택하신 모든 자들 안에서 역사하여, 그들에게만 의롭다 하심을 얻는 믿음을 주시고, 그로 인하여 그들을 확실히 구원으로 인도하시는 것이 성부 하나님의 주권적인 계획과 가장 은혜로운 뜻과 의도이기 때문이다. 다시 말하면, 하나님의 뜻은 그리스도께서 십자가의 피를 통해(이로써 그가 새 언약을 확증한) 모든 백성과 족속과 나라와 방언으로부터 영원 전에 성부에 의해서 구원으로 택함을 받고 그에게 주어진 모든 사람들을, 그리고 오직 그들만을 효과적으로 구속하시는 것, 그가 그들에게 믿음을 주시는 것(성령의 다른 구원하는 선물들처럼 그가 그들을 위하여 그의 죽음으로 획득하신), 그가 원죄와 자범죄, 믿기 전에 지은 것이든 후에 지은 것이든 그들의 모든 죄로부터 그들을 그의 피로 깨끗하게 하시는 것, 그가 그들을 끝까지 신실하게 지키시는 것, 그가 마침내 그들을 자기 앞에 티나 주름잡힌 것이 없이 영광스럽게 세우시는 것이다.

그렇지만 이와 함께 인간의 책임도 강조된다. 왜냐하면 알미니안주의자들은 그리스도께서 믿지 않는 사람들을 위해 죽으시지 않았다면, 그들을 비난할 수 없다고 주장했기 때문이다. 그래서 6조에는 이런 설명이 나온다.

그러나 복음을 통해 부르심을 받은 많은 이들이 회개하지 않고 그리스도를 믿지 않아 불신앙으로 멸망하는데, 이것은 십자가에서 그리스도에 의해서 바쳐진 희생제사에 어떤 흠이나 불충분함이 있기 때문이 아니라, 전적으로 그들 자신의 탓으로 돌려져야 한다.

3) 죄 가운데 죽은 인간은 자신을 구원하기에는 전적으로 무능력하다(셋째 부분 3조). 따라서 죄인의 구원은 하나님의 주권적 은혜로만 가능하다. 그래서 이어지는 10조에서는 회심의 원인이 전적으로 하나님의 주권적 은혜에 있음을 말한다.

그러나 복음에 의해서 부름을 받은 다른 사람들이 그 부름에 순종하여 회심하는 것을 자유의지의 적절한 사용 탓으로 돌려서는 안 된다. 자유의지의 적절한 사용에 의해서 사람은, 교만한 펠라기우스 이단이 주장하듯이, 믿음과 회심을 위해 충분한 은혜를 똑같이 제공 받은 다른 사람들로부터 자신을 구별하지 않는다. 오히려 그것은 전적으로 하나님 탓으로 돌려져야 한다. 하나님은 영원부터 그리스도 안에서 자기 백성을 선택하셔서, 시간 안에서 그들을 효과적으로 부르시고, 그들에게 믿음과 회개를 주시고, 그들을 어두움의 권세로부터 건지시고, 그들을 그의 아들의 나라로 옮기신다.

또한 계속해서 11조와 12조에서는 하나님의 주권적 은혜에 의한 중생을 설명한다.

그러나 하나님께서 택하신 자들 가운데 그의 선하신 기쁨을 성취하시거나 참된 회심을 그들 가운데 역사하실 때, 그분은 복음이 그들에게 외적으로 설교되고 그의 성령으로 그들의 총명을 능력 있게 밝히셔서 그들로 하나님의 성령의 일을 바르게 이해하고 분별할 수 있게 하실 뿐 아니라, 같은 중생하게 하는 영의 효력에 의해서 사람의 가장 깊은 곳까지 침투하게 하신다. 그분은 닫힌 마음을 여시고, 굳은 마음을 부드럽게 하시며, 할례 받지 않은 마음에 할례를 베푸시고, 새로운 자질을 의지에 주입하시고, 지금까지 죽어 있던 의지를 살리시고, 악하고 불순종하고 완고한 의지를 착하고 순종하고 부드러운 것으로 만드시고, 의지를 움직이시고 강하게 하셔서 그것이 좋은 나무처럼 선행의 열매를 맺게 하신다.

이것이 성경에서 그토록 높여 말하고 새 창조라고 일컫는 중생으로 하나님께서 우리의 도움 없이 우리 안에서 일하시는 죽은 자로부터의 부활, 살리심이다. 그러나 이것은 단지 복음의 외적 설교, 도덕적 설득, 또는 하나님께서 그분의 역할을 하신 후에 중생할지 말지, 회심할지 말지가 사람의 능력에 아직 남아 있는 방식에 의해서 일어나는 것은 결코 아니다. 오히려 이것은 명백히 초자연적인 일로서, 가장 강력하고, 동시에 가장 기쁘고, 놀랍고, 신비하고, 말로 표현할 수 없는 것이고, 이 일을 행하시는 분에 의해서 영감된 성경이 말하는 대로 효력에 있어서 창조나 죽은 자로부터의 부활보다 못하지 않은 것이다. 그래서 하나님께서 그들의 마음에 이런 기이한 방식으로 일하시는 모든 사람은 확실히, 틀림없이, 효과적으로 중생하며 실제로 믿는다.

그 결과 14조에서는 믿음 역시 하나님의 주권적 은혜에서 비롯된 것으로 설명한다.

그러므로 믿음은 하나님의 선물로 간주되어야 하는데, 하나님께서 그것을 사람에게 그가 좋아하는 대로 받아들이거나 거부하도록 제공하시기 때문이 아니라, 그것이 실제로 주어지고, 불어넣어지고, 사람 안에 주입되기 때문이다. 더욱, 하나님께서 믿을 능력을 부여하신 다음 그 사람이 자신의 자유의지를 행사함으로써 구원의 협약에 동의하고 그리스도를 실제로 믿기 때문이 아니라, 오히려 사람 안에서 소원을 두고 행하도록 일하시며, 모든 것을 모든 사람 가운데서 이루시는 분이 믿으려는 의지와 믿는 행동을 둘다 만드시기 때문이다.

그렇지만 이와 함께 인간의 책임도 강조된다. 왜냐하면 알미니안주의자들은 인간이 전적으로 타락했다면, 회심하지 않은

것에 대해 그들에게 책임을 물을 수 없다고 주장했기 때문이다. 그래서 9조에는 이런 내용이 나온다.

> 복음의 사역을 통해 부름을 받은 자들이 와서 회심하기를 거부하는 것은 복음이나, 그 안에서 제시된 그리스도나, 복음으로 사람들을 부르시고 그들에게 다양한 은사를 주시는 하나님의 잘못이 아니다. 잘못은 그들 자신에게 있다.

4) 성도의 견인은 하나님의 주권적 은혜에 의한 것이다. 넷째 부분 3조에는 이런 내용이 나온다.

> 하나님은 신실하셔서, 그들에게 한 번 주신 은혜 안에서 그들을 자비롭게 확증하시고 그 안에서 끝까지 그들을 능력 있게 보존하신다.

그렇지만 신자들은 견인을 위해 방편을 사용할 책임이 있다. 왜냐하면 하나님은 견인의 은혜를 베푸실 때 방편을 사용하여 일하시기를 기뻐하시기 때문이다. 여기에 대해 14조는 이렇게 말한다.

> 하나님은 복음의 선포로써 이 은혜의 사역을 우리 안에 시작하시기를 기뻐하셨던 것처럼, 그분은 그분의 말씀을 듣

고 읽음으로써, 그것을 묵상함으로써, 말씀의 권고들과 위협들과 약속들로써, 뿐만 아니라 성례의 사용으로써 그 사역을 보존하시고, 지속하시고, 완성하신다.

이처럼 도르트신경은 인간의 구원에 있어서 하나님의 주권과 인간의 책임에 관한 균형을 유지한다.

3. 하나님의 인자와 엄위의 구분

도르트신경은 하나님께서 택하신 자들과 택하심을 받지 못한 자들을 다루시는 방식의 차이를 주의 깊게 구분한다. 사도 바울은 그 차이를 인자와 엄위(준엄하심)라는 말로 표현했다. "그러므로 하나님의 인자와 엄위를 보라 넘어지는 자들에게는 엄위가 있으니 너희가 만일 하나님의 인자에 거하면 그 인자가 너희에게 있으리라 그렇지 않으면 너도 찍히는바 되리라"(롬 11:22).

1) 하나님의 선택과 유기를 말하는 첫째 부분에서 이 차이는 처음 5조에서 언급된다.

이러한 불신의 원인이나 책임은 다른 모든 죄와 마찬가지로 결코 하나님께 있지 않고 사람 자신에게 있다. 반면에 예수 그리스도를 믿는 믿음과 그를 통한 구원은 하나님의 값없는 선물이다.

그런데 이러한 불신과 믿음의 결과를 가져오는 근본 원인은 하나님 안에 있다. 그것이 선택과 유기의 작정이다. 여기에 대해 설명하는 6조에서는 하나님께서 택하신 자들과 택하심을 받지 못한 자들을 다루시는 방식의 차이를 구분한다.

어떤 이들은 시간 속에서 하나님으로부터 믿음의 선물을 받고, 다른 이들은 그것을 받지 못하는 것은 하나님의 영원한 작정에서 나온다 ⋯ 이 작정에 따라 그분은 은혜롭게 택하신 자들의 마음이 아무리 완고해도 부드럽게 하시며, 그들로 믿음으로 기울게 하시지만, 그분은 택하심을 받지 못한 자들을 그분의 공의로우신 심판에서 그들 자신의 악함과 완고함 가운데 내버려 두신다. 그리고 여기에서 똑같이 파멸에 연루된 사람들 사이에 깊으시고 자비로우시며 동시에 의로우신 식별이 특별히 나타난다. 이것이 하나님의 말씀에 계시된 선택과 유기의 작정이다.

이러한 차이는 13조에서도 나타난다.

이 선택에 대한 깨달음과 확신은 하나님의 자녀들에게 그분 앞에서 매일 겸비하며, 그분의 자비의 깊이를 찬송하며,

그들 자신을 정결하게 하며, 먼저 그토록 큰 사랑을 그들에게 보여 주신 그분께 감사함으로 열렬한 사랑을 돌려 드릴 더 큰 이유를 제공한다. 이 선택의 교리를 숙고하는 것은 하나님의 계명을 지키는 데 나태하게 하거나 사람들을 육적인 안심에 빠지게 하는 것과는 거리가 먼데, 이것들은 하나님의 공의로우신 심판 가운데 택하신 자들의 길로 행하기를 거부하는 자들에게서 분별없는 가정이나 선택의 은혜에 대한 쓸데없고 뻔뻔스러운 이야기의 결과로 보통 일어난다.

또한 이러한 차이는 유기의 작정을 설명하는 15조와 18조에서 다시 나타난다.

영원하고도 자격이 없는 자에게 주어지는 선택의 은혜를 우리에게 특별히 보여 주고 권하는 경향이 있는 것은, 모든 사람이 아닌 어떤 사람들만 선택을 받고 다른 사람들은 영원한 작정에 의해서 지나쳐 버리심을 받는다는 성경의 분명한 증언이다. 하나님께서는 그들을 그분의 주권적이시고 가장 공의로우시고 흠잡을 데 없으시고 변하지 않으시는 선하신 기쁘심에서 스스로 자신들을 던져 넣은 공통의 비참 가운데 남겨 두시기로, 그리고 그들에게 구원하는 믿음과 회심의 은혜를 베푸시지 않기로, 그러나 그분의 공의로우신 심판에 의해서 그들이 그들 자신의 길을 따르도록 허용함으로써 마침내 그분의 공의의 선포를 위해서 그들의 불신 때문만이 아니라 그들의 다른 모든 죄 때문에 그들을 정죄하고 영원히 멸하기로 작정하셨다. 이것이 유기의 작정인데, 이것은 결코 하나님을 죄의 조성자로 만들지 않으며(진짜 신성모독인 생각), 오히려 하나님을 두려우시며, 흠잡을 데 없으시며, 의로우신 심판자와 보응하시는 분으로 선포한다.

선택의 값없는 은혜와 유기의 공의로우신 엄위에 대하여 불평하는 자들에게 우리는 사도와 함께 답한다. "이 사람아 네가 뉘기에 감히 하나님을 힐문하느뇨"(롬 9:20). 그리고 우리 구주의 말씀을 인용한다. "내 것을 가지고 내 뜻대로 할 것이 아니냐 내가 선하므로 네가 악하게 보느냐"(마 20:15). 그러므로 이 신비에 대해 거룩하게 경배하면서 우리는 사도의 말로 외친다. "깊도다 하나님의 지혜와 지식의 부요함이여, 그의 판단은 측량치 못할 것이며 그의 길은 찾지 못할 것이로다. 누가 주의 마음을 알았느뇨. 누가 그의 모사가 되었느뇨. 누가 주께 먼저 드려서 갚으심을 받겠느뇨. 이는 만물이 주에게서 나오고 주로 말미암고 주에게로 돌아감이라. 영광이 그에게 세세에 있으리로다 아멘"(롬 11:33-36).

2) 그리스도의 죽음과 그로 인한 인간의 구속을 다루는 둘째 부분에서 하나님의 인자와 엄위가 나타나는 곳은 6조와 7조이다.

그러나 복음을 통해 부르심을 받은 많은 이들이 회개하지 않고 그리스도를 믿지 않아 불신앙으로 멸망하는데, 이것은 십자가에서 그리스도에 의해서 바쳐진 희생제사에 어떤 흠이나 불충분함이 있기 때문이 아니라, 전적으로 그들 자신의 탓으로 돌려져야 한다.

그러나 참되게 믿고, 그리스도의 죽음을 통해 죄와 멸망에서 건짐을 받고 구원을 받은 사람들에게, 이 혜택은 오직 영원부터 그리스도 안에서 그들에게 주어진 하나님의 은혜로 말미암는데, 하나님은 누구에게도 이 은혜를 빚지지 않으신다.

따라서 어떤 사람들이 멸망하는 것은 당연한 일이지만, 다른 사람들이 구원을 받는 것은 당연한 일이 아니라 놀라운 일이다! 이로써 구원을 받는 사람들은 하나님을 찬송하지 않을 수 없다.

3) 인간의 부패 및 하나님께로의 회심과 그것이 일어나는 방식을 다루는 셋째 부분에서 하나님의 인자와 엄위가 나타나는

곳은 7조이다.

하나님은 그의 뜻의 이 비밀을 구약에서는 적은 수에게만 드러내셨고, 여러 민족들 사이의 구별이 없어진 신약에서는 그가 민족의 어떤 구별도 없이 많은 사람에게 자신을 나타내셨다. 이 차이의 원인은 한 민족이 다른 민족 보다 더 가치가 있거나 그들이 본성의 빛을 더 잘 사용해서가 아니라, 전적으로 하나님의 주권적인 선하신 기쁨과 값없는 사랑의 결과이다. 그러므로 그토록 위대하고 은혜로운 복을, 그들의 공적 이상으로 또는 그들의 결함에도 불구하고 받은 사람들은 겸손하고 감사하는 마음으로 이것을 인정해야 하고, 이 은혜를 받지 못한 사람들에게 나타내신 하나님의 심판의 엄위와 공의를 사도와 함께 찬송해야 하며 호기심으로 캐내려 해서는 안 된다.

그리고 이어서 9조와 10조에는 각각 하나님의 엄위와 하나님의 인자에 대한 설명이 나타난다.

복음의 사역을 통해 부름을 받은 자들이 와서 회심하기를 거부하는 것은 복음이나, 그 안에서 제시된 그리스도나, 복음으로 사람들을 부르시고 그들에게 다양한 은사를 주시는 하나님의 잘못이 아니다. 잘못은 그들 자신에게 있다.

그러나 복음에 의해서 부름을 받은 다른 사람들이 그 부름에 순종하여 회심하는 것을 자유의지의 적절한 사용 탓으로 돌려서는 안 된다 … 오히려 그것은 전적으로 하나님 탓으로 돌려져야 한다. 하나님은 영원부터 그리스도 안에서 자기 백성을 선택하셔서, 시간 안에서 그들을 효과적으로 부르시고, 그들에게 믿음과 회개를 주시고, 그들을 어두움의 권세로부터 건지시고, 그들을 그의 아들의 나라로 옮기신다. 이는 그들로 그들을 어두움에서 불러내어 그의 기이한 빛에 들어가게 하신 분을 찬송하게 하고, 여러 곳에 있는 사도들의 증언대로 그들 자신이 아니라 주를 영화롭게 하기 위함이다.

따라서 어떤 사람들이 복음을 듣고도 회심하지 않고 멸망한다면, 그것은 당연한 일이다. 그렇지만 다른 사람들이 복음을 듣고 회심하여 구원을 받는다면, 그것은 당연한 일이 아니라 놀라운 일이다! 이로써 회심한 사람들은 하나님을 찬송하지 않을 수 없다.

III. 교육 방법

1. 가르칠 내용은 도르트신경 본문으로 하되, 개혁 신앙의 교

리를 설명하는 내용(총 59개 항목)으로 국한하고, 항론파의 잘못된 주장을 반박하는 내용(총 34개 항목)은 참고로 하는 것이 적당하다.

2. 시간은 전교인을 대상으로 할 경우 주일 오후가 좋고, 소그룹으로 할 경우 평일도 가능하다.

3. 기간은 9~10주가 적당하다. 이 경우 도르트신경의 역사적 배경(1주), 하나님의 선택과 유기(2~3주), 그리스도의 죽음과 그로 인한 인간의 구속(1주), 인간의 부패 및 하나님께로의 회심과 그것이 일어나는 방식(2주), 성도의 견인(2주), 총정리(1주) 순으로 진행하는 것이 바람직하다.

4. 가르치는 방식은 먼저 도르트신경 본문을 한 조씩 읽고 그 내용을 정리한(요약) 다음, 그 내용과 관련된 교리적 설명을 추가하는(관찰과 탐구) 것이 좋다. 이를 위해 그날 배울 내용을 인쇄물로 제공할 필요가 있다.

5. 이 때 4~5명씩 그룹별로 앉게 하여 요약 및 관찰과 탐구를 진행하는 것은 강의 내용에 관심을 갖게 하는 데 도움이 된다.

6. 강의 중에든지 강의가 끝난 후에 들은 내용에 대한 질문

을 받는 것은 다른 사람들도 배운 내용을 이해하고 정리하는 데 유익하다.

7. 교회 제직들과 교사들이 우선적으로 참여하도록 독려하고, 필요할 경우 출석부를 비치하도록 한다.

8. 도르트신경을 강해한 다음의 책들로부터 도움을 받을 수 있다.

Pronk, Cornelis. *Expository Sermons on the Canons of Dort*. 황준호 역.『도르트 신조 강해』. 수원: 그책의사람들, 2012.

Bouwman, Clarence. *Notes on the Canons of Dort*. 손정원 역.『도르트신경 해설』. 서울: 솔로몬, 2016.

9. 그 외에도 구원론에 관해 다음의 책들을 참고하면 도움을 받을 수 있다.

Hoekema, Anthony A. *Saved by Grace*. 류호준 역.『개혁주의 구원론』. 서울: 기독교문서선교회, 1990.

Berkhof, Louis. *Systematic Theology*. 이상원 · 권수경 역.『벌코프 조직신학』. 서울: 크리스챤다이제스트, 2000.